国家社科基金一般项目资助
（项目编号：20BZS0006）

中国博士后基金第72批面上项目资助
（项目编号：2022M721158）

杨宽与20世纪中国史学

贾鹏涛——著

人民出版社

序

  友人贾鹏涛先生，是华东师范大学史学博士，研究近现代中国史学，用功甚勤，著述颇丰。近日，在整理完我父亲的《著作集》之后，又撰写了一本综合性的学术研究论著，题名《杨宽与 20 世纪中国史学》。这部著作，洋洋洒洒，数十万言，是他多年积累的结晶。材料丰富，论述详尽，思考周密，编排精审，值得称赞。它为一代史家在学术上的成就，对史学界的影响，作了完美的总结。这部精审而详尽的论著，将传之后世，成为学者今后研究的基础。贾先生把这一论著从电子邮箱中发给我，约我写一篇《序》。我自小耳濡目染，受到熏陶，也选择了从事史学研究的工作。对父亲的学术成就，我长期以来有许多感受需要交流。于是欣然命笔，把自己的亲身经历和学术随想书写出来，奉献给广大读者。

  杨宽在史学上的成就，主要得力于他的勤奋。抗战期间，他避居故乡青浦县白鹤江镇，潜心编排战国时代的史料。把史书记载和战国诸子的文集分条抄录，进行对照、比较、勘误和研究，是一项非常细致复杂的工作。这为以后《战国史》的撰写和《战国史料编年辑证》的出版，奠定了基础。新中国成立初期，他白天在博物馆上班，晚上就进行战国史的研究。当时住房较小，条件艰苦。我们小辈睡在床上，一觉醒来半夜二三点钟，见父亲还在伏案写作，桌子上堆满了书和一大缸香烟灰，心中百感交集。他还有一个习惯，读书凡有心得，就写笔记。多年来，笔记积累了厚厚几大本。这为他日后撰写论文和著书立说，积累了素材和根基。

强烈的事业心和责任感，是杨宽在史学上取得成就的又一重要动力。当年他和友人童书业约定，童治春秋史，他治战国史。在战国史研究初有成就之后，他又转而研究西周史，写了许多这方面的论文，希望再著作一部断代史。但是由于各种原因的干扰，《西周史》一直未能完成。当时他已经 70 多岁，身体状况已大不如前，但是他有坚强的信念，一定要在有生之年，完成这件大事。于是，他勤力搜集资料，在原有论文的基础上，又补写了一些必要的章节。终于在他 85 岁高龄时，完成了他最后一部巨著。这部著作出版后，即被学界誉为当时资料最丰富、论述最详备的《西周史》，适应了时代的需求，受到学者的广泛好评。杨宽一生，完成了两部断代史，以及炼铁史、陵寝制度和都城制度等数部专史，还有《中国历代尺度考》《墨经哲学》《中国上古史导论》等许多小册子和 300 多篇学术论文。

善于吸取考古学和史学研究的新成果，是杨宽著作的又一重要特色。20 世纪 70 年代，长沙马王堆出土了帛书《战国纵横家书》。这是考古学的重大发现。他当时积极参加了这一重大发现的讨论,撰写了《〈战国纵横家书〉的史料价值》等论文,并在修订《战国史》时予以详细介绍,改写和补充了许多史实。《鹖冠子》一书自唐代以来一直认为是"伪书",历来治史学者往往弃之不顾。经过唐兰等许多史学家的研究,认为这是一部战国时代黄老学派思想家的著作,在思想史上具有很重要的地位。他知道这一学术信息后,立即在《战国史》的修订版中作进一步说明,补写《〈鹖冠子〉的政治理想》等章节,丰富了《战国史》的内容,纠正了疑古思潮的偏见。

就是这样,由于不断的修订和补充,《战国史》从1955年初版时的二十多万字,到1980年再版时已经扩充到四十多万字,几乎增加了一倍,至1998年三版时又作了许多调整和修订。精益求精,不断臻于丰富和完善,《战国史》三个版本的更新,成为史学研究著作的佳话。

当然,杨宽的史学研究著作还有许多可商榷之处。例如在他的著作和论文中,多处提到"楚灭越"的时间问题。实际上,楚并没有灭掉越国。我曾作专文《楚未灭越考辨》,并在小著《越王勾践新传》中予以辨正。再如他在古史分期的看法上,曾赞同郭沫若的战国封建说。其实,战国封建说把奴隶社会和封建社会的分界定在春秋战国之交,这样春秋战国时期一脉相承的两位思想家孔子和孟子,孔子被说成是没落奴隶主阶级的代言人,而孟子则为新兴地主阶级的代表,使他们互相对立起来。关于古史分期问题,我曾作过长文《周代

杨宽与 20 世纪中国史学

土地制度的转化和中国封建社会的开端》进行详细论述，读者可以分析比较。又如商鞅变法时"制辕田"的含义是什么，其具体做法如何，当时是否允许土地买卖，这些问题都可以进一步探讨。

特别值得一提的是，在史学研究的道路上，杨宽先后有两位夫人陪伴。第一位原配夫人朱新华，从 1936 年结婚到 1976 年去世，与父亲共同生活了 40 年，为他生育了包括我在内的四个子女。杨宽曾多次署名"朱新华"，在新中国成立前的刊物上发表学术文章，本书第 282、283 页就记有三篇。他又曾当面向儿子郑重宣告："我现在学术上有这点成绩，与你母亲的帮助是分不开的。"可见杨宽对这桩婚姻十分满意。他们情投意合，共同奋斗，在史学研究领域开创出一片新天地。这段历史，有六人全家福照和父母亲带着我妹妹、小弟一起到苏州园林旅游的照片，留下了宝贵的资料。可惜母亲不幸于 1976 年因患癌症而病逝。第二位后续夫人陈荷静，从 1977 年结婚到 2005 年杨宽去世，他们共相伴了 28 年。在父亲的晚年，她全力照顾其饮食起居，使他安心写作，完成最后的著述，享高寿至 91 岁。陈荷静尽心尽职，也功不可没。显然，两位夫人，都给杨宽的史学研究，以很大的助力。这一点，对父亲学术事业的成功，是非常重要的。

以上随笔，阐述杨宽在史学研究道路上取得成就的原因，他的勤奋、执着和坚强的毅力，善于吸取史学研究的新成果和

不断修订、精益求精的治学态度，在学术界传为美谈。希望这
些记述和随想，成为贾先生大著的参考和补充，是为序。

杨善群

2023 年 6 月 20 日

目　录

绪　论

一、选题旨趣

清末民初，中国传统社会经历着深刻的变革，史学亦是如此。在新时代、新观念、新材料、新方法的刺激下，中国传统史学逐步向现代转型。其间，涌现出一大批卓越的史学家，如王国维、梁启超、胡适、陈寅恪、郭沫若、陈垣、顾颉刚、吕思勉、傅斯年、钱穆等，同时也涌现出一批青年才俊，有的学人已崭露头角，如谭其骧、白寿彝、邓广铭、徐中舒、张政烺、杨宽、齐思和、唐长孺、刘节等，这批学者经历新中国史学 30 年，部分学者在改革开放以后，又专心致力于史学研究。他们见证了 20 世纪中国史学的发展，亦亲身参与其中。本文以先秦史专家杨宽为个案，将杨宽史学置入 20 世纪中国学术变迁背景下，用历史的眼光分析杨宽史学特色，厘清杨宽学术转型历程，力求客观理性地评价杨宽的史学成就，剖析其治学理念，总结其治学风格。

杨宽（1914—2005），字宽正，江苏省青浦县（今上海市青浦区）人。曾在上海私立光华大学、复旦大学任教，参与筹建上海博物馆、上海社会科学院历史研究所并长期担任领导工作。70 余年学术生涯出版专著 10 余部，发表论 360 余篇。他是 20 世纪疑古学派的中坚，童书业认为继顾颉刚后，杨宽是集"疑古"史学大成的人。他是战国史、西周史领域的专家，王子今称誉其代表作《战国史》，"不仅可以看作上一世纪古史研究高水准成果的一个纪念，又为学界新人提供了具有标范意义的学术样板。"① 他是中国古代都城、陵寝制度史研究的开拓者，日本学者西嶋定生说《中国古代都城制度史研究》是"一部充满了创见及其论证的著作"②，另一位日本学者尾形勇言《中国古代陵寝制度史研究》"再现了令人瞠目的崭新的历史画卷"③。他是中国较早从事科技史研究的专家，在中国古代冶铁、尺度研究等领域，都有创造性的新见，《中国古代冶铁技术发展史》曾获上海市哲学社会科学院科学优秀成果奖(1979—1985)、著作奖（1986）、"首届全国科技史优秀图书荣誉奖"。在 2018 年 5 月 14 日举行的"纪念习近平总书记'5·17'重要讲话两周年暨上海社联成立 60 周年会议"上，上海市社会科学界联合会公布了首批 68 位"上海社科大师"，杨宽名列其中。

　　总之，本课题系统梳理和研究杨宽史学，具有一定的学术价值。杨宽在 20 世纪中国先秦史领域有着丰硕的成果，在 20 世纪中国史学上占据一席之地，对杨宽史学进行整体、深

---

① 　王子今：《评新版杨宽〈战国史〉》，中国秦汉史研究会，2003 年 12 月 3 日。
② 　杨宽：《中国古代都城制度史研究》，上海人民出版社 2016 年版，日译本序第 5 页。
③ 　杨宽：《中国古代陵寝制度史研究》，上海人民出版社 2016 年版，第 92 页。

入的梳理与研究，将有助于拓展我们对于中国近现代史学的认知，而通过杨宽延伸到相关史学家群体，由点及面，可帮助我们了解 20 世纪中国史学发展的过程。

二、学术史回顾

就目前搜集到的材料看，国内外史学界对杨宽史学及其相关问题的研究工作，主要集中于以下四个方面：

（1）有关杨宽史学论著的整理出版。

杨宽生前，其主要著作在中国和日本皆有出版。较为系统地出版自己的论著有三次。

在日本，1981 年至 1995 年，日本学生社出版的《中国皇帝陵的起源与变迁》《中国古代都城制度的起源与发展》及东京大学出版会的《历史激流：杨宽自传》。

在中国台湾，1993 年至 2002 年，台湾时报文化出版企业公司出版的《历史激流中的动荡和曲折：杨宽自传》（后改名为《历史激流：杨宽自传》，由大块文化出版企业有限公司再版）及台湾商务印书馆出版的《战国史：1997 年增订版》《西周史》《战国史料编年辑证》。

在中国大陆，2000 年至 2003 年，上海人民出版社推出《杨宽论著系列》，所收入的著作是《西周史》《战国史》《战国史料编年辑证》《杨宽古史论文选集》《中国古代都城制度史研究》《中国古代陵寝制度史研究》《中国古代冶铁技术发展史》。

2005 年，杨宽去世。2006 年、2016 年，复旦大学历史系高智群先后为其师杨宽编有《先秦史十讲》《古史新探》两书。

2014 年，上海人民出版社计划系统整理杨宽已公开出版的著作、遗稿、未刊讲义、书信及散落在报纸、杂志上的文章，《历史激流：杨宽自传》除外。2016 年 8 月，《杨宽著作集》第一辑八种十册出版，包括：《中国上古史导论》《古史新探》《古史探微》《西周史》《战国史》《战国史料编年辑证》《中国古代陵寝制度史研究》《中国古代都城制度史研究》。其中，《古史探微》原名《杨宽古史论文选集》，《中国上古史导论》第一次以单行本出版。《杨宽著作集》第二辑之《杨宽书信集》、《中国古代冶铁技术发展史(外三种)》(2019 年)、《杨宽学术随笔》、《杨宽史学讲义六种》(2020 年)、《杨宽史学拾遗》(2021 年) 陆续由上海人民出版社出版。《杨宽著作集》13 种 15 册全部出齐。

（2）有关杨宽生平与学术交游的研究。

其弟子高智群对杨宽的学术生涯及重要学术著作做了简单的叙述，并评价了杨宽在古史研究方面的成就，同时也重温杨宽对学术的热情、学生的提携。[1]高智群还回忆到，杨宽虽然与于省吾就金文中"六𠂤""八𠂤"的性质开展争鸣，但私下却相互尊重。[2]钱林书回忆杨宽在参与编绘谭其骧主编的《中国历史地图集》

[1]　高智群:《编后记:一代学术　一代大家——杨宽先生的古史研究》,高智群编, 杨宽著:《先秦史十讲》, 复旦大学出版社 2008 年版, 第 453—455 页。

[2]　高智群:《一代史学大家, 百年学术经典——杨宽先生学术生涯兼论〈古史新探〉成就》, 高智群编, 杨宽著:《古史新探》, 复旦大学出版社 2016 年版, 第 521 页。

先秦卷中所做的重要贡献，并细致叙述了杨宽如何提出要将内部稿中的《从传说中的夏图》改为《夏时期全图》的始末。①马昌仪回忆自己 1992 年编选《中国神话学论文选粹》，时在美国的杨宽如何热心支持他编选，并愿意将自己的文章收入选粹。②汤志钧回忆说，杨宽是个"书呆子"，每天看书、写东西，他的底稿都写在练习簿上，文章写得快。③王学典的《顾颉刚和他的弟子们》梳理了童书业和杨宽学术交往的情况。④黄宣佩《我的考古之路》回忆杨宽极力主张上海博物馆应设立考古组，及其对自己走上考古学之路的重要影响。⑤魏承思在《我的史学启蒙老师》中认为杨宽是自己走上史学研究道路的启蒙老师。文中深情回顾了自己在 20 世纪 70 年代如何旁听杨宽的课程、经常请教问题以及杨宽指导他怎样做学问。⑥姚平回忆戴家祥写信推荐自己读杨宽的研究生，并叙述了杨宽 1983 年春带研究生前往山东、河北、河南、陕西、湖北考察中国古代遗址，一路上聆听杨宽回忆史学同好、畅谈治学心得。⑦胡中

①　钱林书：《杨宽先生与〈从传说中的夏图〉到〈夏时期全图〉》，邹逸麟、周振鹤主编：《历史地理》第 21 辑，上海人民出版社 2006 年版。

②　马昌仪：《杨宽关于神话研究的书简》，《中国社会科学报》2017 年 9 月 11 日。

③　汤志钧：《我的学术生涯》，澎湃新闻·私家历史，2019 年 6 月 10 日。

④　王学典：《顾颉刚和他的弟子们》（增订本），中华书局 2011 年版，第 190—191、197—202 页。

⑤　黄宣佩：《黄宣佩考古学文集》，上海古籍出版社 2014 年版，第 453 页。

⑥　魏承思：《我的史学启蒙老师》，《南方人物周刊》2011 年第 16 期。

⑦　王希、姚平：《在美国发现历史：留美学人反思录》，北京大学出版社 2010 年版，第 399 页。

行在《听杨宽先生讲"春秋"》中回忆杨宽讲课时的场景，认为杨宽上课逻辑缜密，新见迭出，又不乏幽默，很吸引人。①署名"读史老张"在《他们用学识凝聚复旦的日月光华——追寻复旦历史系老先生们的背影》中回忆杨宽的讲课逻辑缜密、条理清楚，因长期在博物馆工作，喜欢用文物来佐证论点。②翁长松忆及杨宽在上海社会科学院历史研究所为他们讲先秦史，杨宽讲授的是春秋战国的历史演变，重点放在秦统一六国上，并对秦始皇的功过是非作了精辟的分析和点评。③胡申生在《杨宽和学生姜俊俊的书信来往》讲述了姜俊俊除了听杨宽的课外，还参加杨宽组织的小型读书会。后来姜俊俊成为上海古籍出版社编辑，两人关于《逸周书分编句释》出版前言、《西汉长安》、《中国古代都城制度史》、《中国古代陵寝制度史》等文稿出版有多封书信往来。④

2016 年 9 月 28 日，《杨宽著作集》（第一辑）出版座谈会在上海图书馆举行。上海人民出版社原社长王兴康介绍了上海人民出版社与杨宽长达半个世纪的交往。自 1955 年《战国史》开始，杨宽的主要著作几乎皆由上海人民出版社出版。至 21 世纪初，杨宽即表达了集中毕生著述在上海人民出版社出版的

---

①　胡中行：《听杨宽先生讲"春秋"》，《文汇读书周报》2016 年 3 月 5 日。
②　读史老张：《他们用学识凝聚复旦的日月光华——追寻复旦历史系老先生们的背影》，《解放日报》2020 年 2 月 20 日。
③　翁长松：《忆漕溪北路 40 号的史学家们》，《钟山风雨》2018 年第 3 期。
④　胡申生：《杨宽和学生姜俊俊的书信来往》，《炎黄子孙》2020 年第 3 期。

愿望，并制定了"杨宽学术系列"的目录。因为杨宽及夫人的先后逝世，这个计划略有延宕；时任上海博物馆馆长杨志刚重点介绍了杨宽对上海博物馆的创建、发展方面的贡献，认为他是中国文博界的重要开山之一。他还认为，从学术上讲杨宽是一个巨人，不仅传统学问精深，而且能够将其转化为现代学科建设，使传统的考辨方法转化为现代的综合研究，包括融合马克思主义的理论方法，形成一个体系，开创一种史学撰述的文体；不仅涉猎面广，更重要的是他在方法、思想以及得出的结论方面所达到的高度，让后人敬仰；上海社会科学院历史所副所长王健介绍了杨宽参与上海社会科学院历史所的筹备，负责参加有关古史方面的学术讨论，并负责指导古史组青年学者的学习、研究，还要对全所工作人员做研究的辅导报告，实际上与当时同为副所长的周予同等人在历史所的定位方向、制定规划等方面做出了重要规划。他还认为在历史所期间，杨宽著述丰富，完成了多篇重要论文和《古史新探》，从礼制出发解析古史，引起学界的高度重视，并被日本史学泰斗贝冢茂树誉为二战后的一流史学作品，值得后人好好学习；杨宽的长子杨善群从四个方面回顾了父亲的学术成就，认为父亲是爱国的，在日本侵华期间隐居家乡，潜心著述；是坚强的，挺过种种风波，保持身体健康以延长学术生命；是勤奋的，在晚年笔耕不辍，完成了大部分的著作；对著作是精益求精的，能够不断吸收新的学术资料，修订完善已有的著作。他认为，像父亲那样一个人一生能够完成这么多的高质量的史

学著作，在学术界是很罕见的。这些著作将成为宝贵的历史
文化遗产，惠泽当代。①

（3）有关杨宽神话学的研究。

这个层面主要围绕杨宽成名作《中国上古史导论》中提出
的"神话分化说"展开的。童书业认为，继顾颉刚集"疑古"
古史学大成之后的学者为杨宽，他的古史学为民族神话史观，
核心武器为神话演变分化说。② 刘锡诚认为杨宽是一位对"古
史辨"神话学说做出了重要贡献的学者。在观点上，杨宽继承
了顾颉刚的"层累说"，认为古史中确实存在层累造成的史事；
但并不认为这是出于后人的伪造，而是由于殷周东西二系民族
神话的分化与融合，这是对古史"层累说"过于简单化的一种
修正。在方法上，杨宽批评并超越了一定程度上束缚着顾颉刚
的前辈今文经学家的理念和方法，并借鉴传自西方的神话学和
人类学的理念和方法，也借鉴了日本学者对中国古史传说的研
究，同时也受到西方神话学中语言学派的一些影响。③ 张京华、
梁韦弦、李长银等学者进一步对杨宽与古史辨学术关联、神话
演变分化说建立的原因等问题进行了研究。④

---

① 《杨宽著作集》（第一辑）出版座谈会记录，2016 年 9 月 28 日。
② 童书业：《自序二》，吕思勉、童书业：《古史辨》第七册上，开明书店
　 1941 年版，第 2—3 页。
③ 刘锡诚：《20 世纪中国民间文学学术史》，河南大学出版社 2006 年版。
④ 张京华：《二十世纪疑古思潮》，学苑出版社 2003 年版；梁韦弦：《古史辨
　 伪学者的古史观与史学方法》，黑龙江人民出版社 2014 年版；李长银：《杨
　 宽"神话演变分化说"述论》，《齐鲁学刊》2016 年第 6 期。

　　王孝廉认为杨宽是正式用神话方法研究古代神话的学者，他一面用研究神话学的方法对上古史作了深入研究，集顾颉刚以后的疑古史学之大成，一面又以"新释古派"的姿态对中国古代神话传说作了有系统的整理和还原，为中国古代神话系统建立了一个研究的系统，并言杨宽之所以是古史研究的集大成者，是因为他吸收了王国维、顾颉刚、傅斯年、徐中舒等人的学术观点和方法。[①] 赵惠瑜论述了杨宽与古史辨的学术关联，并进而探讨杨宽的神话研究的特色和价值。文中认为杨宽神话学研究的最大特色即：无论在神话观点还是方法上皆网罗众说之长，成功地将经学、史学、考古学、民俗学等观念转化到神话研究上。[②] 赵惠瑜还指出，傅斯年对古史的重建、民族史观的提出对杨宽神话学研究的启发，并分析杨宽在前人瓦解殆尽的古史、神话中，拣出神话成分，并以自己的方式建构出合理而有系统的中国上古神话体系，成为后世神话研究的范式。[③]

　　日本学者贝冢茂树极力肯定了作为疑古派一员的杨宽，在充分摄取释古派的方法和成果后，开拓出"新疑古派"的新境界，这是一条推动现代古史研究的前进道路。[④]

----

① 王孝廉：《附录二 杨宽》，《中国神话世界》下编《中原民族的神话与信仰》，洪业文化事业有限公司 2006 年版。

② 赵惠瑜：《杨宽的中国神话研究》，硕士学位论文，东吴大学中国文学系，2009 年。

③ 赵惠瑜：《古史的破坏与神话的还原——从胡适说到杨宽》，《东方人文学杂志》2009 年第 2 期。

④ [日]贝冢茂树：《中国古代史学の发展》，弘文堂书房 1967 年版，第 20 页。

也有学者对杨宽的神话分化说提出了质疑，蒋大沂认为杨宽的神话研究"仅探索至神话而止，而与神话之初相及神话之历史背景，则犹未暇论列"[1]。王树民认为，杨宽的神话分化说不谈神话传说起源基础的做法，是步入研究的歧途。[2] 徐旭生进而指出神话分化说有将"传说时代挤出于历史范围"的嫌疑。[3] 张京华认为杨宽虽然否定了顾颉刚的家派之见，回到了古史神性与古史分化的最初起点，但这仍然是对中国古史和中国古代史学传统的否定。其主要手法是从文献方面发难，以此作为论点，进而推翻、否定整个古史系统。[4]

（4）对战国史、西周史、都城陵寝制度史中具体观点的辨析。

战国史方面，《战国史》是杨宽的代表作，这部书既有历史观点，又有细密考证，先后经过两次大规模的修订，产生三个版本。此书在中外学界影响甚大，童书业、宋峤、王子今、日本学者籾山明皆有专文评介。1955 年初版出版，童书业认为它是一部史料和考证相当充实、正确又能运用马克思列宁主义观点来研究战国历史的著作。[5]1980 年修订版出版，宋峤《杨宽新版〈战国史〉评介》认为新版《战国史》有三个特色：第

---

① 蒋大沂：《与杨宽正书》，吕思勉、童书业编著：《古史辨》第七册下，开明书店 1941 年版，第 368 页。

② 王树民：《〈古史辨〉评议》，《河北师院学报》1997 年第 2 期。

③ 徐旭生：《中国古史的传说时代》（增订本），文物出版社 1985 年版。

④ 张京华：《古史辨派与中国现代学术走向》，厦门大学出版社 2009 年版。

⑤ 童书业：《略论战国秦汉社会性质》，《新建设》1957 年第 8 期。

一，突出论述冶铁技术发展所起的重大作用；第二，阐明奴隶制转变为封建制的具体过程；第三，充分吸取考古文物新材料详细注释战国史的老问题。[1] 籾山明在《东洋史研究》亦有专文评介。[2] 1998 年增订版出版，王子今认为《战国史》的增订和改写"充分体现了一个史学工作者求真求实的治学精神"[3]。李远涛评介杨宽《战国史》时，对其学术思想变化大致做过一番梳理。文中将杨宽学术思想划分为三个阶段：1933 年至 1949 年为第一阶段，是为古史辨时期，这一时期致力于中国古史传说的研究；1950 年至 1986 年为第二阶段，是学习运用马克思主义治史时期（以 1957 年为界，杨宽观点由西周领主封建说转变为战国封建说）；1987 年以后为第三阶段，是为史学反思时期。在杨宽的所有论著中，最能反映其学术思想转变的莫过于他不同时期所著的三个版本的《战国史》。三个版本观点上最大的变化体现在历史理论，前两版皆用马克思主义史学观点，第三版则明显不同；增补的主要内容表现在三个方面：第一，扩充论述制度变革和创设；第二，更全面具体深入地叙述合纵连横和兼并战争的过程；第三，增加思想文化方面的内容。[4] 熊贤品深度考察了《战国史》

---

① 宋峥：《杨宽新版〈战国史〉评介》，《中国史研究》1982 年第 4 期。
② ［日］籾山明：《杨宽〈战国史〉》，《东洋史研究》1982 年第 41 卷 3 号。
③ 王子今：《战国史研究的扛鼎之作——简评新版杨宽著〈战国史〉》，《光明日报》2003 年 9 月 2 日。
④ 李远涛：《战国史》，仓修良主编《中国史学名著评介》下册，山东教育出版社 2006 年版。

三个版本的内容和理论变化，进而认为三版《战国史》的叙述框架虽然保持较为稳定，但在具体的考证上越发精审，理论的阐发上逐步深入。①

除了宏观上的讨论外，学者还就《战国史》中的具体观点进行了商榷。如田昌五就暴力革命问题，批评杨宽把新旧社会变革中的暴力革命问题同地方阶级取得政权完全等同起来。②陈伟就杨宽所论述楚越战争中的相关史事提出商榷意见。③ 马曜就杨宽所持楚国庄蹻为两个人的观点展开商讨。④ 尹湘豪、赵树贵就燕昭王是公子职还是太子平与杨宽进行商讨。⑤《战国史料编年辑证》是杨宽从事战国史研究的又一重要成果。缪文远认为此书在考订人物、地理、制度、民族、史事等方面做到去伪存真、扫除积疑。并且能够实物文献参稽互证，体例完善，足以开启后学。⑥

西周史方面，日本学者木村秀海在《东洋史研究》向日本

① 熊贤品：《杨宽三版〈战国史〉的"守故"与"革新"》，《理论与史学》2021 年第 7 辑。

② 田昌五：《古代社会形态研究》，天津人民出版社 1980 年版，第 378—388 页。

③ 陈伟：《关于楚、越战争的几个问题——与杨宽等先生商榷》，《江汉论坛》1993 年第 4 期。

④ 马曜：《楚国只有一个庄蹻——与杨宽先生商榷》，《思想战线》1993 年第 2 期。

⑤ 尹湘豪、赵树贵：《燕昭王到底是谁？——与杨宽先生商榷》，《晋阳学刊》1985 年第 5 期。

⑥ 缪文远：《书评：战国史料编年辑证》，《中国学术》2002 年第 12 辑。

学界介绍《西周史》各章内容并肯定杨宽古礼研究的成绩。①
朱泽荣的研究生论文《杨宽先秦史研究成就述论》认为《西周史》
一书是杨宽从事西周史研究的重要成果，是一部集大成之作。
该书大量征引文献资料和金文资料，详尽描述了周的建立，分
析了重大事件和历史意义，对西周一代的历史做了翔实的考
证与论述。在史实方面，还原了周族初期的生存状况；在制度
方面，对西周的中央政权机构、地方村社制度、宗法制度等进
行综合分析；在礼制方面，还原了古礼的真实面貌，剖析了古
礼的宗法本质。最后认为，《西周史》是学界研究西周时期政
治、经济、军事、文化无法绕开的一部著作；② 陈光鑫《"屯田"
与"乡遂"——试述于省吾、杨宽的史学论辩》，从学术史角
度考察了 20 世纪 60 年代于省吾、杨宽讨论西周金文中"六𠂤"
"八𠂤"的性质，进而深入到屯田制、乡遂制、西周官制、《周
礼》等问题的过程，认为这场论辩可作为今天学术讨论的典
范。于省吾、杨宽虽是争鸣，但他们都选择了以"立"自己的
观点为主，通过"立"来"破"对方的论点。即使"破"，双
方仅仅围绕核心问题举证分析，这不仅体现出深厚的学术功
力，更展现出双方极高的个人修养。随着新材料的不断出现，
于省吾、杨宽这次论辩对后来学者讨论西周金文的官制、《周
礼》成书、六𠂤、八𠂤与地方区域组织关系都可得到启示。文

---

① 　[日] 木村秀海：《杨宽〈西周史〉》，《东洋史研究》2000 年第 59 卷 3 号。
② 　朱泽荣：《杨宽先秦史研究成就述论》，硕士学位论文，兰州大学历史系，
2016 年。

章认为这场论辩可算是新中国成立至"文化大革命"前十七年
史学的一个闪光点。① 此外，在具体问题上，于省吾就"六自"
"八自"的性质问题与杨宽展开讨论，② 李家骥就诸侯卿大夫身
兼大小宗二任及嫡长子问题展开辩论。③

都城陵寝制度史方面，徐卫民批评杨宽的中国古代都城
造向经历过从"坐西朝东"向"坐北朝南"转变的观点，认
为中国古代都城均为"坐北朝南"。④ 刘庆柱在"汉长安城
的设计思想""汉长安城的性质""汉长安城东市西市"等
问题上与杨宽展开讨论。⑤ 杨鸿勋在关于墓祭、先秦墓上建
筑的名实问题、《兆域图》所示陵园布局问题与杨宽展开论
辩。⑥

① 陈光鑫：《"屯田"与"乡遂"——试述于省吾、杨宽的史学论辩》，《史学
理论与史学史学刊》2017 年上卷。

② 于省吾：《略论西周金文中的"六自"和"八自"及其屯田制》，《考古》
1964 年第 3 期；于省吾：《关于〈论西周金文中"六自""八自"和乡遂制度
的关系〉一文的意见》，《考古》1965 年第 3 期。

③ 李家骥：《宗法今解——兼与杨宽教授商榷》，《学术月刊》1982 年第 5 期；
李家骥：《名与实——再与杨宽教授商榷》，《上海师范大学学报（哲学社会
科学版）》1984 年第 1 期。

④ 徐卫民：《秦都城研究》，陕西人民教育出版社 2000 年版，第 285—292 页。

⑤ 刘庆柱：《汉长安城布局结构辨析——与杨宽先生商榷》，《考古》1987 年
第 10 期；刘庆柱：《再论长安城布局结构及其相关问题——答杨宽先生》，
《考古》1992 年第 7 期。

⑥ 杨鸿勋：《关于秦代以前墓上建筑的问题》，《考古》1982 年第 4 期；杨鸿勋：
《〈关于秦代以前墓上建筑的问题〉要点的重申——答杨宽先生》，《考古》
1983 年第 8 期。

在治学特点上，高智群认为杨宽的治学素以严谨扎实闻名，他研究每一个课题，务必广搜材料，博及群书。在治学中，既重视运用社会科学理论，继承优秀成果，又充分吸收考古学、民族学、古文字学等相关学科的最新成就。同时，吸收不同学术批评意见。① 谢宝耿指出杨宽是一位集史学、文献学、考古学等于一体的史学大师。他的著作兼有史学的学识、文献的洞悉、考古的功力和哲学的思辨，故能言之有理、持之有故，能在学术领域独树一帜，永葆学术的旺盛生命力而滋润学界。其重要学术贡献是提出了神话分化学说，为古史传说还其本来面目，以及系统整理了战国时期 240 年的史料，使之从凌乱失真到科学有序。② 王家范认为，杨宽的史学特点是：他对历史链条上每一个关节的细致锤锻。但他并没有陷于细节、耽于过程，他的视野里始终有着整根链条，"虽然他没有写通史，但体现出一种通史的精神"。③

通观目前杨宽史学的研究状况，可以说有相当的成就，涉及杨宽著作的整理、学术交游、学术观点、治学方法等方面，给后人提供了丰富的资料和坚实的研究基础。但杨宽史学研究尚存以下不足：

---

① 高智群：《一代史学大家，百年学术经典——杨宽先生学术生涯兼论〈古史新探〉成就》，高智群编，杨宽著：《古史新探》，复旦大学出版社 2016 年版，第 519—522 页。
② 谢宝耿：《杨宽学案》，《上海文化》2018 年第 10 期。
③ 《杨宽著作集》（第一辑）出版座谈会记录，2016 年 9 月 28 日。

第一，以上研究大多局限在杨宽已出版的著作，杨宽手稿、档案、书信、讲义等大批珍贵史料未充分利用，这在很大程度上限制了研究的深度和广度。

第二，杨宽的学术交谊有待拓展，如杨宽与吕思勉、蒋维乔、顾颉刚、郭沫若、童书业等学者之间的交往。杨宽的史学发展历程及学术成就亦有待深入研究，如杨宽的墨学研究、与古史辨之间的互动、战国史的成就、西周史的成就、古史分期的研究、与马克思主义史学的关联等问题，均有待于更细致的考察。

三、研究思路

鉴于学界目前的研究现状，本书将重点置于两个方面：第一，将以杨宽未刊手稿、讲义、档案、来往书信等原始材料和杨宽已发表的论著为核心材料，在学界研究基础上更进一步，系统地、全面地分析和梳理杨宽的史学成就和特点，希望从学术渊源、治史方法、史学观念、著述特色方面对杨宽史学作一整体把握；第二，将杨宽置于 20 世纪社会、学术背景中作比较、归纳纵深考察，衡量其在近代学术史上的价值和地位。在秉持这种理念基础之上，论文主要遵循以下写作思路：

第一章"生平事略与师友交谊"，共分为两部分。第一部分，简要阐述杨宽的生平事迹，考察其所处时代背景、童年生活、求学道路及如何走上学术研究之路。第二部分，梳理杨宽的师友交谊情况，主要探讨了杨宽和吕思勉、蒋维乔、顾颉刚、郭沫若和童书业等学者的交谊情况。

第二章"墨学研究"。1932年，时年18岁的杨宽发表了第一篇关于墨子研究的文章，借此步入学界，此后10年左右的时间，杨宽出版专著《墨经哲学》，并发表了将近20篇相关论文，可谓著述丰富。他的墨学研究内容非常丰富，比如在对《墨子》篇章的辨伪、对墨子核心思想兼爱的理解上、对时人附会西方科学于《墨经》等论点上都能言之有据，持之有故，这些论点大部分都具有一定的合理性。而毋庸讳言的是，杨宽认为《墨经》中无数学、力学、几何学、光学以及否定名家或辩者等观点，则失之偏颇。

第三章"与古史辨的学术关联"。本章从"古史辨的批判者""古史辨的同盟军""古史辨的集大成者"三个方面展开讨论。文中认为杨宽是继顾颉刚后古史辨派中最重要的生力军，他并不是一开始就为古史辨的同盟军，而是以批评的姿态首先站在了古史辨的对立面。在经过与古史辨派核心人物顾颉刚、童书业等人联系的逐渐紧密，尤其是参与编著《古史辨》第七册，才逐渐进入古史辨派的阵营。杨宽是继顾颉刚以后"集疑古史学"之集大成者，其表现在学术观点、研究方法、古史态度、引用书目上采取了"拿来"主义。

第四章"战国史起步的研究"。1939年至1949年，为杨宽研究战国史的初期阶段。杨宽用6年的时间细致研究战国史料，而从1945年末到1949年初，杨宽发表30余篇有战国史的论文，这些论文文风朴素，论证扎实，考证精到，为1955

年版《战国史》的完成提供了坚实的基础，甚至在 1998 年增订本《战国史》中仍然使用这些论证成果。可见，杨宽的考证论文非常有生命力，经得起时间和学术界的检验。此外，在这个时期，杨宽对社会史观的态度有些许转变，已经用社会史分期的观点来看待春秋战国之际。

第五章"《战国史料编年辑证》的研究"。《战国史料编年辑证》是杨宽战国史研究方面的一部重要著作。该书从编撰到最终出版，前后有近 60 年的时间。该书将 248 年的战国史逐年编排，并以"案"的形式对有关史实进行考察。此书在编撰过程中受钱穆的《先秦诸子系年》影响较大，同时作者能游刃有余地运用传统的考据方法，如本证、旁证、理证等方法。"案"涵盖历史人物、历史事件、制度、地理、民族和文化风俗，这是作者数十年来研究功力的体现，为战国史研究者提供重要的借鉴。

第六章"《战国史》的研究"。《战国史》为杨宽代表作，此书前后有三个版本。三个版本最大的变化是历史理论，1955 年版尝试用马克思主义观点治史，因业务及马克思主义的修养都不够，所以初版略显单薄，亦有瑕疵。经过 25 年研究上的深入及马克思主义修养的不断提高，杨宽终于成为马克思主义史学家之一，1980 年修订版则显得更为成熟厚重。赴美后，1998 年增订本则脱离了教条主义，从中国历史自身独特的规律观照战国史。战国史内容改变的原因可能有四点：新史料的出现，前后观点的变化，关注社会现实，受妻子的影响。

第七章"制度史的研究"。制度史研究是 20 世纪 80 年代，杨宽应日本学术界的要求而开拓的一个新研究领域，在这片还未充分开垦的学术领域，《中国古代陵寝制度史研究》和《中国古代都城制度史研究》的出版，使得杨宽很快占有一席之地。两书的共同特点是根据丰富的文献、考古资料，以及实地探查，对两千年来陵寝和都城制度的起源和变迁，时代划分和特点分别进行了系统的研究，并且敢于提出一些新见解。

第八章"《西周史》的研究"。《西周史》是杨宽晚年先秦史方面研究的又一部重要著作。该书从开始研究到最终出版，前后用了 42 年的时间。此书是建立在一篇篇扎实专题论文的基础上，其史学成就体现在：推进了西周官制史的研究和对《周礼》"重新分辨，去伪存真"，还原了西周真实的典章制度。《西周史》虽然偏重考证方面，但作为一本历史著述，它仍然有叙事上的鲜明特点，比如对历史事件原因的探索、对历史事件过程细节的还原、对历史事件重大作用或意义的阐释。兼具考证性和叙事性，使得《西周史》成为中国先秦史领域中的一部经典。

第九章"中国古史分期研究"。本章从新中国成立后古史分期问题的讨论开始，将杨宽对古史分期的观点分为三个阶段：一是信奉西周领主封建说（1949—1956）、二是尊奉战国封建说（1957—1980）、三是放弃古史分期（1980 年后），着重阐释转变过程。文中认为杨宽的古史分期观经历了两次变化，从 20 世纪 50 年代的西周领主封建说变为 60 年代的战国封建说，80 年代后开始反思古史分期。1998 年《战国史》彻底抛弃古史分期，提出中国历史有其特殊的历史发展规律，这是其对历史发展的最终认识。总的来看，杨宽古史分期观的变化特点是从致用到求真。

第十章"与马克思主义史学的学术关联"。杨宽的重要著作《战国史》《中国古代冶铁技术发展史》《古史新探》《秦始皇》《商鞅变法》，包括 1949 年后的所有文章，都是在马克思主义理论指导下进行的史学研究，本章从"1949 年前对马克思主义史学的态度""1949 年后学习马克思主义阶段（1949—1951）""运用马克思主义理论阶段（1952—1980）"三个方面展开论述，析论杨宽与马克思主义史学的关系。文中认为，1949 年之前，杨宽认为社会史派的最大弊病是教条主义，也不看好唯物史观能在建设古史方面起作用。之后，结合上海博物馆工作，认真学习马克思主义理论。在短暂学习适应后，积极地用马克思主义理论观点指导和从事古史研究和讨论。

结语部分对全文作一总结，并归纳杨宽治史的特点，进而将其置于 20 世纪社会、学术背景之下评估杨宽的史学地位。

附录为"杨宽著述编年"，尽可能将杨宽所有著作、文章及收录情况列入系年。

第一章　生平事略与师友交谊

英国著名史学家 E.H. 卡尔曾说:"在研究历史之前,要研究历史学家。现在我还要补充说:在研究历史学家之前,要研究历史学家的历史环境与社会环境。历史学家是个体,同时也是历史的产物、社会的产物;研究历史的人必须学会从这一双重的角度来看待历史学家。"①钱穆亦说:"写某人之事,应懂得在那时代与此人此事相关之事。"并举司马迁写《史记》的例子说:"我们要根据《史记》来了解司马迁一个活活的人,若我们只读《史记》,而不问司马迁其人,即是忽略了《史记》精神之某一方面,或许是很重要的一方面。"②研究杨宽的史学,就必须关注杨宽所处时代的政治、经济、文化和生活多方面的历史,尤其需要关注杨宽个人的家庭、生活、师友交谊等情况,梳理其一生的学术交谊情况,有利于了解杨宽的学术思想形成轨迹,对全面认识杨宽的史学研究成就,有着一定的帮助。

---

① [英] E.H. 卡尔:《历史是什么?》,陈恒译,商务印书馆 2007 年版,第 133 页。

② 钱穆:《中国史学名著》,九州出版社 2019 年版,第 346、118—119 页。

第一节　生平事略

1914 年 2 月 6 日（阴历 1 月 12 日），杨宽出生于上海市西郊青浦县白鹤江镇。杨家世代居住在白鹤江镇中市的中木桥南侧，既不是显赫的家族，也不是书香门第。家史在杨宽的记忆中较为模糊，只知道曾祖母在世时，家庭发生了较大变化。曾祖母有三个儿子，他们结婚后各自分家，自立门户。不幸的是，三个儿子陆续夭折，小儿媳也去世，但留下一个女儿，即杨宽母亲。母亲名"素汉"，小名宝宝，当时长辈叫她宝妹，邻居称她为宝姐，真实名字未知。曾祖父去世早，曾祖母便成为一家的主心骨。

对于母亲，曾祖母采用了"入赘"方式。她从重固镇附近的农村家庭挑选了一王姓家的儿子，当时与王家订立了入赘条约，条约注明入赘后必须更改姓名，作为第三个儿子，不能回归原族。这就是杨宽的父亲杨公衡。杨公衡，字宰阿，来到杨家后，先上学读书，后跟随青龙镇传世名医何子祥学习中医内科。何子祥是青龙镇何氏世代名医的第二十七代，后迁到赵巷镇。当时何子祥不仅在赵巷镇本宅挂牌行医，而且在青浦县内一些大镇上也有固定的寓所，定期前往诊治。杨宽父亲寄宿在老师家中，一面在老师指导下学习中医，一面跟随老师治病救人。学成后，就由何子祥送给大块招牌，带回家中行医，招牌上写着："世儒医何子祥门人杨宰阿男妇大方脉"。在这样一个小镇上行医是很辛苦的，因为看病的都是周围农村里的村民，除了上午门诊外，下午常常要徒步到农村出诊，少则几里，多则十里以外。

1919年秋天，杨宽进入镇上的鹤溪小学。因白鹤江镇接近上海，新式教育也在这里生根发芽。学校分为初级小学和高级小学。初级小学所设课程有国文、算术、修身、常识、音乐、画画、体操，高级小学加设英文。初级小学读白话文，每星期要用白话文作一篇短文。高级小学改读古文，选读的是战国时代诸子的寓言故事和唐宋以来名家的短篇古文。在高级小学读书时，教师们常常将中国长期以来受列强侵略和压迫的事，教育学生从小立志，长大后"救国雪耻"。当时五月九日为"国耻纪念日"，因为日本军部向中国提出"二十一条"，五月九日袁世凯政府承认，于是此日就被认为是中国近代史上最大的"国耻"。因此，每逢五月九日，学校就停课，在礼堂开全体大会，听老师讲述国耻。大会结束后，老师还会带领高年级的学生，到大街上游行宣传，游行时同学手里都拿着"勿忘国耻""救国雪耻"的小旗子，并在老师的指挥下摇旗喊口号。

杨宽喜欢看生产工具的制作过程。家门口的南侧就有一家专门制作各种农具和器具的打铁作坊，因此，放学后，常常要去看一段时间。看他们如何鼓动风箱，吹的炉火越旺，把熟铁烧红，放在大铁墩上，一人用火钳夹住，二人用大铁锤轮流锻打。大型的农具如铁耙、斧头类，要在刃部夹进小钢条，小型的农具如锄头、镰刀类，要在刃部用熔化下生铁液一滴一滴很快淋上去。

　　杨宽喜欢看农业生产的各种过程。每天放学回家，常常不走大街，而是绕道街后，沿着农田步行回家，一路上可以看到农民在田中耕作情况。还可以看到农民每年各个时期不同的生产劳动，逐渐了解到水稻和棉花的生产技术、生产过程以及他们所使用的生产工具。

　　杨宽喜欢听农民在插秧等劳动中集体唱"田歌"。田歌，就是邀卖山歌，是青浦农民自己创作的。因为它是农民在田家劳动的歌声，所以大家都叫它田歌。田歌的音调高亢，情绪爽朗，曲调健康朴素优美，具有江南那种富饶秀丽的地方色彩。在演唱时，人民不禁会在脑海中构造这样一幅美丽的画面：在辽阔的田野里，庄稼长得肥壮可爱，农民愉快地劳动着，健康嘹亮的歌声，此起彼伏，响彻田野，冲破云霄。插秧季，杨宽回家的路上可能听到农民这样唱道："插秧要唱插秧歌，腰身弯弯好象弓，大雨落得满身湿，没有办法作长工。"耘稻季，可能听到："耘稻要唱耘稻歌，两腿弯弯泥里拖，眼观六方田中草，十指尖尖捧六棵。"[1] 青浦田歌是吴歌的重要一支，2006年被列入国家级非物质文化遗产名录。据杨宽晚年回忆，小时候的这些经历不仅对他以后的成长，甚至对以后的学术研究工作都有着深远的影响。[2]

---

[1]　中共青浦县委宣传部编：《青浦田歌》，上海文艺出版社1959年版，第167页。
[2]　杨宽：《历史激流：杨宽自传》，大块文化出版股份有限公司2005年版，第43页。

1926 年夏，杨宽考取了苏州省立第一师范。1927 年，北伐胜利，国民政府成立，学校改组，省立第一师范和第二中学合并，称为省立苏州中学，初中部取消师范科，高中部分设普通科和师范科。杨宽被编入初中二年级。初中部的老师都是苏州人，教中文、历史、地理等课的老师在课堂中经常插一些苏州的掌故，包括苏州文化学术史、书画家和收藏家的行谊以及园林的掌故，这些都给杨宽留下了深刻的印象。当时苏州中学规定，凡是初中毕业成绩优秀就可以直升高中部。且他父母经常叮嘱，必须力求直升高中，否则升学就很困难了。为此，杨宽在初二、初三时减少逛旧书店、学习音乐的时间，用功专心求学。功夫不负有心人，1929 年夏，杨宽顺利直升高中部师范科。

时任苏州中学的校长汪懋祖（1891—1949），字典存，曾留学美国，做过北平师范大学校长，中国传统文化修养很深，是一位著名的教育家。汪懋祖治理苏中，实行学分制，提倡教师研究学术，著书立说，创办《苏中校刊》，使得教学和学术工作相互结合、相得益彰。还注意编辑高水平的新教材，讲求教学方法，还延聘四方人才来校教书，多方礼聘著名学者来校讲学，于是苏州中学成为一个重要的学术基地。名人演讲在苏中教学活动中占有重要地位，苏中每学期举行学术演讲会8 至 10 次，有本校学有专长的教员，更多的是校外名人来演讲，演讲的有：胡适、孟宪承、陈去病、欧阳予倩、吴梅、张君劢、何炳松、江问渔、顾颉刚、李石岑、蔡元培、曾昭抡等。① 杨宽曾听过胡适和钱穆的演讲。

在苏州中学教书的有陈去病、吴梅、吕叔湘、杨人楩、钱穆、胡哲敷、颜文梁等人。高一时，杨宽听过吕叔湘西洋史课，所用教材是陈衡哲编的《西洋史》。吕叔湘除了讲述课本上的内容外，还补充许多新内容，引人入胜，当时主要学习古埃及、巴比伦、希腊和罗马的文化艺术。杨宽曾进一步搜集材料，不断写成读书笔记，送请吕叔湘指正，他逐篇改正，给了许多指点意见。1931 年，杨宽的第一篇文章《埃及古算考略》发表在《苏中校刊》第 53、54 期合刊上，可能就是根据读书笔记撰成的。

杨宽的学术生涯始于墨子研究。初中一年级时，在历史老师的引导下，就阅读胡适的《中国哲学史大纲》上卷，孙诒让的《墨子间诂》和梁启超的《墨经校释》。起初，杨宽只是慕名拜读，很多地方不理解。升到高中以后才对《墨子》和《墨经》做系统的探索。

高中时，杨宽对中国的历代尺度考做了一定的研究，对尺度有兴趣是因为听说王国维在清华大学国学院研究所提出研究生的论文题目中有历代度量衡的研究。同时，看到王国维的《观堂集林》中有讨论历代尺度的文章，又看到刘复根据"新莽嘉量"的校量而推算《隋书》所记历代尺度长短的

---

① 苏州中学校史编委会编：《苏州中学校史（1035—1949）》，苏州大学出版社 1999 年版，第 179—181 页。

文章，因此，想把实物和文献结合起来，对历代尺度做一详细的考订。[①] 后来成《中国历代尺度考》一书，1938 年由商务印书馆出版。书中杨宽多处引用王国维的研究成果，将其作为定论，其中尤为推崇王国维的论点：我国历史上尺度增益是由于课税，认为此论"至为详尽"，进而提出，度量器的增大"不仅由于地主政府在课税中'欲多取于民'，更由于地主阶级在收取地租中'欲多取于民'"。[②] 不仅如此，杨宽还改订了王国维考证的失误之处，王德毅如是评说："杨宽撰《中国历代尺度考》，论及宋代尺度，内中说：'宋代沿袭唐制，因为宋代政府所颁布的标准尺，主要还是为征收布帛之用，所以称布帛尺。又因为宋初贡赋由三司使征收，因而这尺也称三司布帛尺。'又说：'王国维在考证宋代尺度时，一方面误信了程大昌《演繁露》的推断，一方面又误信了三司布帛尺摹本，因而得出了下列错误的结论：（一）钜鹿出土的宋尺为淮尺；（二）宋三司布帛尺长营造尺八寸七分强；（三）合布帛尺八寸九厘有奇的浙尺，略同于唐秬尺（即唐小尺），淮尺略同于唐大尺，淮尺、浙尺即出于唐的大尺、小尺；（四）三司布帛尺的所以大于唐秬尺，由于代有增益。'杨宽认为钜鹿出土的宋尺既出于大观二年所淹没的钜鹿故城，必是当时一般通行之尺。宋代的布帛尺就是沿袭唐大尺，并不是

---

① 杨宽：《历史激流：杨宽自传》，大块文化出版股份有限公司 2005 年版，第 135 页。

② 杨宽：《中国历代尺度考》，商务印书馆 1955 年版，第 11 页。

宋淮尺沿袭唐大尺。此足正先生之失。"①

1932 年夏，杨宽考进上海私立光华大学国文学系，这个选择是受堂兄杨安的影响。杨安（1912—1998），字安仁，上海青浦白鹤江人，上海私立光华大学第 8 届毕业生，毕业后任教于上海中国中学，担任副校长之职。他一生继任父志，热心教育事业，1945 年抗日战争胜利后，鉴于家乡白鹤江镇小学被日本飞机炸毁，经过多方努力争取，在原有废墟上重建白鹤小学，所建礼堂名"公权"堂，纪念其父杨公权。在白鹤江东，与杨乐兰创办了私立恢吾中学，恢吾为其父字。任教中国中学期间，还担任徐汇区第三、四、五届政协委员。

杨宽从杨安处得知，光华大学有几位讲授中国文学和历史的著名教授，他们除了讲授必修课外，还开一些选修课，如指导学生读一部专书。中国文学系主任钱基博讲授中国现代文学史等课，还讲《论语》《孟子》等书，他上课指导学生很认真，要学生经常拿没有句读的古文加上新式标点，送给他批阅，从而提高阅读能力。历史系主任吕思勉讲授中国社会史、中国民族史、《史通》、《文史通义》、《说文解字》等选修课。蒋维乔主讲中国哲学史、老庄哲学、佛学概论，还开讲《周易》《尚书》《礼记》《墨子》《吕氏春秋》《楞严经》等书。三位老师中，吕思勉、蒋维乔对杨宽的学习和生活影响最大。

进入光华大学后，杨宽将研究和写作重点继续放在《墨子》上，欲将高中时的文稿进行修改，抽出重要部分写成论文发表。恰在此时，读到胡怀琛的《墨子学辨》。他认为墨子是印度人，因面孔黑而得名。又认为墨子的学说来自于印度，与中国传统学说相异。杨宽认为此论有可商榷之处，由此撰写《墨学非本于印度辨》，投寄上海南京书店出版的《大陆杂志》，《大陆杂志》当即于一卷六期刊出，此为杨宽第一次在学术刊物上发表文章。[①] 因为高中时，杨宽写过两篇文章，一篇投稿于顾颉刚主编的《燕京学报》，但顾颉刚未能给其发表。另一篇投稿于吴宓主编的《学衡》，而《学衡》此期延期，迟迟未出版。接着杨宽又快速写成《墨经宇宙论考释》和《先秦的论战》两文，分别刊于《大陆杂志》一卷七期和八期上。

1936 年 4 月，杨宽被聘为上海市博物馆艺术部研究干事，负责陈列布置及编写说明。由于还未毕业，对于是否要提前参加工作，杨宽还特意与吕思勉、蒋维乔商量。杨宽回忆："我当时大学尚未毕业，但是出于任务紧迫，人才缺乏，要求我提前参加工作，经我与蒋维乔、吕思勉两位教授商量后，即迁居

---

① 杨宽：《历史激流：杨宽自传》，大块文化出版股份有限公司 2005 年版，第110 页。此记忆有误，《墨学非本于印度辨》非杨宽发表的第一篇文章，杨宽的第一篇文章是发表在 1931 年《苏中校刊》第 53、54 期合刊上的《埃及古算考略》。此为一篇中学作业式的文章，他说："埃及古代数学，至今失传殆尽，近今考古学者，发掘埃及古墓，得其古籍，数学书籍，亦得一二，又一文字隔膜，所能明了者，仅不过万一。今将近今所能明了者，编之于下，供诸同学研究讨论。"

到博物馆附近的职员宿舍，参加博物馆的开馆筹备工作。"① 至此，杨宽走入社会，正式参加工作，他与博物馆结下了以后几十年的因缘。

由于工作人员的辛苦努力，上海市博物馆于 1937 年 1 月 10 日正式开幕。上海市博物馆有出版《上海市博物馆丛书》的计划，由中华书局出版。计有：郑师许的《铜鼓考略》和《漆器考》，陈端志的《博物馆学通论》，胡肇椿、曹春霆合著的《古物之修复与保存》，徐蔚南的《顾绣考》《上海棉布》，胡肇椿译滨田耕作的《古玉概说》，郑师许与胡肇椿等译孟德鲁斯的《考古学研究法》，周维的《亚洲古兵器与文化艺术之关系》等；上海市博物馆在《民报》上创设《上海市博物馆周刊》，由杨宽负责，前后总共出版 30 期。此外，上海市博物馆还在上海市广播电台定期请馆员演讲，如杨宽于 1936 年 12 月 1 日在上海广播电台讲"中国艺术之特色"半个小时，1937 年 1 月 8 日讲"中国工艺之演化"半个小时，2 月 5 日讲"陶瓷之沿革"半个小时，2 月 26 日讲"中国工艺的演化"半个小时，4 月 9 日讲"康南海先生的欧游"半个小时，4 月 30 日又讲"瓷器的沿革"半个小时。同时，杨宽帮助同事郑师许编辑《大美晚报》上的《历史周刊》。上海市博物馆开幕后不久，郑师许到广东省立勤勤大学教育学院任教，这个周刊由杨宽一人

---

① 杨宽：《历史激流：杨宽自传》，大块文化出版股份有限公司 2005 年版，第 132 页。

主编，该刊前后共出版 73 期。在期刊上撰稿的主要有郑师许、杨宽、蒋大沂、胡怀琛、胡道静、杜华、金性尧、史微、贝琪、沈延国等人。开放不到一年，因为淞沪抗战爆发，杨宽与馆长胡肇椿将贵重文物寄送至震旦博物馆，上海市博物馆就此关闭。

上海市博物馆闭馆后，杨宽失去工作，这时郑师许伸来了橄榄枝，他向广东省立勷勤大学教育学院文学系推荐将杨宽聘为讲师。杨宽随即离开上海，从海路赴广西梧州。到达梧州后，勷勤大学文学系为杨宽安排的课程为：上学期的两门课是一年级的中国通史和四年级的古器物学概论，下学期的两门课是四年级的历史研究法和中国上古史。这四门课是郑师许和系主任商定的。郑师许认为这四门课都是杨宽可以胜任的。之所以开设古器物学，因为他看到杨宽为上海市博物馆所写的各类古器物说明，比较有系统，内容具体而充实，可以在这个基础上加以扩充，讲好这门课；之所以开设历史研究法，因为杨宽与郑师许合编《大美晚报·历史周刊》时，杨宽常常谈论当时各学派的得失，特别谈到他们治学方法上的得失。杨宽主张博采众长，纠正他们的短处，从而取得研究的新成果；之所以开设中国上古史，因为郑师许知道杨宽对古史传说已有一整套系统的见解，正有待于写成一部著作。

中国通史课用的教材是吕思勉的《白话本国史》，其余都没有教本。因此，这三门课都需要编写讲稿。杨宽编写了《史学研究法讲义》《中国古器物学讲义》《中国上古史导论》，此

外，还编有《历史教学法纲目》讲义。《史学研究法讲义》有
三个显明特点：其一，肯定传统的史学研究法；其二，肯定史
料在研究中的重要价值；其三，重视目录学在研究中的重要作
用。《中国古器物学讲义》频频引用罗振玉、王国维、郭沫若、
李济、唐兰、马衡、徐中舒、郭宝钧以及外国学者梅原末治、
滨田耕作、安特生等学者的研究成果来证明己说，对于拓宽西
南一隅学生的学术视野非常有益。① 在这里，最大的收获就是
根据已发表的文章和所有读书笔记，写成了《中国上古史导论》
一书作为中国上古史的讲义。后此书全文收入《古史辨》第七
册，成为杨宽的成名作。

　　1938 年，因大儿子杨善群出生，妻儿需要照顾，杨宽仅在
勤勤大学教了一年就从海道经香港返回上海。当时中国只有上海
租界有居住和出入、言论和出版的自由，此外也有不少挂洋牌子
的中文报纸正积极地对外抗战，成为中国人民的喉舌。租界四周
早已被日军占领，要道上都有日军站岗，出入要凭日军发放的
"良民证"，并得向日军脱帽以示尊敬。租界也只有挂外国人牌子
的轮船可以出于海道，因此有"孤岛"之称。"孤岛"为中国东
南沿海有钱人避难集中地，一时人口众多，工商业繁荣，亦新
创立了许多工商业机构。而新来的人员需要适应新的工作，就
需要补习各种业务知识，因而"孤岛"中的补习学校如雨后春
笋般发展起来。此外，许多大学和中学也迁到"孤岛"来上课。

① 　贾鹏涛：《杨宽的三种史学讲义》，《中国社会科学报》2021 年 3 月 24 日。

向杨宽伸出援助之手的是原上海市博物馆总务部主任陈端志，他在这里创办了湘姚中学，规模较大，陈端志聘请杨宽为历史教员并兼任该校注册主任。湘姚中学为了招徕补习学生，在当时的报纸上刊登大幅广告，广告上刊登学校聘请的知名教师，以吸引学生。杨宽的名字亦被登录在广告上。本来与上海的朋友都失去联系，凭借这个广告，杨宽与许多老朋友都取得了联系。原上海市博物馆老同事蒋大沂找到了杨宽，他当时在租界的持志学院担任教授，同时编辑《文汇报·史地周刊》和《俗文学周刊》，主要宗旨是以此鼓励群众坚持长期抗日。当在上海"孤岛"工作时，杨宽想身体力行地为抗日战争尽一份力量。由于黄素封的联系，杨宽曾两次进入苏北游击区做宣传抗日的工作。但由于各种复杂的关系，这项工作持续没多久就结束了。

1941 年 12 月，太平洋战争爆发，日军占领上海租界，"孤岛"沦陷。原来的许多报馆、出版社和大学有的停办，有的隐藏起来转入地下。1942 年 1 月，杨宽带着妻儿回到家乡青浦。杨宽之所以决定迅速离开上海，是因为四个月前南京汉奸进逼的事。杨宽当时应宣传抗日《正言报》副刊《史地周刊》编辑的要求，撰写了一篇《中国文化图腾的探讨》。不久汪伪政府出版的《政治月刊》将此文刊在汪精卫、陈公博等人的文章后，用意想逼迫杨宽当汉奸和引起学界的猜疑。杨宽计划在《正言报》上发表声明，揭穿他们的阴谋。编辑认为实名发表声明有危险，最好用编辑部声明，因为上海已发生实名被暗杀的例子。因此，《正言报》就刊登了一份编辑室声明："本周刊第

二十四期所载杨宽先生《中国图腾文化之探讨》一文，突发现
于《□□月刊》二卷二期，显系窃载，事关杨君名誉，特此声
明。编辑室启。"①

　　杨宽在家乡期间共二年九个月，主要是编辑战国时代
二百四十多年的史料，考订每年发生的历史事件及相关人物的
活动，后来所写战国史事有关论文以及代表作《战国史》主要
依据此时的编年史料。

　　抗战胜利后，杨宽立即回到上海。当时蒋维乔担任鸿英
图书馆馆长，他聘请杨宽担任鸿英图书馆史料部主任。这个时
期，杨宽主要忙于上海市立博物馆的复馆工作。1945 年 9 月
26 日，上海市教育局局长顾毓琇命令高君珊、雷洁琼、杨宽
办理接收博物馆。10 月 29 日，顾毓琇聘任郑振铎、徐森玉、
杨允中、张凤、胡肇椿、徐蔚南、杨宽为复馆委员会委员。11
月 10 日，杨宽、胡肇椿、郑振铎、张天方、徐森玉、杨孝述、
徐蔚南出席复馆委员会第一次会议。②11 月 12 日，杨宽被聘
为复馆办事处主任，③ 负责办理复馆工作，并勘定上海市胶州
路六○一号三楼为办公处，于 12 月 1 日开始办公。④ 同时聘

① 《声明》，《正言报·史地》1941 年 8 月 22 日。
② 上海市档案馆藏：《上海市教育局关于市立博物馆人事任免及薪级核定》，
　 档案号：Q235—2—1476。
③ 《上海文物博物馆志》编纂委员会编：《上海文物博物馆志》，上海社会科
　 学院出版社 1997 年版，第 12 页。
④ 上海市档案馆藏：《上海市立博物馆工作情况报告》，档案号：Q235—2—
　 3640。

任童书业、承名世为研究干事，张启帆、徐安世为助理干事，徐文成为工役。① 馆址暂定四川北路横滨桥原日本留民团第一小学校二楼。

经过杨宽及其他同志的多方努力，上海市立博物馆的复馆工作基本完成，1946 年 2 月 27 日，上海市教育局长顾毓琇任命杨宽为代理馆长。② 至迟到 1946 年 8 月，杨宽正式成为上海市立博物馆馆长。在 1946 年至上海解放前，共开放三个陈列室，第一陈列室专列铜器，附以玉器、琉璃器、骨器，第二陈列室专列陶器、瓷器，第三陈列室专列明器。上海市立博物馆举办了 7 次展览，分为是：总理遗墨展、上海抗战文献展览、革命文物展览、特种报纸展览、历代明器展览、辛亥革命文献展览、国父事迹展览。进行了两次考古发掘，分为：戚家墩田野考古和常州古墓③ 发掘。此外，在杨宽的领导下，1946年 10 月，上海市立博物馆以"上海市博物馆研究室"的名义，借用《中央日报》副刊版面，每星期编辑一期《文物周刊》，这是中国第一个以"文物"为主的期刊，也是当时唯一探讨文物的期刊，前后共出版 110 余期。虽作为《中央日报》的副刊，却从编辑到征稿，博物馆都可自主处理。周刊的目的有两个，

---

① 上海市档案馆藏：《上海市教育局关于市立博物馆人事任免及薪级核定》，档案号：Q235—2—1476。

② 上海市档案馆藏：《上海市教育局关于市立博物馆人事任免及薪级核定》，档案号：Q235—2—1476。

③ 贾鹏涛：《1949 年常州恽家墩汉墓的考古挖掘》，《文汇报·学林》2021 年3 月 18 日第 11 版。

一是"深入浅出"地把文物价值传递给大众，一是提倡学者对于文物的研究。①

1949 年 5 月 20 日，上海市军事管制委员会通知：进入市区解放军部队、各机关团体在接收工作时发现古籍图书，必须移交、报告军管会高教处。②6 月 4 日，杨宽致函上海市军事管制委员会文化教育管理委员会市政教育处，报告博物馆的沿革及最近情况、暨文物清册、图书清册、财产清册、款项收支清册、员工名册、卷宗目录。③ 到此，上海市立博物馆的使命也即完成。6 月 22 日，上海市文管会派市政教育处社教室主任胡就明为代表，正式接管市立博物馆。胡就明宣布，全体员工照常工作，杨宽继续留任馆长。

1959 年 9 月，上海社会科学院历史研究所正式成立。杨宽从上海博物馆调至上海历史研究所任专职副所长，主管古代史组业务，并监管购买图书。至此，杨宽离开了自己工作 10 余年的博物馆。1970 年 5 月，为了完成毛泽东交代编绘《中国历史地图集》的任务，杨宽从历史研究所被调到复旦大学历史学系，在历史地理研究室负责谭其骧主编的《中国历代地图集》先秦部分的绘图。

---

① 贾鹏涛：《杨宽在上海市立博物馆的往事》，《文汇报·文汇学人》2018 年 3 月 16 日。

② 《上海文物博物馆志》编纂委员会编：《上海文物博物馆志》，上海社会科学院出版社 1997 年版，第 13 页。

③ 上海市档案馆藏：《关于上海市立博物馆、体育馆、图书馆、民教馆等工作业务范围及组织系统、员工编制的训令》，档案号：B105—1—64—1。

　　1980 年 6 月，应日本著名史家西嶋定生的邀请，杨宽在日本东京大学做题为《中国古代陵寝制度的起源及其演变》的演讲。回国后，杨宽把讲稿整理补充后寄回日本，由西嶋定生的学生尾形勇、太田侑子译成日文，学生社出版，题为《中国皇帝陵的起源与变迁》。1983 年初，又应日本著名史家贝冢茂树主持的第三十一界亚洲、北非人文科学会议的邀请，杨宽以《先秦、秦汉之际都城布局的发展变化和礼制的关系》参与中国都城制度的讨论。会后，杨宽将讲稿整理补充后寄回日本，由西嶋定生和尾形勇搭桥牵线，组织翻译出版《中国都城制的起源与发展》，作为已经翻译出版的《中国皇帝陵的起源与变迁》的姊妹篇。

　　1984 年，杨宽赴美国迈阿密讲学后定居于此。由于不再返回上海，再加之上海房管所催要房子，因此，杨宽逐次将自己在上海的藏书、手稿悉数捐于上海图书馆。捐赠分四次，第一次是 1991 年，此次共计向上海图书馆捐赠明清刻本古书及学术著作一千二百四十六种、五千六百十一册；第二次是 1992 年，此次捐赠的皆是重要古籍，将善本古籍二十八种四〇八册捐赠给上海图书馆，其中重要的有元刻本《山堂先生群书考索》前集、后集、续集、别集（六十四册）与明刻本《风俗通义》《河防一览榷》、《丹铅总录》《宣和博古图录》《两汉博闻》《白孔六帖》《艺文类聚》《初学记》等，清代嘉庆年间张海鹏据宋本校勘的《太平御览》（一〇二册）、光绪年间黄以周晚年朱笔圈点批校本人著作《礼书通故》定本（三十二册）、清刻本《四

虫备览》（四册）；① 第三次是 2002 年，杨宽将上海家中的所有
珍贵手稿、文献捐赠上海图书馆中国文化名人手稿馆，据统
计，捐赠的清单有：《中国通史讲义》(164 页)、《周之兴起》(58
页)、《春秋史》（初稿，42 页)、《先秦史重版序言》(11 页)、
《关于中国农业科学技术史编写提纲的一些意见》(4 页)、《尚
书研究》(153 页)、《先秦秦汉史提纲》(171 页)、《论〈逸周书〉》
(14 页)、《战国史事丛刊》(38 页)、《西周的土地制度》(23 页)、
《"赘见礼"新探》(16 页)、《中国古代都市制度》上 (31 页)、《读
史札记》(4 本)、《吕思勉先生的史学研究》(40 页)、《中国社
会发展史第一讲》(32 页)、《第一章：遗址、附录》(37 页)、《第
二章：奴隶社会》(65 页)、《分封制和郡县制的演变》(14 页)、
《〈论学集〉的出版说明》(7 页)、《怎样学习春秋史》(14 页)、《西
汉陵寝制度》(232 页)、《战国史料编年》（卷一 P1—481，354
页)、《战国兴亡丛考之一》(35 页)、《封建新论》(35 页)、《石
鼓文注释初稿》(18 页)、《战国史料编年辑证》（前言、目录、
卷一，22 页)、《西周史》（原稿第二至第五章，291 页)、《西周》
(陕西、甘肃、河北、安徽、江苏、河南、湖北、湖南、四川
等，340 页)、《商代狩猎区地理》(43 页)、《历史地理》(5 练
习本)、《称道、十大经、伊尹》(3 练习本)、《对〈中国奴隶
社会史〉审查的意见》(10 页)、《对〈秦汉官制史稿〉的审查

---

① 杨宽：《历史激流：杨宽自传》，大块文化出版股份有限公司 2005 年版，第
　423 页。

意见》、《论西周时代的土地制度和奴隶》（33 页）、《中国古代城市布局变化的探讨》（18 页）、《复印上海东南日报 1946—49 文史周刊 9 篇》、《中国古代先秦、秦汉部分教学大纲 1978 年秋》（14 页）、《中国古代史分期问题的探讨》（17 页）、《奴隶制转变为封建制的规律问题》（小样大张）、《试论西周时代的奴隶制度和土地制度》（初稿，16 页）、《关于中国古代奴隶制的特点问题》（初稿，14 页）、《给北大中文系〈管子〉校点组的回信》（3 页）、《战国史考证第二册》（310 页）、《田齐臣属表》（66 页）、《楚臣属表》（70 页）、《战国内政考·卷二〈赵氏世系表〉》（92 页）、《鲁君世次年数考》（25 页）、《卫君世次年数考》（9 页）、《周君世次年数考》（15 页）、《燕君世次年数考》、《宋君世次年数考》（14 页）、《秦西北之羌戎》（20 页）、《战国关塞表》（12 页）、《战国食禄制度》（64 页）、《战国史考：越之内政》、《战国用兵数及死亡数表》（19 页）、《战国郡考》（41 页）、《送杨先生审校稿》、《战国资料粘贴》（1—7）、《历史系春秋战国史教学大纲》（15 页）、《练习笔记本》（5 本）、《杂记本纪散片》、《胡道静给杨宽的信和明信片》、《〈简明中国历史辞典〉编写相关材料》、《史学笔记》（32 本）、《杨宽年轻时照片》等；第四次是 2003 年，他将 50 年来自己出版的著作捐赠给上海图书馆中国文化名人手稿馆，包括：《墨经哲学》、《战国史》、《战国史》增订本、《战国史料编年辑证》、《秦始皇》、《古史新探》、《中国古代冶铁技术发展史》、《中国古代陵寝制度史研究》、《中国古代都城制度史研究》、《中国历代尺度考》、《西

周史》。杨宽将全部藏书、手稿悉数无偿捐助于自己生活了大半
辈子的上海，捐于上海图书馆，这是对上海图书馆的信任，也是
对自己生活大半生地方的回报。可见，杨宽是一位具有深厚文
化关怀的史学工作者，使得自己一生藏书及手稿"以供众览"。①

　　赴美后，杨宽出版了《历史激流中的动荡和曲折：杨宽自
传》(后修订本名《历史激流：杨宽自传》)(中文版、日文版)、
《西周史》(大陆版、台湾版)、《战国史 (增订本)》(大陆版、
台湾版)、《战国史料编年辑证》(大陆版、台湾版)、《中国古
代陵寝制度史研究》(中文版，日文版)、《中国古代都城制度
史研究》(中文版、日文版)《中国古代冶铁技术发展史》、《杨
宽古史论文选集》等。杨宽之所以有这么多的学术成果，与他
的第二任妻子陈荷静的悉心照顾有莫大的关系。2005 年 9 月 1
日，杨宽去世。2012 年 12 月，陈荷静去世。2013 年，两人合
葬于上海青浦福寿园。

第二节　师友交谊

(一) 吕思勉

　　1932 年夏，杨宽考入上海私立光华大学的原因之一是因
为名师吕思勉在此授课。在叙及如何认识吕思勉时，杨宽说：

---

① 　贾鹏涛整理：《杨宽书信集》，上海人民出版社 2019 年版，第 138 页。

"记得我听吕先生讲中国社会史的课，期中考试时，只出了一个议论题。当时光华大学由注册处按座位点名，每人有个学号，按学号登记，因此教师对学生并不熟悉。当这门课的期中考试后的一堂课，吕师刚上讲台，忽然跑下来走到我座位旁边，问我：'你的学号是不是 2091？你的名字是不是叫杨宽?'我答道：'是。'他就说：'很好。'从此以后，我听课中有什么问题就向他请教，学习研究中有什么问题也向他请教。"① 至此，杨宽从仅知吕思勉之名变成他真正受业的学生了。

吕思勉的《白话本国史》带领杨宽进入古史研究领域。他在自传中言："我对中国古代史的学习，受到吕思勉的著作的启发较大。我通读了吕思勉的《白话本国史》四册(商务印书馆，一九二三)，我对中国古代史的钻研是由这部书引起的。"② 吕思勉的上课方式亦为杨宽后来的史学研究打下了坚实的基础，杨宽回忆："吕先生讲课有他的特点，他不作泛泛之论，讲究踏实而深入的探讨。凡讲课都发有讲义，讲义是准备学生自学和掌握系统知识的，堂上讲课，只作重点阐释，讲自己研究的心得体会。他上课时常常带着几本古书上堂，不带讲义。讲《说文解字》，往往举其中一个字为例而大讲特讲，讲《经子解题》常常举出某书中的重要篇章大加阐明。这对于爱好钻研的

---

① 杨宽：《怀念吕思勉先生》，中国人民政治协商会议江苏省常州市委员会文史委员会编：《常州文史资料》第五辑，1984 年版，第 51 页。

② 杨宽：《历史激流：杨宽自传》，大块文化出版股份有限公司 2005 年版，第 64 页。

学生，确实能打好扎实的根底。"①

　　可能正因为受吕思勉影响，进入光华大学不久，杨宽就转向上古史研究，他用神话学方法治上古史，成《中国上古史导论》。《中国上古史导论》曾经是吕思勉校订的，并建议杨宽，古史神话的材料搜集似应包括《神异经》《博物志》等书，"以穷其流变"。1941 年 2 月 15 日，杨宽在《上吕师诚之书》中表达谢意时言："生旧作《中国古史导论》，于任教粤西时半年内仓卒写成，论据既未能广为搜罗，行文亦欠畅达，蒙吾师为之校订一过，多所匡正，铭感无既。""生论古史神话，多据诸子及《楚辞》《山海经》诸书以为说；前蒙吾师指示，谓尚可推而搜索之于《神异经》《博物志》等书，以穷其流变。此诚巨眼卓识，生甚愧犹无以报命也。"②总之，吕思勉的切身指导使杨宽获益匪浅，杨宽说："三十年代前期，我在上海光华大学上学，原来读的是中国文学系，由于吕先生上课时的循循善诱，引人入胜，我爱听先生的课，好读先生的书，成为历史研究的爱好者。因此我从开始进入社会、参加工作以来，所有工作都是与历史、考古、文物有关的。这是吕先生诱导的结果。……我从读大学一年级起，就爱好写学术论文，从一九三二年起，就逐年发表一些论文。这些论文的写成，也都

---

① 杨宽：《怀念吕思勉先生》，中国人民政治协商会议江苏省常州市委员会文史委员会编：《常州文史资料》第五辑，1984 年版，第 52 页。

② 杨宽：《上吕师诚之书》，吕思勉、童书业：《古史辨》第七册下，开明书店1941 年版，第 376、381 页。

是和吕先生教导分不开的。"①

　　此外，杨宽在吕思勉主持的茶室聚会上亦获益不浅。以吕思勉为首的师生之间曾组织过一个茶室聚会，这是他推进学术研究和诱掖后进的一个主要方法。杨宽多次提到此聚会，认为从中获得不少教益。此聚会直到抗战期间上海成为孤岛时也从未间断。在聚会中，吕思勉所谈的问题范围较广，或综论某个问题的研究方法和门径，或追溯一条史料的来源及其价值，或交流自己研究中的某些心得，或评论某些著作的缺点错误，或探讨一些有争论和疑难的问题，这使不少学生从他这里得到切切实实的指导。而在抗日战争期间，聚会中也会论及战争的发展、国际形势的变化及应对之策。② 吕思勉的另一位学生胡嘉对此聚会亦有回忆："1939 年，有一次，曾在我的寓所徐园茶叙，记得到会的有吕先生、童书业、赵泉澄、杨宽、胡道静、蒋大沂、俞剑华、沈延国、邵景洛等。"③

　　1941 年 12 月太平洋战争爆发后，日军进入上海租界。吕思勉、杨宽纷纷离开上海，回到各自家乡。居乡期间，吕思勉、杨宽仍互通信息。根据《王伯祥日记》可知，1942 年 6 月、1943 年 5 月，杨宽与吕思勉之间通过书信传递信息。1942 年

① 杨宽：《怀念吕思勉先生》，中国人民政治协商会议江苏省常州市委员会文史委员会编：《常州文史资料》第五辑，1984 年版，第 51 页。

② 杨宽：《历史激流：杨宽自传》，大块文化出版股份有限公司 2005 年版，第 153 页。

③ 胡嘉：《吕诚之先生的史学著作》，俞振基：《蒿庐问学记：吕思勉的生平与学术》，生活·读书·新知三联书店 1996 年版，第 34—35 页。

6 月 25 日:"诚之来谈,面畣一切,知宽正近返青浦白鹤港老家,廯门读书。(前传云曾经某处任事,深冤之。)"1943 年 5 月 21 日:"接诚之五月十九日信,复告丕绳、宽正近状,并告暑假以后,谢绝一切教务,专意撰述。"①抗战胜利后,吕思勉、杨宽都回到上海,师生之间互访就便利多了。吕思勉残存日记十月初四记:"访伯云。法租界电车罢工,故同趁电车至静安寺,而步行访宽正于鸿英图书馆,并晤锡璇;同在某面馆吃面,乃旋光华。丕绳、永榴来未晤。达人来,丕绳来,宽正来。"②1955 年,吕思勉因病不能工作,回常州故宅休养,他对史学界的研究动态仍十分关心,曾去信杨宽询问中国历史分期的研究情况,杨宽回信中详细介绍了当时史学界对古史分期的研究状况并附自己的看法以及研究计划。杨宽也介绍了当时历史分期的观点,同时认为:"他们最大的毛病,是要把世界史切齐,把所有文明国家发展的历史统一划分阶段,同时认为中国古代属于东方系统,与埃及、巴比伦、印度同一类型。由于生产力的较低,奴隶制未发展到典型阶段。"③1957 年 10 月 9 日,吕思勉病逝。在其人生的最后 4 个月,杨宽多次到家探访,吕思勉残存日记六月初三(五月初六)星一:"宽政来。"

---

① 王伯祥:《王伯祥日记》第十八册,国家图书馆出版社 2011 年版,第 148、508 页。

② 李永圻、张耕华:《吕思勉先生年谱长编》上,上海古籍出版社 2012 年版,第 724 页。

③ 贾鹏涛整理:《杨宽书信集》,上海人民出版社 2019 年版,第 6 页。

八月三十一日（八月初七）星六："目不适，停写读。宽正来。"
九月二十二日（八月二十九）星期："目稍剧。宽正来。"九月
二十九日（闰八月初六）星期："宽政来。"①

　　吕思勉去世后，其遗著的整理出版就成了一件重要的事
情。顾颉刚在接到吕思勉之女吕翼仁讣告的当日，即 10 月 20
号的日记中记道："接吕翼仁女士来讣，知其父诚之先生（思
勉）于本月九日逝世矣。渠一生熟读廿四史，全国中精熟全史
者惟此一人。彼有志作一《中国通史》，解放以来，精力不足，
讫《隋唐五代史》而止。其笔记占两箱，所发表者惟《燕石札
记》一册耳。予累请其着手，亦以频年体弱，未能整理也。今
兹长逝，能有人为之纂录者乎？企予望之！"②1957 年底，顾颉
刚倡议整理吕思勉的遗稿，并拟请杨宽负责主持遗稿的整理工
作。后迟至 1962 年 3 月，中华书局上海编辑所发起整理出版
吕思勉遗稿，由出版社社长李俊民致函邀请杨宽、唐长孺、汤
志钧、李永圻、吕翼仁等到上海编辑所商议工作。会议决定，
组成吕思勉遗著整理小组，整理费用由家属负担。③

　　1959 年 7 月，吕思勉遗著《隋唐五代史》出版，全书百
余万字，未刊总论，且有删改，书前有批判性的"出版说明"，

---

① 　李永圻、张耕华：《吕思勉先生年谱长编》下，上海古籍出版社 2012 年版，
　　第 1008、1012、1013 页。
② 　顾颉刚：《顾颉刚日记》第八卷（1956—1959），联经出版事业股份有限公
　　司 2007 年版，第 326 页。
③ 　李永圻、张耕华：《吕思勉先生年谱长编》下，上海古籍出版社 2012 年版，
　　第 1035 页。

此"出版说明"署名"中华书局上海编辑所",实为杨宽执笔。1949 年后,马克思主义唯物史观渐渐主导史学界,而《隋唐五代史》的撰写方法及观点,已与时代的主旋律不合。因此,为了使此书顺利出版,撰写一篇批判性的出版说明是必要的。文中批判了吕思勉的唯心主义史观、旧纪事本末体和旧的叙述典章制度的编撰体例、没有凸显阶级斗争和生产斗争在历史上的作用、评价历史人物的标准不正确等,"这部断代史的指导思想,基本上是封建的正统思想,它的体例和内容,也还是没有超出封建主义的历史学的范畴。"最后笔锋一转,写到出版此书的原因是:"仅是为了提供历史研究者参考之用。因为作者在史料的搜集、排比和考订上,曾经下过不少功夫,他曾经比较广泛地搜集史料,把这个时期经济上、政治上和文化上的主要情况,从浩如烟海的史料中钩稽出来,做了排比和考订。……虽然作者分门别类的叙述,并不符合我们的要求,但由于分门别类的缘故,也还便于我们检查。作者在叙述时,虽然把原有的史料,组成了自己的一个体系,有许多地方贯串着不正确的观点,但是主要的史料来源,都注有出处,有的还有注释和考订,在我们研究时也还有一定的参考价值。"①

　　1962 年下半年,北京中华书局计划重印吕思勉的《先秦史》《秦汉史》《两晋南北朝史》,他们写信向杨宽求助。1962 年 8 月 6 日,杨宽在回函中言:对于利用开明书店纸型重印吕

① 　吕思勉:《隋唐五代史·出版序言》,中华书局 1959 年版,第 9—10 页。

思勉的《先秦史》、《秦汉史》和《两晋南北朝史》极为赞成，并且建议封面最好与 1957 年出版的《隋唐五代史》封面一致，"使成为一套"。对于中华书局信中所言错字问题，杨宽回复："过去开明印此书时，吕老曾亲自校对，错字本来很少，出版后，吕老又曾校读一次，对少数错字有校正（据谈错字很少，校正不多）。"《先秦史》校本家属已找到，其他正在找。至于中华书局请杨宽写篇序言，杨宽回复"自当尽力赞助，当于今年年底前交稿"。9 月 1 日，中华书局古史组在致杨宽信中请求尽快将找到的校本寄来，以便安排工作，并提出"这几部著作重版，在内容方面自不需作何更动，但想请费神检查一下，有关民族、边界等问题的提法，有无明显不妥之处？因为我们在审查书中发现有类似的问题，特提请您注意"。近一个月，杨宽并未回复中华书局。9 月 29 日，中华书局来信催问吕思勉三部遗著进行情况。10 月 25 日，杨宽回复中华书局，首先对于迟迟未回复表示歉意，原因是参与《辞海》定稿工作，再加上身体欠佳。接着，杨宽一一回复中华书局前两信中所关心的问题，三部遗著校订本已找到，随函寄上；三部遗著不免有大汉族主义观点，但所叙历史，时代较早，有关民族与边界问题，与现实问题不牵涉；中华书局曾建议三部遗著写三个序言或一个序言，杨宽认为应写三个序言，约略分析每部书的优缺点。其中《两晋南北朝史》可由杨宽写信请唐长孺帮忙，因为唐长孺对这段历史研究很精，且唐长孺是吕思勉未刊稿整理小组成员。《先秦史》《秦汉史》序言则由自己写好后立即寄上。11 月 30 日，中华书局致函杨宽言，三部遗著勘误表已收到，并赞同杨宽上信所言请唐长孺撰写《两晋南北朝史》序文。1963 年 2 月 16 日，杨宽致函中华书局，为了慎重起见，从头到尾仔细读了《先秦史》一遍，写成勘误表一份，请连同第一次勘误表一起校正，并寄上《先秦史》"重版序言"。2 月 19 日，中华书局致函杨宽称，《先秦史》重版序言与第一次勘误表均已收到，计划下月底发印。并请将《秦汉史》也通读一遍，如有需改正处，请寄重版序言时一并告知。① 从杨宽与中华书局来往书信可知，中华书局计划重印吕思勉的《先秦史》《秦汉史》《两晋南北朝史》，且《先秦史》已列入发印计划。遗憾的是，三部遗著重印在当时并未实现。1959 年的《隋唐五代史》尚可附上一篇《出版说明》出版，而到了 1962 年，其他三部断代史虽已有计划出版，但最终胎死腹中。

吕思勉的遗著直到 20 世纪 80 年代才得到大规模的整理出版，杨宽继续为此努力工作。1982 年 1 月，杨宽为吕思勉遗著的出版撰写了《吕思勉史学论著前言》，此前言刊于上海古籍出版社 1982 年 9 月《先秦史》、1983 年 2 月《秦汉史》和 1983 年 8 月的《两晋南北朝史》前。文中，杨宽对吕思勉的两本通史、四部断代史、五部专史以及探讨史学方法的专著内容作了概要性的准确描述。杨宽曾为《吕著中国通史》写过一篇出版说明，刊于华东师范大学出版社 1992 年 8 月出版的《吕

---

① 贾鹏涛整理：《杨宽书信集》，上海人民出版社 2019 年版，第 119—124 页。

著中国通史》书前。1985 年，吕思勉《中国制度史》由上海
教育出版社出版，此书前言亦为杨宽执笔。20 世纪 80 年代，
杨宽伴同吕翼仁一同校对、补正、分节并标点了吕思勉的《医
籍知津》。① 此外，还为《中国近代史三种》编好目录以及出
版说明，内容包括《中国近代史讲义》《中国近世前编》《日俄
战争》，后此书未按计划出版，手稿的完成时间为 1982 年 8 月
15 日。

　　1983 年 12 月，吕思勉的《论学集林》由上海教育出版社
出版，该书出版说明为杨宽 1983 年 11 月撰写完成。《论学集
林》中最初计划包括《中国政治史九讲》和《中国医学概论》
的介绍，杨宽已拟好前言，后未按计划出版。现保存杨宽致吕
翼仁的信中可见《论学集林》的编选情况。1982 年 8 月 20 日，
杨宽致吕翼仁信中详细谈及《论学集林》的编选情况："目前
正在编《论学集》，看来标点校正工作量也不小。即便已发表
之文，标点也不统一，有的有括号，有的没有括号。《三国史
话》拟改题为《三国史讲话》，《宋代文学》拟改题为《宋代文
学概论》，一律编入《论学集》。计划《论学集》卷首为《蒿庐
论学丛稿》，把有些论文之类编入，卷末为《蒿庐史札》，把所
有未编入《读史札记》的札记编入。这两部分都要加工，中间
把史学四种（加上一种）、《群经概要》、《经子解题》、《三国史

①　李永圻、张耕华：《吕思勉先生年谱长编》上，上海古籍出版社 2012 年版，
　　第 203—204 页。

讲话》、《中国政治思想史十讲》、《宋代文学概论》、《文字学四种》，依次编入，可以编成一大部《论学集》。理论文章拟尽量不采用，包括《大同释义》。因为《大同释义》所讲的'大同'是《桃花源记》的境界，所讲社会历史分为'大同、小康、乱世'，亦与社会发展史的五个阶段不合，抵触太大。其他主张有关改革的文章，亦有问题。《论学集》只单纯地论学术为主，较为稳安。"① 信中，杨宽向吕翼仁详细汇报了《论学集林》的编选情况，并建议不选理论文章，如与五个阶段不合的《大同释义》和其他涉及改革的文章。为了使《论学集林》顺利出版以及传之后世，所选文章皆应为纯学术文章。1984 年 5 月，虽然杨宽赴美讲学定居迈阿密后不再参与吕思勉遗著的整理工作，但他依旧关心吕思勉遗著的整理出版工作。如在 1984 年 12 月 16 日致吕翼仁信中言："吕师著作出版，想必又有进展。估计《隋唐五代史》当已出版，未知《先秦学术概论》已出版否？《论学集林》已付印否？"② 1985 年 11 月 12 日致吕翼仁信中说："吕师遗著出版工作，当续有进展。《论学集林》不知已有着落否？甚为悬念。"③ 从 20 世纪 50 年代末到 80 年代初期，杨宽为吕思勉遗著的整理出版工作尽心尽力。由上可见，自从杨宽成为吕思勉的学生后，吕思勉、杨宽两人音信不断，始终保持着良好的、亲密的师生情谊，二人的情谊堪称中国学术界

---

① 贾鹏涛：《杨宽先生编年事辑》，中华书局 2019 年版，第 328—329 页。

② 贾鹏涛：《杨宽先生编年事辑》，中华书局 2019 年版，第 339 页。

③ 贾鹏涛：《杨宽先生编年事辑》，中华书局 2019 年版，第 341 页。

的典范。

（二）蒋维乔

1919 年秋，杨宽上小学时国文课使用的是白话文教材，教材即为蒋维乔所编。1932 年，杨宽考入上海私立光华大学的原因之一是蒋维乔在此任教。杨宽因墨子研究和蒋维乔相识，在读中学时杨宽就对墨子展开研究，进入光华大学后，杨宽将研究和写作重点继续放在《墨子》上，拟将高中时的文稿进行修改，抽出重要部分写成论文用于发表。恰在此时，读到胡怀琛的《墨子学辨》。他认为墨子是印度人，因面孔黑而得名。又认为墨子的学说来自于印度，与中国传统学说相异。杨宽认为此论有可商榷之处，撰写《墨学非本于印度辨》，投寄上海南京书店出版的《大陆杂志》，《大陆杂志》当即于 1932 年第 1 卷 6 期刊出，此为杨宽第一次在学术刊物上发表文章。接着杨宽又快速写成《墨经宇宙论考释》和《先秦的论战》两文，分别刊于《大陆杂志》1933 年第 1 卷第 7 期和第 8 期。因此三文，杨宽与其师蒋维乔由相知到相识。杨宽在其自传中写道：

> 当时蒋维乔正为光华大学中国文学系的四年级开了《墨子》研究一门选修课，当他看到我接连在《大陆杂志》上发表的三篇论文之后，就在讲堂上加以推荐。当时我跟堂兄杨安一起住在一间学生宿舍里，安哥正是四级的学生，只是他没有选修这门课，有一个和安哥很亲近的姓严的同学常来这间宿舍，因而也认识我，他选修这门课程。

当他听到蒋教授推荐我的论文后，下课时就对蒋教授说，我是一年级的新生。蒋教授当即要求他在下一堂课后，把我带到教授休息室去见他。因此我被带去见蒋教授，蒋教授对我很勉励，希望我今后有计画的进行研究工作，并且说：如果研究上有什么困难的话，要找什么难得的资料，都可以帮助。这件事，很快在教师和同学中传播开来。①

大学毕业后，杨宽将自己的研究所得写成《墨经哲学》一书，请蒋维乔写序并介绍出版。蒋维乔序说："余初不识君，先获睹其说于刊物中，喜其考证周详，立论精审，通条连贯，而纲举目张，意其必为老成之考据学者，不谓其为在校肄业之学子也。余执教光华大学有年，岁戊辰，讲授《墨子》学程，君就听焉，余审君名，初不知其即昔日见于刊物者，继视君聪颖博辨，夐异侪辈，始而疑焉，逮君以实告，于是恍然而悟，惊叹久之！君虽从余游实余所畏也！"②《蒋维乔日记》中亦多有夸赞。1934年3月18日："午后阅杨宽所著《墨经校释法》，杨系光华大学学生而专力于墨学多年，极有心得，老生所不如也。"③

1934 年下半年，蒋维乔开设《吕氏春秋》选修课，杨宽、沈延国、赵善诒三位同学选了这门课程。蒋维乔在《吕氏春秋》选修课上讲，《吕氏春秋》被称为"杂家"，是博采各家学说，

---

① 杨宽：《历史激流：杨宽自传》，大块文化出版股份有限公司 2005 年版，第 114—115 页。
② 杨宽：《墨经哲学》，正中书局 1942 年版，序第 1 页。
③ 蒋维乔：《蒋维乔日记》第十七册，中华书局 2014 年版，第 107—108 页。

有计划有系统编辑而成的，虽然限于吕不韦及其宾客的眼光，选取的不一定都是各家的长处，但是此中确实保存有各个学派的精粹，可以说是一部战国时代"百家争鸣"思潮中集大成的作品。可惜长期以来，学者们讨厌投机商人出身的吕不韦，没有人很好地研究它，清代学者热心校释先秦典籍，可是对于《吕氏春秋》没有下很深的功夫，毕沅的校本（《吕氏春秋新校正》）疏误很多，近年来也还没有一部总结前人这方面校释成果的著作。你们既然对此课感兴趣，可一起撰写一部集解，既便于检讨，又益于求学。于是，在蒋维乔的带领下，师生一起进行这项工作的研究。《〈吕氏春秋〉汇校》跋文中回忆了此书的编著过程，跋言：

> 蒋师及余等校雠，皆由分工合作，先惟遍搜求善本校之，每当寒夜人静，乃人手一编，左右对雠，或数页而得一异文，或一页而得数异文；善本对雠既竟，乃又遍搜类书古注，一字一句，皆采辑无遗，更取原书一一注其所出，察其异同。但原书都十余万言，不能一一熟记，因编索引以求之，然注家引书用意，文多出入，有或搜索竟日而不得者，每为惆恨不已；得一字有足是正者，则又拍案称快，相为传观。此中别有苦乐，惟知者知之也。[1]

每篇校勘完成之后，都经蒋维乔最后审定修正，定名为

[1] 蒋维乔、杨宽、沈延国等：《〈吕氏春秋〉汇校》，中华书局 1937 年版，第715—716 页。

《〈吕氏春秋〉汇校》，此书于 1935 年 5 月完成。1937 年 10 月，杨宽与师蒋维乔、同学沈延国、赵善诒合著的《〈吕氏春秋〉汇校》作为"光华大学丛书"之一由中华书局出版，与此同时，蒋维乔、杨宽、沈延国还做成一本《〈吕氏春秋〉集解》。20 世纪 80 年代，国务院古籍整理出版规划小组编制的《古籍整理出版规划 1982—1990》将此书列为出版计划，该规划共分为：文学、语言、历史、哲学、综合参考五大类，其中哲学部分按书籍的性质划分为五类：一、诸子；二、佛藏、道藏；三、宋元明清哲学论著；四、工具书，共 98 种。在"诸子"《新编诸子集成》（第一辑）中显示：《〈吕氏春秋〉集释》杨宽、沈延国已来稿。①1984 年，杨宽赴美后，对此稿还念念不忘，1986 年 2 月 20 日，在致吕翼仁的信中说：

> 与沈延国兄合作《〈吕氏春秋〉集释》一书，北京中华书局已把此书列入《新编诸子集成》中，并在一些出版物中宣布，或者某些书的末尾列入将来出版的目录中。目前还不知中华书局是否已付印。目前成问题的，陈奇猷与此相同的《〈吕氏春秋〉校释》一书已出版，如果我在的话，应该调回该稿，与陈书作一比较，再加工，使超过陈著，再出版。但此事工程很大，全书一百几十万字，很不容易办。而且我此时亦无此能力，只能待出版再说了。北京中

---

① 国务院古籍整理出版规划小组编：《古籍整理出版规划 1982—1990》，第 82 页。

华书局亦曾见到陈著，曾有意请双方合作，并成一书，陈
不允许，我们也感麻烦。结果北京中华书局留我们的稿而
不取陈稿，但是陈稿争先出版（因上海学林出版社新办，
接此稿件，很快出版）。如果有关这方面有什么消息，亦
请告知，并请注意。①

　　其实，杨宽在写这封信的时候，陈奇猷的《〈吕氏春秋〉
校释》已于 1984 年 4 月由上海学林出版社出版。1990 年，中
华书局出版的《新编诸子集成》中无沈延国、杨宽的《〈吕氏
春秋〉集释》，取而代之的是许维遹的《〈吕氏春秋〉集释》。
也就是说，沈延国、杨宽的《〈吕氏春秋〉集释》的书稿并未
出版，此稿至今亦下落不明。学者王启才曾说："《〈吕氏春秋〉
汇校》系光华大学丛书，蒋维乔、杨宽、沈延国、赵善诒合著，
上海中华书局 1937 年印行，由于只是汇校，没附原文等原因，
又不便阅读，所以新编《诸子集成》最终没采用该书。"② 此中
混淆了《〈吕氏春秋〉汇校》与《〈吕氏春秋〉集释》，新编《诸
子集成》要出版的应该是《〈吕氏春秋〉集释》。值得注意的是，
无论此书是否出版，在撰写过程中蒋维乔对此书的贡献不可被
埋没，《蒋维乔日记》1940 年 11 月 24 日记："午后三时，宽正、
延国来谈，结束《〈吕氏春秋〉汇校》稿事，决定于每星期日二
人来我家中工作。" 12 月 1 日："今日沈延国、杨宽正来我家继

---

① 　贾鹏涛：《杨宽先生编年事辑》，中华书局 2019 年版，第 345 页。
② 　王启才：《〈吕氏春秋〉学术档案》，武汉大学出版社 2015 年版，第 11 页。

续《〈吕氏春秋〉汇校》未了工作，以后每星期来，拟于寒假时结束成书。"① 可见，在学术上，蒋维乔对杨宽帮助甚多。此外，在生活上，蒋维乔不仅是杨宽的证婚人，而且还为他的妻子朱新华传授静坐法，以改善身体状况。②

（三）顾颉刚

杨宽研究墨子时，于 1930 年写成《墨经校勘研究》一文，投寄《燕京学报》。文章寄出不久，就收到学报主编容庚亲笔回信，大意为：此文很有见解，切中时弊，准备采用，只是学报下期转为顾颉刚先生主编，已将文章转交，请与顾先生联系。1930 年，顾颉刚担任《燕京学报》编辑委员会主任，主编《燕京学报》第 7、8 期。③ 杨宽即与顾颉刚联系，诚恳说明接到容庚先生来信，但自己是一个高中二年级的学生，发表时如有不妥之处，请删削。此信发出，顾颉刚并未回信。等到新一期《燕京学报》出来，并无杨宽的文章。为了郑重起见，杨宽寄挂号信催问文章何时可发表，如不能发表，请退还原稿，顾颉刚亦无回信。④ 向来以奖掖后进为名的顾颉刚，这次并没有奖掖高中生杨宽。杨宽未得回复可能

---

① 蒋维乔：《蒋维乔日记》第二十二册，中华书局 2014 年版，第 305、310 页。
② 贾鹏涛：《蒋维乔和杨宽的师生情谊》，《文汇报·文汇学人》2020 年 1 月 6 日。
③ 顾潮：《顾颉刚年谱》（增订本），中华书局 2011 年版，第 200 页。
④ 杨宽：《历史激流：杨宽自传》，大块文化出版股份有限公司 2005 年版，第 71—72 页。

使其感到失望，而这篇论文就此石沉大海，杨宽未对此进一步地追究。此为两人首次联系，由于联系未果，也算是产生了一丝误会。顾颉刚一直为此事表示歉疚，请童书业为《禹贡》向杨宽约稿。杨宽当即寄去《说夏》一文。1937 年此文刊于《禹贡》第 7 卷 6、7 期合刊，顾颉刚为《说夏》所加按语曰："杨宽正先生用研究神话之态度以观察古史传说，立说创辟，久所企仰。"① 之前的误会得以消除，前嫌尽释，此为杨宽与顾颉刚第一次学术上的间接合作，亦为后来两人之继续合作铺好道路。

1937 年春，顾颉刚委托童书业编《古史辨》第七册，文章刚集齐，卢沟桥事变发生，为了逃难，顾颉刚、童书业各奔东西，后两人都无暇顾及编《古史辨》。1938 年夏，顾颉刚致信童书业，仍要求其继续编《古史辨》，童书业即重新搜集材料。童书业在编书过程中得到吕思勉、杨宽许多帮助。1940 年至 1942 年 4 月 25 日，顾颉刚担任四川成都齐鲁大学国学研究所主任，② 顾颉刚便邀请杨宽为该研究所编辑战国史料，杨宽首先做的是战国时代各国内政变迁的考证。后该职位由钱穆接任，杨宽继续为该所编辑战国史料。总之，两人虽未曾谋面，但已有多次学术合作了。

杨宽与顾颉刚神交已久，早已知晓对方，且已有过多次

① 杨宽：《说夏》，《禹贡》第 7 卷第 6、7 期合刊。
② 顾潮：《顾颉刚年谱》（增订本），中华书局 2011 年版，第 337—358 页。

学术合作，因此若能面谈定是二人颇为乐意之事。据《顾颉刚日记》知，杨宽第一次出现在日记中是 1945 年 10 月 6 日，顾颉刚该日记写："得杨宽正来书，悉丕绳已在沪。又谓中央派去接收诸人'但闻仗势争地盘，相互倾轧，势炎逼人，一若征服者之于殖民地'。"[1] 两人第一次见面是在 1946 年，《历史激流：杨宽自传》言："四六年顾颉刚从四川来到上海，带来他在四川主编的一套《文史杂志》，特别到横滨桥博物馆来送给我，作为他的见面礼，这是我们初次见面，相谈甚欢。"[2]《顾颉刚日记》1946 年 5 月 6 日记："到市立博物馆，访杨宽正、童丕绳、蒋大沂，长谈，参看陈列室。"[3] 此日可能为两人首次会面，以后两人常常往来。

1954 年 2 月，中国社会科学院决定聘任顾颉刚至历史研究所。顾颉刚 8 月 20 日离开上海，22 日到达北京，此后一直在历史研究所任职。[4] 赴京后，两人亦通过书信相互联系。《顾颉刚日记》1955 年 11 月 3 号："为希白写杨宽信。"[5] 1956 年 7

① 顾颉刚：《顾颉刚日记》第五卷（1943—1946），联经出版事业股份有限公司 2007 年版，第 537 页。

② 杨宽：《历史激流：杨宽自传》，大块文化出版股份有限公司 2005 年版，第 177 页。

③ 顾颉刚：《顾颉刚日记》第五卷（1943—1946），联经出版事业股份有限公司 2007 年版，第 654 页。

④ 顾潮：《顾颉刚年谱》（增订本），中华书局 2011 年版，第 410—412 页。

⑤ 顾颉刚：《顾颉刚日记》第七卷（1951—1955），联经出版事业股份有限公司 2007 年版，第 756 页。

月 16 号："为李埏写自珍、杨宽、钱海岳信。"[1]1965 年 1 月 18
号："写杨宽、童书业信。"[2] 除了书信往来外，杨宽趁到北京
开会的机会多次去拜访顾颉刚。1956 年 2 月，杨宽赴京参加
考古工作会议，拜访顾颉刚。《顾颉刚日记》1956 年 2 月 17
号："杨宽来。"2 月 19 号："与厚宣到杨宽处，未晤。"2 月 25
号："杨宽来。"2 月 26 号："宽正谈至二时半去。……今午同
席：韩儒林、谭季龙、杨宽、李炳墚、方可畏（以上客）、予夫
妇（主）。"[3]1963 年 10 月，杨宽代表上海社会科学院历史研
究所赴京参加中国科学哲学社会科学部委员科学会议，拜访
顾颉刚。《顾颉刚日记》10 月 25 号："周谷城、周予同、谭其
骧、杨宽正来。"10 月 29 号："到四楼访陈望道、周谷城、周
予同、杨宽谈。"11 月 11 号："访周谷城、予同、杨宽、谭其
骧。"[4]1980 年 12 月 5 日，顾颉刚在京逝世，而此年 8 月 15 日
杨宽赴京还去拜访顾颉刚，顾颉刚当日日记记道："杨宽正自沪
来，将至佛山。"[5] 这可能是已结交 40 多年老朋友的最后一次

---

[1]　顾颉刚：《顾颉刚日记》第八卷（1956—1959），联经出版事业股份有限公
司 2007 年版，第 91 页。

[2]　顾颉刚：《顾颉刚日记》第十卷（1964—1967），联经出版事业股份有限公
司 2007 年版，第 399 页。

[3]　顾颉刚：《顾颉刚日记》第八卷（1956—1959），联经出版事业股份有限公
司 2007 年版，第 22、23、25、26 页。

[4]　顾颉刚：《顾颉刚日记》第九卷（1964—1967），联经出版事业股份有限公
司 2007 年版，第 754、756、758、765 页。

[5]　顾颉刚：《顾颉刚日记》第十一卷（1968—1980），联经出版事业股份有限
公司 2007 年版，第 730 页。

会面。长达 40 多年的友情没有中断，可见两人之间的友情之深、之切。而作为朋友的顾颉刚，对杨宽著作颇为看重。这里的看重有两层意思，一层是持肯定态度，一层是持保留态度。

顾颉刚对《古史新探》《伯益考》等文持肯定态度，评价颇高。1960 年，杨宽被调到上海社会科学院历史研究所专任副所长，其间的主要学术成果就是 1965 年 10 月中华书局出版的《古史新探》。书出版后，杨宽特将此书寄于顾颉刚，请其指正，顾颉刚回长信，加以奖饰。① 顾颉刚在收到书后，就马上于 10 月 28 日、12 月 7 日、12 月 8 日、12 月 9 日、12 月 11 日、12 月 13 日、12 月 16 日、12 月 17 日、12 月 18 日、12 月 20 日、12 月 21 日翻阅此书，并时有抄录。点阅完《古史新探》后，顾颉刚给予杨宽及此书有一个整体的评价，且评价甚高。他说："杨宽正君在抗战前读书光华大学已著声誉。抗战八年，在家埋头研治战国史，将此一时期零断之史料得系统化。近作《古史新探》，更用马克思主义贯串西周、春秋之史料，解决许多问题，读之使我自惭，期于学步。"②《顾颉刚日记》1964 年 12 月 10 号："抄杨宽《伯益考》入文，并加按语，约写三千五百字。"③ 顾颉刚将《伯益考》的部分内容录入《鸟

① 杨宽：《顾颉刚先生和〈古史辨〉》，《光明日报》1982 年 7 月 19 日。
② 顾颉刚：《顾颉刚日记》第十卷（1964—1967），联经出版事业股份有限公司 2007 年版，第 379 页。
③ 顾颉刚：《顾颉刚日记》第十卷（1964—1967），联经出版事业股份有限公司 2007 年版，第 176 页。

夷族的图腾崇拜及其氏族集团的兴亡》一文中，最后评说："杨氏这文，发掘古典资料，大体上恢复了当时的神话面貌，给我们认识鸟夷族的宗教概况。"[①]

顾颉刚对未发表的《〈吕氏春秋〉集释》持保留态度。《〈吕氏春秋〉汇校》是在蒋维乔的带领下，杨宽、沈延国、赵善诒一起编著的，后由中华书局出版，在此基础上，他们还作了一本《〈吕氏春秋〉集解》，此书已完成并未出版。[②] 在《顾颉刚读书笔记》中保存了一封某学者致顾颉刚的信，该学者见过并对此稿有评语。他说："沈延国、杨宽正等三人合编《吕氏春秋集注》，弟在沪见其稿之一册，大抵搜罗似较许维遹为广，而谨严不如。此等集解工作，本归搜罗，不贵断制。若条条要自发见解，自为断制，转有'强不知以为知'之病，不如只陈别人说法，待读者之自择。因各家亦只就自己所知者言之，故较可靠。今编者欲就各家说法一一判断是非，岂非甚难。今沈延国等此书，不学王先谦而学孙诒让，不悟学诣与工夫均不逮也。"[③] 顾颉刚借他人之言表达了对此书的看法。

（四）郭沫若

1927—1937 年的中国社会史论战在 20 世纪的中国学术

---

① 顾颉刚：《顾颉刚古史论文集》卷十（下），中华书局 2011 年版，第 949 页。
② 杨宽：《历史激流：杨宽自传》，大块文化出版股份有限公司 2005 年版，第 127 页。
③ 顾颉刚：《顾颉刚读书笔记》卷十四，中华书局 2011 年版，第 39 页。

史上占有着一定的地位。杨宽并没有直接参与这次讨论。对于社会史观派的代表人物郭沫若，杨宽批评道："我不赞成他的论证方法，也不同意他所作的结论，认为他的论证方法有不少'附会'的地方，还是不免找寻一些不可靠的史料加以比附……这部书考定原始社会到奴隶制的转变在殷周之际，奴隶制到封建制的交替在西周东周之交。他主张原始社会过渡到奴隶制发生于殷周之际的论据之一，就是《史记·殷本纪》所说夏、殷二代天子原来称'帝'，到周武王时一律贬称为'王'，他因此说：'这可见古人把第一次社会革命的时期也看在殷周之际的时候的'。其实，夏、殷二代自古无称帝之说，贬号之说出于汉人增饰。后来我在《中国上古史导论》中曾批评他这点很是附会。（《古史辨》第七册第一四三页）"又说："社会史派学者最大的弊病，就是教条主义，死死地把社会史发展公式往古代资料上套，甚至不免曲解资料。郭沫若是很讲究引用资料的，也还存在这个弊病。他把殷、周社会比附希腊、罗马的古典奴隶制，因而把甲骨文中的'众'解释为农奴，把西周金文中'庶人'、'庶民'解释为下等奴隶，都不免牵强附会。"[1] 虽然杨宽指出郭沫若史学研究中这些问题，但也肯定他在系统整理和考释甲骨文和周代金文上的贡献，《卜辞通纂》《两周金文辞大系图录考释》两书是首次对

---

[1]　杨宽：《历史激流：杨宽自传》，大块文化出版股份有限公司 2005 年版，第95、107—108 页。

甲骨文与金文作了系统研究。

　　1946 年，杨宽得与郭沫若相识。据杨宽回忆："当时郭沫若住在虹口，他的住宅门口上挂有一个小木制门牌，亲笔写个'郭'字作为记号，那里离博物馆很近（即今日溧阳路一二六九号），他曾多次来到博物馆交谈或借书。当时他正在编校《闻一多全集》（开明书店，一九四八），见闻一多（一八九九——一九四六）讨论伏羲神话的文章中引用到我的《中国上古史导论》，他专程前来，要借《古史辨》第七册一读。我和童书业也曾多次到他家中访问，谈论考古和文物方面的问题。有一次他拿出刚写成的《秦诅楚文考释》底稿来征求意见。我们谈论的只是学术上的问题，他很健谈，但是听力很差。"①杨宽时任上海市立博物馆馆长，他的回忆可为我们对解放前郭沫若有一个形象化的理解。

　　1955 年，《战国史》出版前，杨宽对明末董说《七国考》所引桓谭《新论》中李悝《法经》的条文很怀疑。在看到郭沫若的《青铜时代》上讲到《法经》并未引用《七国考》，因此郑重写信给时任中国社会科学院院长郭沫若提出这个疑问。中国社会科学院人民来信组寄来顾颉刚代郭沫若所作简覆，断定《七国考》所引桓谭《新论》中的《法经》条文可信。于是在《战国史》中，杨宽写道："桓谭《新论》是南宋时散佚的，董

①　杨宽：《历史激流：杨宽自传》，大块文化出版股份有限公司 2005 年版，第178 页。

说这条引文当是转引他书的。我们看内容可信其确是桓谭《新论》的原文。"[1] 杨宽给郭沫若提出这个疑问，是希望与郭沫若展开学术讨论的。因此，1959 年 1 月 24 日，郭沫若来上海博物馆参观，时任上海博物馆馆长的杨宽将郭沫若作为上宾来接待。

1959 年 1 月 25 日，郭沫若在《光明日报》上发表了《谈蔡文姬的〈胡笳十八拍〉》中认为由于自宋以来"正统"观念的确定，曹操"蒙受了不白之冤"，而自《三国志演义》风行后，差不多连三岁小孩子都把曹操"当成坏人，当成一个粉饰的奸臣，实在是历史上的一大歪曲"。郭沫若认为应该给予曹操作适度评价，他是"一位杰出的历史人物"。[2]3 月 23 日，《人民日报》刊载了郭沫若的《替曹操翻案》，比较全面地讨论了曹操评价过程中的曹操没有违背黄巾起义的目的、曹操杀人多及重新评价曹操的标准等问题。[3] 文章认为，曹操虽然打败了黄巾起义，但并没有违背黄巾起义的目的，即人民要粮食，要土地，要活下去。黄巾义军有几十万或百多万，但"群辈相随，军无辎重，唯以钞略为资"，义军的组织情况非常差。曹操打败黄巾义军，并对其进行了组织化，初平三年（192 年），击破黄巾于寿张东，追之济北，黄巾乞降，于是"受降卒三十余万，男女百余万口，收其精锐者号为青州兵。"使得黄巾义

---

①　杨宽:《战国史》，上海人民出版社 1955 年版，第 102 页。

②　郭沫若:《谈蔡文姬的〈胡笳十八拍〉》，《光明日报》1959 年 1 月 25 日。

③　郭沫若:《替曹操翻案》，《人民日报》1959 年 3 月 23 日。

军免掉"瓦解流离"之患。建安元年（196 年），他采取枣祗、韩浩的建议兴立屯田，解决了粮食问题。屯田政策虽然采取成法和枣祗的建议，但事实上是得到黄巾农民的支持，而且倚靠了他们。屯田令云"及破黄巾，定许，得贼资业，当兴立屯田"。此后，对曹操的评价问题逐渐引起全国史学界、文学界、戏剧界的热烈讨论。从 1959 年 1 月至 7 月，发表曹操研究的文章有 130 余篇，许多著名学者，如翦伯赞、吴晗、尚钺、谭其骧、周一良、吴泽、杨荣国、何兹全等人都参加了讨论。1959 年 7 月 4 日，杨宽在《文汇报》上发表《论黄巾起义与曹操起家》参与曹操评价的讨论。简言之，杨宽从三个方面对郭沫若的观点提出商榷，总结如下：

对于是否违背黄巾起义的目的，杨宽认为，黄巾起义是中国历史上第一次有组织、有计划、有目的的农民起义，宗教迷信在起义中起了鼓动和组织作用，预言加强了起义的信心，宗教组织成了农民大规模集体行动的基础。黄巾农民起义第一次提出了农民变革社会制度的要求，要求实现"太平"的社会理想。青州黄巾军被曹操收编，他就变为曹操改朝换代的工具，已经违背了起义的目的。

对于黄巾军接受曹操改编的原因，杨宽认为黄巾军之所以愿意接受曹操的改编，是因为曹操信奉和利用"黄老道"和自己是同"道"。黄巾军在对曹操发出檄书中说："昔在济南，毁坏神坛，其道乃与中黄太一同，似若知道，今更迷惑。汉行已尽，黄家当立，天之大运，非君才力所能存也。"曹操在济南做相国期间，看到官吏、商人和贵戚豪强勾结，建立六百多个祠庙来欺诈人民，民众困穷，于是曹操除去十分之八贪官污吏，"毁坏祠屋"，"禁断淫祀"，使得"奸宄逃窜，郡界肃然"。曹操后来在掌握国家政权之后，还曾大举"除奸邪鬼神之事，世之淫祀，由此遂绝"。曹操这种"毁坏神坛"的行动，在青州黄巾军看来，"其道乃与中黄太一同"。为什么黄巾军要认"同道"？因为"黄老道"只敬奉黄帝和老子，"不奉他神"，对于其他鬼神的祠是要一概禁毁的。黄老道曾分成两派，一派是流传在民间的"太平道"和"天师道"，成为组织农民革命斗争的形式，他们的方式是为农民服务；一派是流传在统治阶级中，成为巩固封建统治的工具，他们的方术讲求养气长生成仙，企图达到长生不老，曹操信奉后一种。曹操和青州黄巾军在寿张交战，黄巾军有三十多万人，久经战阵，斗志昂扬，所谓"数乘胜，兵皆精悍"，而曹操只有几千人，"旧兵少，新兵不习练，举军皆惧"。曹操认为黄巾军"恃胜而骄，预设奇兵排击之"，结果"仅得溃围而出"。曹操大败之后，军心动摇，不得不"亲巡将士，明劝赏罚，众乃复奋，承间讨击"，因此，黄巾军才"稍折退"。黄巾军的后退并不是真的失败，他们发出檄书，劝导曹操，一面提起过去曹操在济南的"毁坏神坛"的事，认为同"道"，一面又劝说："天之大运，非君才力所能存也"，曹操也趁机"数开示降路"，企图收编黄巾军。经过好几个月的酝酿，曹操收编青州黄巾军三十多万人，男女百余万口。这样强大的黄巾军没有经过激烈战斗，更没有被打败，为何愿意接受曹操的改编呢？原因有二：一、曹操毁坏神坛给青州人民留下好印象，同时黄巾军认为他是同"道"。二、当时黄巾军因为公孙瓒袭击，丧失辎重几万两，资财大部丧失，补给困难，正是在这种情况下，曹操给予宽待收编条件。由于这两个原因，经过几个月的酝酿，青州黄巾军终于接受了曹操的收编。

对于曹操的屯田政策，杨宽认为，既然青州兵一面从事生产，一面从事战斗，既耕又战成为曹操政权的有力支柱。这种既耕又战的原有办法，可能是农民军原有办法，曹操运用这些经验创造了屯田制度，所谓效法汉武帝屯田，只是门面话。所谓"及破黄巾，定许，得贼资业，当兴屯田"也不全面。其实，曹操不仅仅是依靠了原来农民随身带的牛和生产工具，还吸取了他们既耕又战的经验。

虽然说杨宽与郭沫若有以上三点不同，但总的来说，两位学者对曹操持肯定态度。郭沫若说："公平地说来，曹操对于当时的人民是有贡献的，不仅有而且大；对于民族的发展和文化的发展是有贡献的，不仅有而且大。"杨宽言："曹操由于依靠青州兵，吸取了农民起义的教训，采取了设置屯田、抑制豪强、限制兼并、救济灾民等符合历史发展要求的政策，完成了统一北方的历史任务，客观上对历史发展也起了积极的推动作用。从这方面来看，曹操还是当时封建统治阶级中的杰出人物，应该加以肯定的。"[1]

---

① 杨宽：《论黄巾起义与曹操起家》，《文汇报》1959 年 7 月 4 日。

　　古史分期问题是郭沫若关注较久的话题，也曾先后提出过三种不同的古史分期观。20 世纪 30 年代前后，郭沫若主张中国奴隶制与封建制的转变发生在"西周与东周之交，即在公元前七七〇年左右"。到 40 年代，郭沫若改变了此前的观点，将奴隶制与封建制的转变改为"秦、汉之际，即公元前二〇六年左右。"到了 50 年代，郭沫若在《奴隶制时代》一文中否定了前面两种分期观，"断然把奴隶制的下限划在春秋与战国之交，即公元前四七五年。"[1] 杨宽在 50 年代中期信奉范文澜的西周领主封建说，1957 年以后对此说产生怀疑，经过对西周生产力和生产技术、古代的井田制度和村社组织等的深入研究后，改奉郭沫若的战国封建说。郭沫若、杨宽、田昌五为战国封建说的代表人物，杨宽对西周的封建宗法、国鄙等制度的研究为战国封建说的完善作出了突出的贡献。

　　1972 年，郭沫若发表《中国古代史的分期问题》，再次提出古史分期的一些理论问题，认为秦国的奴隶制转向封建制是"自上而下"变革来完成，并重申战国封建说。[2] 然而这次讨论并没有出现之前郭沫若振臂一呼，诸多学者纷纷响应的盛况，几乎无学者参与讨论。恰恰相反的是，杨宽对这个话题非常感兴趣，他撰写了《"自上而下变革"说的商榷——关于中国古代史分期问题的讨论》提出商榷，文中首先肯定了郭

①　郭沫若：《郭沫若全集·历史编》第三卷《奴隶制时代史学论集》，人民出版社 1984 年版，第 4 页。
②　郭沫若：《中国古代史的分期问题》，《红旗》1972 年第 7 期。

沫若战国封建说。郭文认为由奴隶制转变为封建制，有两种方式：一种是革命形势，以齐、晋为代表，"私门"把"公室"吞并了，使奴隶制转变为封建制；一种是变革形势，以秦为代表，由于商鞅自上而下的变法，"才扬弃了奴隶制而转入封建制"。杨宽对郭沫若的秦国由奴隶制变为封建制是通过自上而下变革实现的观点提出商榷。秦国从奴隶制转变为封建制，虽比关东六国晚，但所经历的过程基本上是一样的。秦国在公元前四〇八年实行"初租禾"和鲁国公元前五九四年"初税亩"一样，标志着新的封建生产关系已经产生，地主阶级被合法承认。"初租禾"实行后二十四年，公元前三八五年，秦国发生内乱，出奔魏国的秦公子连急忙跑到楚国边界，想趁机夺权。由于派到边境的秦国军队倒戈，公子连在夺权斗争中取得胜利。秦献公代表地主阶级夺权后，就开始进行整治改革。命令废止奴隶主惯用的杀人殉葬制度，制定了五家为一"伍"、十家为一"什"的户籍编制法，叫作"为户籍相伍"。后来秦孝公任用商鞅变法，就是在秦献公夺得政权、进行封建整治改革基础上进行的，由此可见，秦国由奴隶制转变为封建制并不是自上而下的变革来实现的，而是通过自下而上的革命来实现的。[1]

　　总之，由于运用神话学研究且能成一家之言，杨宽得以

---

[1]　杨宽：《"自上而下变革"说的商榷——关于中国古代史分期问题的讨论》，《文汇报》1972 年 8 月 9 日。

与郭沫若从相知到相识。新中国成立后，郭沫若迅速成为文化领域的旗帜，任中国科学院首届院长、中国人民政府委员、政务院副总理等重要职位。后来，杨宽郑重写信与郭沫若讨论桓谭《法经》真伪，郭沫若将此事转给顾颉刚回复，当郭沫若来上海博物馆参观时，杨宽将其当成座上宾。私下的学术讨论未得郭沫若直接回应，杨宽并没有放弃，而是借机转向了公共场合，关于曹操的评价、秦国封建制转变的形式就是例证。随着时间的推移，事情总是会发生各种各样的变化，杨宽与郭沫若的关系，从学友变成了同志。

（五）童书业

童书业如何与杨宽相识？据上文可知，顾颉刚未在《燕京学报》上发表杨宽的文章，亦未给其回信。顾颉刚对此事非常歉疚，于是在七年后主动请童书业向杨宽约稿。1937 年春，杨宽接到童书业从北平来信，为顾颉刚主编的《禹贡》半月刊"古代地理专号"约稿，杨宽当即寄去《说夏》一文。后为了补证这篇文章，又寄去一信给童书业，信言："屡蒙吾兄为《禹贡》索稿，因一时忙不过来，不能详细翻检书籍，故迟迟不能应命，至愧，至歉！前夜兴来，乃穷半夜之力，成《说夏》一文，武断臆说，自知无当也。颉刚先生与我兄正用力于《夏史考》，想定多高见，区区恐未当于高明之旨。顷读《尚书》又得一证，乞为补入。"[1]

---

① 杨宽：《说夏》，《禹贡》1937 年第 7 卷第 6、7 期合刊。

大约也在这个时间，顾颉刚还委托童书业编《古史辨》第七册，文章刚集齐，卢沟桥事变发生，两人都无暇顾及编《古史辨》，此事遂搁置起来。为了逃难，顾颉刚辗转到西北、西南大后方，童书业则避居安徽，1938 年奔赴上海租界。在上海，童书业结识了吕思勉、杨宽。在《知非简谱》中，童书业记："1938 年，与杨宽相识（前已通讯）。"①1938 年夏，顾颉刚致信童书业，仍要求其编《古史辨》，童书业即重新搜集材料。杨宽因长期留意这方面的材料，童书业所需要的杨宽都可以提供。同时，杨宽将《中国上古史导论》20 万字提供给童书业，请他决定是否可用。后此书被收入童书业、吕思勉编著《古史辨》第七册，占四分之一的篇幅。此外，童书业在编书过程中得到吕思勉、杨宽许多帮助，如此书三分之一以上是吕思勉独立校阅的，其他三分之二是童书业与吕思勉、杨宽一起校阅的。②杨宽为编辑《古史辨》第七册出力颇多，此书由开明书店出版，从现存原开明书店经理王伯祥的日记中亦可略窥一二。如 1939 年 1 月 31 日："丕绳、宽正来谈，出《古史辨》第七册目录示我，正寄书颉刚求正，即可着手排印也。"4 月 3 日："宽正来，交到《古史辨》第七册稿件之第一批。"4 月 18 日："散馆前，蒋大沂、杨宽见过，续交

① 童书业:《春秋史》，商务印书馆 2010 年版，第 276 页。
② 童书业:《自序二》，吕思勉、童书业:《古史辨》第七册上，开明书店 1941 年版，第 6—7 页。

《古史辨》稿一批。"①

　　在学术上，童书业与杨宽互有启发。1939 年 12 月的一次科学书店宴会上，当讨论到古代神话问题，童书业提出伯益为鸟神的看法，杨宽进一步认为伯益即是《吕氏春秋·音初篇》所说"鸣若嗌嗌"的燕子，因此写成《伯益考》一文。由此杨宽进一步探索了古史传说中的鸟兽神话。此后，杨宽与童书业学术和生活一直有呼应，童书业的《春秋史》与杨宽的《战国史》向来被认为是研究先秦史必读的学术著作。②

　　1941 年 12 月太平洋战争爆发后，日军进入上海租界。杨宽、童书业纷纷离开上海，回到各自家乡。抗战胜利后，童书业回到上海。1945 年 12 月 1 日，杨宽聘请童书业为上海市立博物馆干事，后又任上海市立博物馆历史部主任、总务部主任。在上海市立博物馆馆员学业进修方面，他们组织了讲习会，每星期开会两次，研究讲习博物馆学、古器物学及文化史等，由童书业主持。③ 而对于此时的童书业，据杨宽回忆：

　　　　我聘童书业为历史部主任，蒋大沂为艺术部主任。因为物价飞涨，生活困难，我同时也在光华大学教书，童书业兼任光华大学和无锡国学专修学校上海校区教职，蒋大沂则在同济大学兼课。童书业为了节省开支，让妻、

① 王伯祥：《王伯祥日记》第十五卷，国家图书馆出版社 2011 年版，第 507、647、681 页。
② 童教英：《童书业传》，中国大百科出版社 2018 年版，第 111 页。
③ 上海市立博物馆编：《上海市立博物馆要览》，1948 年版，第 6 页。

子借住在苏州顾颉刚的老家中，自己住在博物馆内。他原来就有神经质倾向，这时进而变成"强迫观念症"，害怕别人窜改他已发表的文章和未发表的文稿，必须把这些文章、文稿用几层纸包封好，要我在上面签字和盖章，他才放心。我说："这是相信康有为等今文经学家所说刘歆窜改群经之说着了迷。已经发表的文章别人怎能窜改？未发表的文章别人改了也看得出，没有这样做的必要。"但是他无法不这样做。他临睡前还要用绳子把脚绑在床上，说是为了防止自己夜间从梦中起来做坏事。他常去拜访精神病专家粟宗华（一九〇四——一九七〇）和中华书局编辑所所长舒新城（一八九三——一九六〇）讨论他的病，后来居然写成一部治这种精神疾患的专者，用笔名在中华书局出版。

他虽然患有精神病，但是当他教书和写文章时，头脑是很清楚的，他常常出口成章，下笔成文。他写文章时，常请人代为执笔，他口中一句一句地讲，代笔者一句一句地记，即成定稿。我认为他多才多艺，聪明绝顶，但是猜疑太过了，就产生精神问题。他学过中国画，研究中国绘画史，曾在上海美术专科学校教过中国绘画史。来到博物馆以后，就写考释金文的文章，从事中国瓷器史研究，经常为博物馆主编的《文物周刊》撰稿。他竭力反对王国维以来"谥法晚起"之说，他后来在《春秋左传研究》（上海人民出版社，一九八〇年）附录《周代谥法》中所谈的，这时早已在考释金文中提出了。他把在光华大学讲中国历史地理时学生张芝联的听课笔记，整理成《中国疆域沿革略》一书；他又把以前代替顾颉刚编写的《春秋史》讲义，重加修订整理，正式署上他的名字出版，都是刚进入博物馆工作时完成的，四六年先后由开明书店出版。①

由于杨宽的充分信任和支持，这个时期童书业的生活比较稳定，因此童书业的学术成果喷涌而出，1946 年、1947 年、1948 年，童书业发表文章的数量分别是：50 篇、48 篇、26 篇。1946 年 10 月，上海市立博物馆在《中央日报》上创立《文物周刊》，该刊每期发表 3—4 篇文章，在周刊上发文的有顾颉刚、胡厚宣、夏鼐、杨宽、蒋大沂、童书业、劳幹、方诗铭、黄永年等。其中，童书业撰文最多，署名童书业、童丕绳、丕绳、冯友梅、章卷益等，计有 60 余篇。

1949 年 8 月 1 日，因好友杨向奎的推荐，童书业被聘为山东大学历史系教授和山东大学历史语文研究所历史组研究员。② 新中国成立以后，国内运动不断，首先是对文艺方面特别是电影的批判，《武训传》首当其冲。1954 年 9 月，山东大学《文史哲》杂志社发表了"两个小人物"李希凡、蓝翎的《关于红楼梦简论及其他》，批驳了俞平伯的《红楼梦》观点。接着，

---

① 杨宽：《历史激流：杨宽自传》，大块文化出版股份有限公司 2005 年版，第 173—174 页。

② 童教英：《童书业传》，中国大百科出版社 2018 年版，第 171 页。

就扩大到对胡适实用主义的批判，要求所有老知识分子与胡适划清思想界限。随即，报纸杂志上出现大量批判胡适和俞平伯的文章。这个时期的运动批判中，所有的学习会、座谈会和批判会都被指定参加，杨宽始终没有提出什么批判意见，更没有写过批判别人或者自我检讨的文章。批判俞平伯、胡适之后是清查胡风反革命集团运动，紧接着是镇压反革命运动。杨宽是无党派，从未参与党派的有关政治组织以及活动，没有什么政治问题，因此比较坦然。

1955 年 8 月的一天，杨宽突然接到童书业从山东大学寄来一封信，信中要求杨宽交代自己的反革命事实。[①] 杨宽接信后感到很紧张，不知究竟怎么回事。杨宽感觉山东大学历史系主持运动的干部会向上海市文化局联系，要领导进行查询。次日，上海文化局文物处处长就来杨宽办公室，未等领导开口，杨宽先说接到童书业来信，做了解释。杨宽说："事情一定会很快弄清楚，可以请上级作调查。我过去由于上级主管的信任，没有写过自传上交，我的档案中只有一张简单的工作经历，为了便于上级的了解和调查，我准备写一篇自传上交。"[②] 这位领导当即表示同意。过了几天上交自传，此后就没有再来查询。

此时上级并没有给予杨宽处罚，但童书业的行为或多或

---

① 王学典：《顾颉刚和他的弟子们》（增订本），中华书局 2011 年版，第 191—192 页。

② 杨宽：《历史激流：杨宽自传》，大块文化出版股份有限公司 2005 年版，第 215 页。

少影响到了他的事业前途。虽然事后迅速得到更正，但杨宽档案中留下了这份反革命分子嫌疑材料，成为一个不可信任的疑问。本来无论外宾还是政府领导来参观上海博物馆，都是由馆长杨宽单独出来接待，如接待印度总理尼赫鲁和他的女儿。自此次事件后，情况就发生变化。有一天上午文化局文物处处长来馆，说由于特殊原因，下午闭馆半天，只留少数党员管理陈列室，杨宽不是党员，自然就离开了。事后得知，原来是周恩来到博物馆参观。

　　总之，此事确实连累到了杨宽。不知哪一年，童书业拿一信回家，极为激动地对家人说："杨宽来信了，杨宽来信了！"①作为朋友，杨宽并没有因为童书业的行为去做什么，而是给予极大的理解与宽容，并继续与其通信讨论学术问题。

　　纵观杨宽的一生，是学术的一生。他虽然没有生于书香世家，但凭借自己的聪慧、勤奋，早早步入学术之路，与同时代学者相比，他一生的学术成果是丰硕的。苏州中学、上海私立光华大学的学习，对杨宽的史学风格形成有着重要的影响。作为 20 世纪中国著名的史学家，杨宽与上述学者的交往，只是他学术生活中的一小部分。杨宽与钱穆、陈梦家、唐长孺、唐兰、于省吾及日本学者西嶋定生等，都有或多或少的交往。杨宽与这些学者，既有观点上的相互呼应，又有相互争辩，而这些学术交往对于杨宽的史学研究都有不同程度上的推进。

---

① 　童教英：《童书业传》，中国大百科出版社 2018 年版，第 238 页。

第二章 墨学研究

1932 年，时年 18 岁的杨宽发表了第一篇关于墨子研究的文章，由此步入学界，此后 10 年左右的时间，杨宽出版专著《墨经哲学》，并发表了将近 20 篇相关论文，可谓著述丰富。因此，可以说，墨学研究是杨宽史学研究早期的一个重要领域。本章将从墨学研究的缘起、《墨子》篇章的辨伪及墨学思想的发覆三个方面论述杨宽的墨学研究。

第一节 治墨缘起

因白鹤江镇接近上海，新式教育也在这里生根发芽。1919 年秋天杨宽开始上小学，从小学起他接受的就是新式教育。中国近代以来，最大的政治任务是救亡图存，西方先进的文化不断被介绍进中国，中国封建社会被残酷地撕裂，形成一股不可阻挡的思想解放潮流。在学习"西学"的同时，学术界开始对传统文化进行反思。而从事救亡图存，首先要从精神上唤醒民众。墨家的勇于献身、大公无私的精神恰好充当唤起民众的思想工具。"孔子代表中国，而墨子则西洋适例。"墨学引起了人们的高度重视。20 世纪早期研究墨学的专著如雨后春笋，大量涌现。据初步统计，专门研究墨学的论文一百多篇，著作四五十本。此外，许多哲学史、文化史、思想史著作也多论及墨学。①

　　基于这样的社会、学术背景，在杨宽 1926 年（即 12 岁）上初中一年级时，就听到历史老师讲胡适的《中国哲学史大纲》上卷，称赞他用新方法和新观点分析古代哲学，墨子部分尤其精彩，同时也介绍了孙诒让的《墨子间诂》和梁启超的《墨经校释》。杨宽对此非常感兴趣，马上到书店去购买，《中国哲学史大纲》上卷、《墨子间诂》、《墨经校释》这三部书就成为杨宽初中三年翻阅的课外读物。其中《墨子间诂》买的是上海扫叶山房的石印本，这是杨宽通读的第一部古书。起初，杨宽只是慕名拜读，很多地方不理解。升到高中后才对《墨子》和《墨经》做系统的探索。② 为什么杨宽要选择墨子作为学术研究的方向，固然有大的社会、学术背景作为依托，但更重要的是杨宽自己的认知，据他言有三点：第一，《墨子》是一部有完整体系的著作，涉及社会、政治、经济、文化、军事等方面。汉武帝独尊儒术后，墨学衰落。自清代毕沅、孙诒让以来，治墨者渐多，但仍缺乏系统的研

① 　罗检秋：《近代墨学复兴及其原因》，《近代史研究》1990 年第 1 期。
② 　杨宽：《历史激流：杨宽自传》，大块文化出版股份有限公司 2005 年版，第 53 页。

究；第二，近代以来，对《墨经》作校勘和注释的学者非常多，出版的著作有十多种，如胡适《墨子小取篇新诂》、梁启超《墨经校释》、钱穆《墨辩探源》、章士钊《名墨訾应论》、张惠言《墨子经说解》等，在此基础上，可以吸取各家的长处，纠正各家的失误，从而正确阐释《墨经》的精彩内容；第三，在研究《墨经》中，大多数学者认为《墨经》没有组织、系统，常常不顾全篇结构和上下文意，孤立作出新的校释，有时为了出新，别出心裁，随意改字，穿凿附会，以致有的校释存在很大偏差，让人无所适从。① 基于此，1930 年，杨宽写成了《墨经校勘研究》一文，投寄《燕京学报》，后因故未发表。一个高中生，能在当时的名刊《燕京学报》上发表文章，应属一件非常了不起的事情。1932 年，杨宽又写成《墨经分期研究》一文投寄给《学衡》杂志，时任主编吴宓回信采用，后发表于《学衡》第 79 期。

从 1932 年至 1936 年，杨宽撰写了 10 余篇有关墨经研究的专题论文。分别是：《墨经考》《墨学非本于印度辨》《墨子更非回教辨》《墨经宇宙论考释》《先秦的论战——中国学术上最有价值的一页》《墨学分期研究》《论墨学决非本于印度再质胡怀琛先生》《墨子引书考辨》《墨子各篇作期考》《墨子引书考驳议》《墨经写式变迁考》《墨经义疏通说》《诸子正名论》《墨

---

① 杨宽：《历史激流：杨宽自传》，大块文化出版股份有限公司 2005 年版，第 68—69 页。

经科学辨妄》《论晚近诸家治墨经之谬》。还写过两篇书评，分别是评范耕研的《墨辩疏证》和鲁大东《墨辩新注》。此外，《墨经哲学》一书 1942 年 8 月由重庆正中书局初版，1946 年 9 月上海一版。初版正值抗日战争时期，沪版又逢解放战争，且初版将著者错印成"杨霓"，杨宽写信给出版社，新出版的《墨经哲学》才将作者改为"杨宽"，因此很多人不知道此书。在现今流行各种中国哲学史专著、史学汇编以至《墨经》主题研究中，詹剑锋《墨家形式逻辑》、侯外庐等的《中国思想通史》有提及，但皆称"杨霓"。仅有任继愈主编的《中国哲学发展史》在注脚中将其列入"有关墨学的重要著作"，并言为"杨宽"所作。[①] 其师蒋维乔在序中对杨宽的墨子研究评价甚高，他说："余常谓君曰：'今之治学，宜乎观其会通，以科学方法，比较分析，方有端绪可寻。校勘训诂，此特治学初步然也，而观其会通为尤要，否则虽有仲容之精博，犹不足以探索真理。'君韪余言，故是编之作，莫不穷原竟委，观其会通，无割裂破碎之病，无立奇炫异之弊，《墨经哲学》之真义，乃得大显于天下，哲学史将为之改观矣！诚空前之杰构也！"[②]

---

① 任继愈主编：《中国哲学发展史·先秦》，人民出版社 1983 年版，第 524 页。

② 杨宽：《墨经哲学》，正中书局 1959 年版，序第 1 页。

第二节　《墨子》辨伪

　　文本厘清是研究一家学说最基本的功夫，要对墨学进行系统研究，必须对基本材料《墨子》一书进行考订。胡适是最早大胆运用近代社会科学的方法，从《墨子》的思想倾向、语言特点等方面进行研究。① 胡适认为，今本《墨子》有五十三篇，将其可以分作五组：第一组，从《亲士》到《三辩》七篇，皆系后人假造。前三篇无墨家口气，后四篇据墨家余论所作；第二组，《尚贤》三篇，《尚同》三篇，《兼爱》三篇，《非攻》三篇，《节用》两篇，《节葬》一篇，《天志》三篇，《明鬼》一篇，《非乐》一篇，《非命》三篇，《非儒》一篇，共二十四篇。大概是墨者演化墨子学说所作，《非乐》《非儒》两篇尤其可疑；第三组，《经》上下，《经说》上下，《大取》《小取》六篇是《庄子·天下篇》所说的"别墨"做的，决非墨子时代所能发生；第四组，《耕柱》《贵义》《公孟》《鲁问》《公输》五篇是墨者将墨子一生的言行辑录而做，其中有许多材料比第二组重要；第五组，自《备城门》以下到《杂守》十一篇记墨家守城备敌的方法，与哲学没有关系。在胡适看来，研究墨学的，可先读第二组和第四组，后读第三组，其余二组不必细读。②

---

① 解启扬：《胡适的墨学研究》，《安徽史学》1998 年第 4 期。
② 胡适：《中国哲学史大纲》，上海古籍出版社 1997 年版，第 108—109 页。

　　梁启超在《墨子学案》中赞同胡适分为五类的观点，但对某些篇章的认知上有不同。第一类《亲士》《修身》《所染》非《墨家》言，纯出伪托，可不读。《法仪》《七患》《辞过》《三辩》是墨学的概要，应先读；第二类《尚贤》上中下、《尚同》上中下、《兼爱》上中下、《非攻》上中下、《节用》上中、《节葬》下、《天志》上中下、《明鬼》下、《非乐》上、《非命》上中下是墨学大纲，由墨门记录，非墨子自著。每题各有三篇，文义大同小异，是因墨子分为三派，各记所闻；第三类《经》上下、《经说》上下、《大取》、《小取》，大部分讲论理学。《经》上下是墨子自著，《经说》上下，是墨子口述，但有后学增补。《大取》《小取》系后学所著；第四类，《耕柱》《贵义》《公孟》《鲁问》《公输》五篇记墨子言论行事；第五类，《备城门》《备高临》《备梯》《备水》《备突》《备穴》《备蛾傅》《迎敌祠》《旗帜》《号令》《杂守》十一篇讲守御的兵法，可缓读。①

　　杨宽认为，《墨子》是墨家著作和墨家言行录的汇编，其中包括墨子本人早期和晚期的作品以及墨家学派各个时期的著作，应该用发展的观点对墨子进行分期研究。因此，杨宽作《墨子各篇作期考》和《墨学分期研究》两文。仔细阅读，发现两文所言基本上针对的是胡适和梁启超的看法。

　　第一，胡适认为《亲士》《修身》《所染》《法仪》《七患》《辞过》《三辩》七篇纯出伪作，梁启超认为《亲士》《修身》《所染》

① 梁启超：《墨子学案》，商务印书馆 1933 年版，第 13—14 页。

都是伪作。杨宽则认为《亲士》《修身》"虽非墨子作，然不伪"。他举出五条证据。

证据一：《亲士》"君子自难而易彼"，自处于难而处人以易，自苦为极而兼爱他人，即《庄子》论墨子所谓"以绳墨自矫，而备万世之急"也。墨家的要义为自苦与兼爱。

证据二：《修身》"丧虽有礼，而哀为本焉，士虽有学，而行为本焉"。这是墨家的实利主义。《亲士》"君子进不败其志，退内究其情，虽杂庸民，无所怨心，彼有自信者也"。这是墨家的力行主义。自苦、兼爱、实利、力行，为墨家的精神所在，也就是孟子所说"墨子兼爱，摩顶放踵，利天下而为之"。

证据三：《修身》"置本不安者，无疑求末，近者不亲，无务求远，亲戚不附，无务外交"。其主义的实行法，由远及近，"老吾老，以及人之老"，与儒家学说相近。但是《淮南子·要略》说《墨子》尝学儒者，以其伤生害事，糜财贫民，而自树一帜，是墨家由儒家出，距儒家近，自当较古。

证据四：思想深奥，不像《节用》《节葬》极端，主张先固本，再求装饰，而不绝对节用。如《修身》"置本不固，无务丰末"，又"君子力事日强，愿欲日逾，设壮日盛"。其政治主张，不像《尚贤》《尚同》那么极端，如不称"尚贤事能"而称"献贤进士"，皆可证明《亲士》《修身》为《尚贤》等篇的初始。

证据五：文思简深，不称"兼爱"而曰"易彼"，不称"自

苦"而曰"自难",不称"圣者之治国也,早朝晏退""使民用
财也,无不加用而为者"而称"圣人者,事无辞也,物无违也。"

第二,胡适所言第二组二十四篇大概都是墨者演化墨子
的学说所作,其中有许多后人加入的材料,《非乐》《非儒》
两篇更可疑。梁启超则认为胡适所言二十四篇是墨学的大纲
目,每题各有三篇,文义大同小异,是因墨子分为三派,各记
所闻。

杨宽认为,《尚贤》诸篇作于荀、孟之后,其中《天志》《明
鬼》不合于墨学体系。此外,各上篇文字简要,以理论为重。
各下篇言繁好辩,推重迷信。中篇适中。《明鬼下》有与"执
无鬼者"相辩之辞,《节葬下》有与"执厚葬久丧者"相辩之
辞,是辩论之语,多在下篇,只有《非命上》有与"执命者"
相辩之语,语言烦琐,与其他各上篇,绝然不同,而与各下篇
之文笔相类,其为错上无疑。而《非命中》语言最简要而重理
论,当为《非命上》之误,《非命下》当为《非命中》,《非命上》
当为《非命下》,这样重排,可与各上、中、下篇相合。由此
可见,除《天志》《明鬼》不合于墨学体系外,其余都属于墨
学内容,只不过作于墨学的不同发展时期。上篇较早,中篇次
之,下篇较晚。《非儒》篇则为"后世儒墨抗争激烈之时,墨
家后人据《公孟》等篇改作而成,乃集师言以析儒,非臆说之
辞也。其后半毁孔子辞,多幼稚,他篇又未之见,或后人所增
益也。"

第三,胡适认为《经》上下,《经说》上下,《大取》《小取》

六篇是《庄子·天下》篇所说"别墨"做的。梁启超认为《经》上下、《经说》上下、《大取》《小取》六篇，《经》上下当是墨子自著。《经说》上下是墨子口述，但有后学增补。《大取》《小取》是后学所著。

　　杨宽认为，《经上》极精博，所论都是肯定的定义，包括知识论、宇宙论。《经上》所谓"平，知无欲恶也。""为，穷知而县欲也。"与《亲士》所谓"非无安居也，吾无安心也！非无足财也，吾无足心也！是故君子自难而易彼"相同。他所说人生之烦恼，天下之纷乱，都起源于不满意、不知足，如能"自难""悬欲""无欲恶"，则天下自平。《墨经》所谓"行，所为不善名，行也。所为善名，巧也。若为盗。"与《修身》所谓"功成名遂，名誉不虚假，反之身也"相同。《墨经》所谓"生，刑与知处也"。以为身心相合，始得谓生，心既知之，身必行之。与《修身》所谓"士虽有学，行为本焉"相同。《经上》学理与《亲士》《修身》相同，这是较早的作品。以其理论文字结构，又为墨书中最上者，其为庄子所谓《墨经》，必无疑问。《经下》都是坚白异同之辞，未有系统，与《经上》不同。其所辩又据《经上》，为后世"相谓别墨"时作。"当时墨家分派辩论，《经下》或当时某派所为，某派墨者依次为辩论根据者，故亦尊为经，为别于《墨经》起见，将原有《墨经》作《经上》，将此作《经下》。"[1]

①　杨宽：《墨子各篇作期考》，《学艺》1933 年第 12 卷第 10 期。

　　因此，在杨宽看来，上述各篇，是墨书的主要内容，并将墨学分为三期，初期：《经上》《亲士》《修身》；中期：《尚贤》《尚同》诸篇；末期：《经下》《大取》《小取》。综合相比较，胡适疑古最大胆，梁启超次之，杨宽最为谨慎。诚如杨宽所言"此两篇（《亲士》《修身》——笔者注）作者为谁，卒难明也，然其文字较为古奥，思想较为初步，昭然可明。《经上》篇各条，犹今日所谓定义，将当时所用之学术名词以墨学解释者也。其思想文例与《经下》倍谲不同，当非出于一时，更非出于一手。《经上》各条例，简而甚要，约而易守，思想与《亲士》《修身》二篇全同，与《尚贤》《尚同》等篇不合。余意为最初墨家之经，亦即《庄子·天下篇》所谓'俱颂《墨经》'之《墨经》，《经下》乃'倍谲不同'时之产物，为别墨所作。胡适、孙诒让因文体思想与《尚贤》等篇不同，所论与《庄子》所举惠施、公孙龙所争问题相同，遂以《经》上下及大小《取》皆别墨所作。梁任公见《经上》文约旨微，定为墨翟自著，未免两走极端矣"。[1]

　　现在看来，杨宽的看法更为慎重合理，反而胡适、梁启超的看法值得商榷。如胡适认为惠施、公孙龙的学说"差不多全在这六篇（《墨经》里面）"是值得商榷的，恰恰相反，《墨经》中的有些记载反映了墨家后学与惠施、公孙龙相辩驳。[2]又如梁启超认为《亲士》《修身》《所染》三篇包含儒家思想

---

[1]　杨宽：《墨学分期研究》，《学衡》1933 年第 79 期。

[2]　解启扬：《再论胡适的墨学研究——以近代墨学研究史为视角》，《中国政法大学学报》2016 年第 4 期。

为伪作，是站不住脚的。从墨子"受儒者之业"来看，包含儒家思想恰好能证明他们墨子学习儒家后的作品，反映了墨子思想演变的轨迹，应为墨子自著。[①]杨宽的结论之所以更为合理，是因为他将《墨经》看作是一部有系统的著作，用分期的观点看墨家学说，并能通贯上下文意去理解墨家思想。

第三节　墨学发覆

杨宽的墨学思想内容丰富，提出兼爱是墨家的核心思想。如何实现兼爱，对于个人，应以自苦而达到大众的普遍幸福；对于统治者，应以"生密财"和"节用"达到"富""治""众"三务。而在实行兼爱的时候，要讲求方法，要勇敢。对于学界有人认为墨家思想中包含着现代意义上的科学，杨宽则认为是附会，其思想是论宇宙本体论的形成问题。对于学界认为的墨家思想中有迷信、宗教的成分，杨宽则指出这些迷信、宗教思想是墨家为了达到兼爱的一种手段。兹分下述几点论述之：

第一，墨家要为大众谋福利。

《亲士》篇："吾闻之曰：'非无安居也，我无安心也。非无足财也，我无足心也。'是故君子自难而易彼，众人自易而难

---

① 解启扬：《显学重光：墨学的近代转化》，中国政法大学出版社 2017 年版，第 79 页。

彼，故为其难者，必得其所欲焉，未闻为其所欲，而免其所恶者也。"杨宽认为这段话"实墨学全部之结晶"。[①] 人的烦恼因何而起？因为不满意。不满意是因为不知足。富者希望更富，贵者希望更贵。比如帝王，不能说不富不贵。然而仍欲攻人之国，掠人之地。为何？因为不满意。所以说"非无安居也，我无安心也。非无足财也，我无足心也"。而安居、足财没有绝对的标准。比如，贫者自更贫者观之，可谓富足。富者自更富者观之，可谓贫者。人无知足之心，追求没有尽头，互相侵犯也没有尽头，天下则战乱不止。人如果有知足之心，对己无论如何贫穷，亦是安居足财。对人不予侵略，则人生烦恼荡去，天下战乱可止。因此，墨子说"自难而易彼"，自处于难而处人以易。对己以"自苦"，对人以"兼爱"。牺牲个人幸福为大众谋福利。

对于统治者而言，"兼爱"的方式为"生密财"和"用之节"。《尚贤上》："子墨子言曰：'古者王公大人为政于国家者，皆欲国家之富，人民之众，刑政之治。然而不得富而得贫，不得众而得寡，不得治而得乱，则是本失其所欲，得其所恶，是其故何也？'"墨子认为王公大人治国平天下有三务：(1) 国家之富；(2) 人民之众；(3) 刑政之治。他们以"富""治""众"为天下之"三务"。要实现"三务"，需要三个条件：食者，养活人民；兵者，保护主权；城者，防卫土地。如不具备，则不

---

① 杨宽：《墨学分期研究》，《学衡》1933 年第 79 期。

足以自存。其中，民生问题最重要，所谓"国之宝也"！如果民生问题不解决，即"饥者不得食，寒者不得衣，劳者不得息"。则人民必纷纷求食而天下乱。要使天下不乱，必须解决"饥""寒""劳"之"三患"。要除"三患"，务必兼爱，"有力者，疾以助人。有财者，勉以分人。"如欲兼爱，必须充分实力，如自顾不周，如何兼爱他人。对于统治者如何实现兼爱，墨子提出两种方法：第一，生密财。在"国家之福""刑政之治"方面，应使"各从事其所能"。在"人民之众"方面，应早婚，节蓄私。第二，用之节。"凡足以奉给民用则止""无不加用而为者"；"诸加费不加利于民弗为""凡费财劳力不加利者不为也"。[1]

第二，墨家要重视实利与力行。

《修身》："君子战虽有陈，而勇为本焉。丧虽有礼，而哀为本焉。士所有学，而行为本焉。是故置本不安者，无务丰末。"这句的意思是：丧虽有礼仪，但根本的目的在于哀。求学理固重要，但根本目的在实行。《耕柱》："子墨子曰：'言足以复行者常之，不足以举行者勿常，不足以举行而常之，是荡口也。'"凡事应作与否，当以达到目的为标准。墨子并非反对研究理论，但不能太偏理性，必须有实行的可能。如提倡兼爱，以兼爱确实有实行的可能，"爱人者，人必从而爱之。"而爱己之心，人皆有之，欲爱己，便能兼爱他人。墨子虽主

---

[1]　杨宽：《墨学分期研究》，《学衡》1933 年第 79 期。

张"节用",但不绝对主张"实利",并非反对礼仪,而且提倡
忠孝仁义。墨家认为凡事必须有目的,如何达到目的,曰"力
行",自信而可达到力行,《修身》"志不强者,智不达。言不
信者,行不果"。如果言而不能自信,则必不能实现。必须抱
着不屈不挠的精神,或有失败,但不灰心,如果能够再接再
厉,终有一天达到目的,即"有志者事竟成"。如果所奉持的
主义不成,不要灰心丧气。主义不成,不是主义不好,而可能
是实行的方法不正确,因此必须更加努力寻求正确的方法。在
杨宽看来,墨子既主知足,又主实利,看似矛盾,实无抵触。
他说"墨家之知足,乃以自难而易彼为进取之标准。知足之目
的在利人。利人者,人必从而利之。最后之目的,亦在众利,
毫无抵触也。"[1]

第三,《墨经》中无科学思想。

近代以来,西学输入,国人将古籍中的只言片语,加以
附会,以为科学,证明西方科学实源于中国。如胡适在《先
秦诸子进化论》中说:"列子、庄子时代的科学理想比孔子时
代更进步了。墨子时代的科学家,很晓得形学、力学、光学的
道理。"[2] 张纯一《墨学分科》认为墨学中有算学、形学、微
积分、物理学、力学、机械学、测量学、地图学、光学、热
学、声学、医药学、生物进化说、生理卫生学、心理学、气

---

[1]　杨宽:《墨学分期研究》,《学衡》1933 年第 79 期。

[2]　胡适:《先秦诸子进化论》,《科学》1917 年第 3 卷第 1 期。

象学等。①

　　杨宽认为墨学中无科学思想。如《墨经》中有论"有间""间""缻""盈"与"坚白"、"撄"句、"仳"句、"次"句，梁启超认为"有间"等句为论物理，以为"物质皆有孔隙"；以"盈"句为论几何，以为"有容积才成体"；以"撄"句为论点线相交之异同；以"仳"句为论比例，又以"次"句为论形之排列。② 其实这都是错误的，杨宽认为：(1)"有间""间""缻"三句，论有空隙之组合。物德之组合，有排列而有空隙者。(2)"盈"与"坚白"两句，论相混合之组合。物德之组合，有相混而排列者。(3)"撄"句，论相接叠之组合。物德之组合，有相互接叠者，若坚白之在石，则尽相接叠；一部接叠，则不相尽也。(4)"仳"句，论不规律之组合。不规律之组合，有相撄者，有不相撄者。(5)"次"句，论有规律之组合。物德之排列，井井有条，既无空隙，亦不接叠，皆相并而排列者也。《墨经》以为物德之组合，不外以上五种。因此，在杨宽看来，"体积之成，皆由相盈相撄之组合，物德相盈相撄，乃积而厚，厚则'有所大'，而体积成矣。"③ 查东西方学术史，起初并无科学，科学附于哲学中，最先讨论的是宇宙的本体论。因此，《墨经》中并无所谓现代意义上的科学，所论

① 张纯一：《墨经分科》，儿童书局 1923 年版。
② 梁启超：《墨子学案》，商务印书馆 1933 年版，第 143—145 页。
③ 杨宽：《墨经科学辨妄》，光华大学中国语文学会编著：《中国语文研究》，中华书局 1935 年版，第 52 页。

都是论宇宙的本体论。①

　　对于墨子是否外来的问题，当时学术界有各种不同的学说。如胡怀琛在《墨翟为印度人辨》中认为墨翟，"墨狄"，因面黑或衣黑而称墨，因外国人而称狄。墨翟为印度人，其思想"兼爱""节用"是佛学，"天志""明鬼"是佛教，"名学"是因名，"无父"是出家，"摩顶放踵"是秃头赤足的僧装。② 后又以《墨子学辨》一书问世，不仅认为墨翟为印度人，而且认为墨学全出于印度。对于这些观点，杨宽先后撰写《墨学非本于印度辨》《论墨学非本于印度再质胡怀琛先生》两文，从哲学、科学、文学、文字、宗教、风俗、器物、姓名肤色、墨子弟子、孟子拒墨等方面进行辨证，指出胡怀琛的观点站不住脚。③ 金祖同的《墨子与回教》认为墨子非汉人，非佛教及波罗门教，而是"回教人"。④ 杨宽《墨子更非回教辨》，从文学、宗教、风俗、姓名肤色等方面进行商榷，指出墨子并非"回教人"，更没有相关思想。⑤

　　此外，对于《墨子》中是否包含有迷信思想，与同时代的学者相比，杨宽的看法很不相同。他认为我国古代社会以天为主宰的迷信很盛，墨家因道行艰难，为了巩固他的学说，便利

---

① 杨宽：《墨子宇宙论考释》，《大陆杂志》1933 年第 1 卷第 7 期。

② 胡怀琛：《墨翟为印度人辨》，《东方杂志》1928 年第 25 卷第 8 期。

③ 杨宽：《墨学非本于印度辨》，《大陆杂志》1932 年第 1 卷第 6 期；杨宽：《论墨学决非本于印度再质胡怀琛先生》，《历史科学》1933 年第 1 卷第 3、4 期。

④ 金祖同：《墨子与回教》，《枕戈》1933 年第 1 卷第 13、14 期。

⑤ 杨宽：《墨子更非回教辨》，《枕戈》1933 年第 1 卷第 15 期。

用迷信。《天志》《明鬼》不是墨家的本义，仅仅是利用以谋发展。[①] 诚如后来他所说"墨子继承了传统的宗教思想，把'天'看作是有意志的，是宇宙的主宰。但是他所说的天的意志，是经过他的改造，来为他的学说服务的"。墨子认为，天的意志是兼爱，主张"有力相营，有道相教，有财相分"，反对"强之暴寡，诈之谋愚，贵之傲贱"，因此，这样的主张是代表墨家学派的意志。他鼓吹"顺天意者，兼相爱，交相利，必得赏；反天意者，别相恶，交相贼，必得罚。"还说"天子为善，天能赏之；天子为暴，天能罚之。"可见，墨家想借助这种宗教思想，说服当时的统治者来践行墨家的学说。[②]

综上所述，杨宽发表第一篇墨学的文章时仅有 18 岁，且作为一个研究墨学的后学，能在 20 岁左右对墨学有如此系统的理解，堪称不易。他的研究也是 20 世纪二三十年代大学术背景下的产物，比如，在对《墨子》篇章辨伪上的分期、墨子的核心思想是兼爱，这些明显受到胡适、梁启超的影响，但又有所不同。又如，梁启超在充分汲取前人研究成果基础上，提出"牒经"公例的运用，他认为"凡《经说》每条之首一字，必牒举所说经文此条之首一字为标题。此字在经文中可以与下文连续成句，在《经说》文中，决不允许与下文连续成句"。他运用牒经公例校注《墨经》，使原来许多难懂的地方畅

---

① 杨宽《墨经考》，《江苏教育》1932 年第 1 卷第 9 期。
② 杨宽:《战国史》，上海人民出版社 2016 年版，第 510 页。

然通顺。① 杨宽的《墨经哲学》在校注时显然就受此方法的影响，但杨宽并不迷信权威，而是经过细密研究，在贯通《墨经》全部文意，敢于在名家云集、讨论激烈的墨学研究中提出自己的看法。而就《墨经》篇章的辨伪上来说，比起胡适、梁启超，杨宽的认识反而更慎重，更正确。而杨宽对于墨家兼爱思想的理解，亦可极大丰富我们对于墨家思想的认知。比起当时许多学者提出的墨子是印度人、是"回教人"的观点，杨宽能够据理以驳，他的认识显得更加冷静、客观。平心而论，杨宽的墨学思想中仍有一些值得商榷的地方。如他认为"《墨经》中绝无数学""方圆平直诸章非几何学界说"，并不正确。后来在《战国史》中就承认《墨经》中具有"几何学""力学和光学"的内容。又如否定名家或辩者，认为"名家主怀疑"，"怀疑者，两可而已"，"辩者之认识论，基于主观性"；"名家不察是非，操两可之说，专以巧譬为辨"，"其认识皆以主观而不知实"，亦有商榷的余地。②

①　谢启扬：《梁启超与墨学》，《安徽史学》2003 年第 5 期。
②　杨俊光：《〈墨经〉研究的一个卓越成果——杨宽先生〈墨经哲学〉读后》，《南京大学学报（哲学社会科学版）》1986 年增刊。

第三章　与古史辨的学术关联

　　20世纪20年代到40年代，史学界展开了一场考辨古代史料真伪的大讨论，其产生的学术影响在中国史学史上留下了浓墨重彩的一笔。二十年间，共结集出版了七册《古史辨》。在七册《古史辨》中，以最后出版的第七册分量最大，计八十余万字。此册由顾颉刚在大后方遥控，吕思勉、童书业主编，杨宽积极参与其中的集体成果。顾颉刚认为"这一册的文章讨论最细，内容也最充实，是十余年来对古史传说批判的一个大结集"。[①]1933年，光华大学时期，杨宽从墨学研究转入到古史研究中，他算是古史辨讨论的后起之秀，其成名作《中国上古史导论》全文收入《古史辨》第七册，占了全书四分之一篇幅，该册主编之一童书业认为，自顾颉刚后，杨宽是"集疑古史学大成的人"。[②]本章将以"古史辨的批评者""古史辨的同盟军""古史辨的集大成者"三个主题

---

① 顾颉刚：《我是怎样编写〈古史辨〉的?》，顾颉刚编著：《古史辨》第1册，上海古籍出版社1982年版，第26页。
② 童书业：《自序二》，吕思勉、童书业编著：《古史辨》第七册上，开明书店1941年版，第2页。

为中心讨论杨宽与古史辨之间的关联。

第一节　古史辨的批评者

众所周知，《古史辨》的发起人和主要组织者是顾颉刚，杨宽有机会与顾颉刚直接联系，大概起于 1930 年。杨宽将《墨经校勘研究》投寄《燕京学报》，但此次发表文章未果。可能正因为有此事，1937 年前，杨宽是以"批判"的姿态站在古史辨的对立面，这集中表现在两篇文章中。1935 年 11 月，杨宽帮助郑师许编辑《大美晚报·历史周刊》，此刊 1936 年 6 月 1 日第 29 期和 7 月 13 日第 34 期为"顾颉刚批判专号"（一）①（二），二期共有三篇文章，一篇连载的是杜华的《顾颉刚"古史学"的总检讨》，其余两篇为杨宽的文章，篇名分别是《从康有为说到顾颉刚——史学方法的错误》和《关于古史辨》。

前文首先引崔述《考信录》中的"甚矣！说之贵于怪也！怪则人信之，不怪则人不信之矣！"顾颉刚"禹是动物，出于九鼎"的观点就是这样。文章批判晚清的今文学家康有为，因为康有为认为《左传》是刘歆的伪作，一切古文甚至稍微与古文有点关联的都是王莽、刘歆窃篡的结果。遇到古书和古文相

① 《顾颉刚日记》1936 年 6 月 17 日："点读《大美晚报》之'顾颉刚批判号'"。但未有评论。见顾颉刚：《顾颉刚日记》第三卷（1933—1937），联经出版事业股份有限公司 2007 年版，第 486 页。

同、暗合的地方说是刘歆周密和巧妙改窜的。遇到与古文相异、矛盾的地方，说是刘歆作伪的痕迹和证据。在杨宽看来，这些都是成见。用这种考证方法来考证，就是把双刃剑，"重心向东，就向东劈，重心向西，就向西劈，什么书，什么事，无有不可说它是伪的"。而康有为的这种史学方法及态度被顾颉刚继承下来，顾颉刚说自己是"超今文家"，其实并没有"超越"，只是"拾了康氏的余沫"。如顾颉刚的《五德终始说下的政治和历史》一文认为，《左传》里的古史是刘歆伪造的，五帝的少昊是刘歆插入的，甚至说《国语》里的古史，也有窜入的部分，他的说法，和康有为是一致的，根本就没有超越，走的是晚清今文家的老路。而顾颉刚主张层累地造成古史，核心思想以为"时代越后，知道的古史越前；文籍越无征，知道的古史愈多"。许多人认为这是"卓识"，其实这也不是顾颉刚的创见，崔述的《考信录》中早有这样的说法，崔述说："夫《尚书》但始于唐虞，及司马迁作《史记》，乃起始于黄帝，谯周、皇甫谧又推之于伏羲氏，而徐整以后诸家，遂上溯于开辟之初，岂非以其识愈下则其称引愈远，其世愈后则其传闻愈繁乎？"古史传说都是演变而来的，有因地而变异的，有因时而变异的，至于因人而变异的很少，因为一人之力毕竟有限。顾颉刚遵从崔述之说，虽偏重人为的一面，但还没完全错。现在顾颉刚又全从康有为新学伪经之说，以为古史皆刘歆一人所编造，这未免就大错特错了。最后，文中指出，"疑古"是古史研究应有的态度，但怀疑总得有一定的分寸。古史研究不应该有偏见，如果一味照着偏见，"信口雌黄""任情臆说"，那肯定会阻碍学术发展的。因此，史家不应走上经学家的老路，"从康有为一直到顾颉刚的这条歪曲的路，'此路不通'"。①

后文从 7 月 12 日《南京朝报》上正躬《关于古史辨——"为顾颉刚解说"》一文说起，杨宽认为此文不是客观的批评和介绍，基于二十九期的"古史辨批判（一）"，不应"轻轻把它放过"，文中逐条批评了正躬的"观点"。正躬指出有人以为顾颉刚是"一厢情愿地改造古史标新立异"，其实，顾颉刚是做建设"真实古史"的预备工作，只是用力在破坏古史系统上。杨宽反驳，破坏旧的固然是建设新的预备工作，但破坏要有清楚的目标，明确的辨别力，如果没有这些，不管真的假的，不管好的坏的，不管可靠的不可靠的，任情破坏，其结果将使建设的工作不知如何做起。史学家固然不能把古史看作完全正确，但也不能神经过敏，任意说古史如何变化，甚至如顾颉刚说禹是虫演变来的；正躬指出有人在保存国粹的观点上责难顾颉刚，其实，顾颉刚是在科学地整理古史，也是在保存国粹。杨宽批判，顾颉刚的古史辨哪里够得上科学的整理，他只是根据一二点理想的推断，就武断下一个结论，这不是科学的方法，只是主观的见解，有许多真的是"一厢情愿，胡说罢了"。另外，杨宽又重申了前文的意思，认为顾颉刚的见解并没有超

---

① 杨宽：《从康有为说到顾颉刚——史学方法的错误》，《大美晚报·历史周刊》1936 年 6 月 1 日。

越崔述。最后，希望顾颉刚不要一味蛮干，不要走上经学的老路。希望他"真的能用科学的方法来整理古史传说，真的能辨别古史传说的来源和演变"[①]。

　　总之，在这两篇篇幅不大的文章中，杨宽批判顾颉刚的观点可归纳成以下三点：第一，顾颉刚认为古史全是刘歆伪造的，只是继承了康有为的"余沫"；第二，"层累地造成古史说"并不是顾颉刚的创见，崔述早已有之；第三，疑古是研究古史应有的态度，但应有一定的分寸。为什么《大美晚报·历史周刊》会有两期批判顾颉刚的专号，笔者妄自揣测，可能由于顾颉刚未在《燕京学报》上发表杨宽的文章，对顾颉刚产生不服的一种典型反映。杨宽生于 1914 年，至 1936 年仅 22 岁，年轻气盛有不满心理似亦属情理之中。

第二节　古史辨的同盟军

　　由上文可知，顾颉刚未在《燕京学报》上发表杨宽的文章，亦未给其回信。而顾颉刚在七年后主动请童书业向杨宽约稿。这是顾颉刚、杨宽第一次学术上的间接合作，而此次交往使之前两人误会得以消除，前嫌尽释，亦为后来两人继续合作铺好道路。1938 年，童书业在上海编《古史辨》第七册时，杨宽

---

① 杨宽：《关于古史辨》，《大美晚报·历史周刊》1936 年 7 月 13 日。

出力不少。而随着与古史辨核心人物顾颉刚、童书业等人的密切交往，尤其是参与编辑《古史辨》第七册，杨宽才慢慢变成了疑古派的"同盟军"。正如杨宽在《古史辨》第七册序言中所说："这册《古史辨》正是研究古史的急先锋，我们的敌人——伪古史的有意无意创作者——所设的西汉战国这最后两道防线上重要的据点，已给我们突破了，《古史辨》的最后胜利，确乎已不在远。"① 杨宽从疑古派的对立面已进入到"我们"（古史辨）的队伍中来了。既然已成为古史辨派的同盟军，那么我们就不难理解 1946 年李季和杨宽关于古史辨相关问题的争论了。

1946 年李季在《求真》杂志第 1 卷第 1 期上发表《古史辨的解毒剂》批评古史辨的辨伪方法和公式主义，杨宽即化名刘平在魏建猷主编的《东南日报·文史周刊》的创刊号上发表《〈古史辨的解毒剂〉的解毒剂》一文进行反驳。随后李季又在《求真》第 1 卷第 1 期、第 7 期上发表了《为〈古史辨的解毒剂的解毒剂〉进一解》《为古史辨的第二次反攻再进一解》。杨宽不堪示弱以刘平之名在《东南日报·文史周刊》第 12 期、第 21 期上发表《向为〈古史辨的解毒剂的解毒剂〉进一解展开歼灭战》《一篇多余的辩论》予以回应。在这来来回回三个回合的争论中，只有第一回合的两篇文章是真正意义上、矛头对矛头、无意气之争的学术讨论，因此，文中以这两篇文章为中心进行分析。

---

① 杨宽：《杨序》，吕思勉、童书业：《古史辨》第七册上，开明书店 1941 年版，第 2 页。

　　李季在《古史辨的解毒剂》中主要批评了古史辨派四个观点：第一，古史辨派以形式主义和逻辑主义为方法，辨伪为其先务。古史辨伪的方法不对，因为伪书上的事实不一定全伪，虽把伪书上的伪迹考订，但未必使根据伪书而成立的历史全部失其真。换言之，即伪书中有真材料，真书中也有伪材料。第二，古史辨派的核心思想为"层累地造成古史说"，其说认为"时代愈后，传说的古史期愈长"，"时代愈后，传说中的人物愈放大"，"不能知道某一件事的真确的情况，但可以知道某一件事在传说中的最早情况"。在李季看来，"层累地造成古史说"完全是建立在"不言＝不知＝没有"的公式上，此公式不正确。第三，古史由神话构成。用神话学研究古史始于顾颉刚，继承发展是杨宽。李季认为无论中外，古史中都会掺入大量的神话，中国亦不例外。在他看来，一个科学工作者的职责不在于助长神话，而在于解释神话的起源。古史神话是由人话转来的，而不是由神话转为人话。第四，古史辨派腰斩中国历史，如胡适说"把古史缩短二三千年"，顾颉刚说"从四千年的历史跌到二三千年"等，他们将古史剥皮，弄得古史"血肉模糊，不可收拾，于是将历史腰斩"。古史辨派没有处理古史的能力，反而大骂古史，认为古史里"不知藏垢纳污怎样"。照他们的方法，理应真相大白，"何以愈弄愈糟，终致腰斩历史了事呢？"①

――――――――――

①　李季：《古史辨的解毒剂》，《求真》1946第1卷第5期。

杨宽在《〈古史辨的解毒剂〉的解毒剂》中逐条反驳了李季文。

对于第一点，杨宽认为，古史辨派的治史方法只是一种批评史料的方法，是治史的初步方法。任何史料都可使用，不过在使用前都得探索其来源和真相。所谓的辨伪就是探索史料的来源和真相，辨证那些冒名的史书和杜撰或者误传的故事，使它们露出本来的样子。进行辨伪后，就可再应用于某方面的研究了。如《山海经》不可当禹时期的著作，但却是研究古代宗教、民俗及社会传说上的宝贵材料。

对于第二点，杨宽指出，李季所谓古史辨学说完全建立在"不言＝不知＝没有"的公式（即默证法）上并不是什么创举，早在二十年前张荫麟已撰文指出。完全利用默证法研究历史固然是件危险的事，但古史辨的学说并不是完全建立在"默证"上，它是有充分理由的。

对于第三点，古史辨派认为后世尧舜禹鲧传说不是由于后世尧舜禹鲧传说的神话而来是有充分证据的。理由有四：一、这类传说在时代较早的书籍上是神话，较后的书籍上演变为人话的。二、这类传说在文化较高的中原地带已为人话，而在文化较为落后的地方还是保持着神话的状态。三、这类传说在儒士的嘴里是人话，而在民间传说里还是保存着神话的色彩。四、儒士们把神话润色为人话的痕迹，尚多可寻。基于此，古史传说是由神话演变而来的。此外，李季认为文化较为落后地带的神话由人话演变而来是说不通的。如果说古史传说是由人话演变而来，"为什么早出的书籍是神话而晚出的书籍反是人话？为什么中原的古史传说中的恶人在文化落后的地带都变成了最良善的天神呢？为什么民间传说中的神话儒士们一定要曲解润色呢？"因此，古史传说是由神话演变而来的。

对于第四点，杨宽指出，古史辨派并没有腰斩中国历史，只是想把虚伪的古史传说还原它本来的面目，即从神话中探讨远古的历史背景。如果认为古史辨仅仅干着破坏的工作，那就错了。因为他们破坏古史是要还原其本来面目，恢复其在史料上的价值，也就是在建设古史。①

由上可见，虽李季、杨宽的个别观点并不冲突，相反是一致的，如两人都认为伪书中有真材料，但杨宽还是以古史辨同盟军的身份义正词严地驳斥古史辨的批评者李季。由古史辨的批评者转为同盟军来看，杨宽对古史辨的一些看法并没有发生什么改变，但是语气态度则发生了 180 度大转弯，如当以古史辨的批评者自居时，杨宽认为顾颉刚的古史辨是干着破坏的工作，而当转为古史辨的同盟军时，便认为破坏古史是在建设古史。因此可以说，顾颉刚请童书业找杨宽约稿，参与编辑《古史辨》第七册并将自己的成名作《中国上古史导论》全文收入其中是杨宽成为"古史辨"派同盟军的标志，连续撰写三文驳斥李季批评古史辨是其为古史辨同盟军的典型表现。

---

① 刘平：《〈古史辨的解毒剂〉的解毒剂》，上海《东南日报·文史周刊》1946 年 7 月 4 日。

第三节　古史辨的集大成者

　　童书业认为，杨宽是自顾颉刚以后"集疑古史学大成的人"，此为卓见。之所以被童书业认为是"集疑古史学大成的人"，就是因为杨宽不守派别之见，博采众家之长。"博采"包括了学术观点、研究方法、古史态度、引用书目等方面。正如杨宽在《中国上古史导论》中言："余之治古史学，本无家派之成见存于心，仅依据一般史学方法之步骤以从事而已。"① 就笔者看来，众家应包括王国维、吕思勉、顾颉刚、傅斯年、郭沫若、徐中舒等史学家，王孝廉指出杨宽继承并发展了顾颉刚、傅斯年、徐中舒、王国维等人的学术观点。② 如杨宽用神话学的方法来治古史，其神话学的基础是认为夏以前的古史全是神话。用神话学研究古史不是杨宽首创，而始于顾颉刚。顾颉刚认为古史是由神话构成的，他主张用演变说的方法探讨神话传说。杨宽不认同顾颉刚等人坚持的神话是后人有意作伪的，他认为传说中因人变异的成分较少，辗转讹误者多，以一人一派之力而撰写古史，怎么可能？基于此，杨宽认为古史神话是自然演变和分化而成的；另如杨宽认为古史传说的来源多

① 杨宽：《中国上古史导论》，吕思勉、童书业：《古史辨》第七册上，开明书店 1941 年版，第 68 页。

② 王孝廉：《附录二　杨宽》，《中国神话世界》下编《中原民族的神话与信仰》，洪业文化事业有限公司 2006 年版，第 433 页。

由于殷周二系民族神话之分化与融合，童书业认为这是杨宽最厉害的武器。① 其实东、西二系民族之说不是自杨宽始，前已有徐中舒《从古书中推测殷周民族》主张殷周为不同系的民族，傅斯年的《东北史纲》及《夷夏东西说》详考东、西系民族说；就研究方法而言，杨宽相当赞赏王国维创立的"二重证据法"，对此创见更是赞不绝口，奉为"金科玉律"。如："自王国维创二重证据之说，以地下之史料参证纸上之史料，学者无不据之以为金科玉律，诚哉其金科玉律也！""近人治古史者，无不以此为金科玉律，诚哉其金科玉律也！盖以地下之史料参证纸上之史料，此二重证据之方法，至王氏始成立之。"② 对奉为金科玉律"二重证据法"的运用贯穿于《中国上古史导论》始末。以上这些研究并未将吕思勉、郭沫若等学者的观点放入杨宽"集大成者"内。

　　杨宽是吕思勉言传身教的学生，后者对其在学术上的影响自不可小觑。不过杨宽未曾在论著中明白具体地指出自己对吕思勉古史观点的继承，但此并非无迹可寻。

　　众所周知，古史辨派某些方面直接沿袭了清代今文经的余续而来，吕思勉、杨宽对今文经所言古史造伪说持批评态度。20 世纪 20 年代，吕思勉基本认可今文家言刘歆、王莽

① 童书业：《自序二》，吕思勉、童书业：《古史辨》第七册上，开明书店 1941 年版，第 3 页。
② 杨宽：《中国上古史导论》，吕思勉、童书业：《古史辨》第七册上，开明书店 1941 年版，第 66、117 页。

遍伪群经的观点。如 1921 年在《答程鹭于书》一文中说：
"自武进庄氏、刘氏，以至最近南海康氏、井研廖氏，则破
坏莽、歆所造之古文经，以复孔子学说之旧也。今后学者之
任务，则在就今文家言，判决其孰为古代之真事实，孰为孔
子之所托，如此，则孔子之学说与古代之事实，皆可焕然大
明，此则今之学者之任务也。"① 然而，30 年代后随着古史研
究的深入，吕思勉对于今文经学的看法已发生变化，在《古
史辨》第七册《唐虞夏史考》中言："康南海托古改制之论，
已嫌少过，彼亦轻事重言，用信己见而已。今之论者，举凡
古人之说一切疑为有意造作，则非予之所敢知矣。"② 可以说，
最终吕思勉已基本否定了今文家所言古史造伪。杨宽对古史
人为造伪说始终持批评态度，1936 年，杨宽的《从康有为说
到顾颉刚——史学方法的错误》批判今文学家康有为的有意
造伪说，并认为顾颉刚的观点源自康有为，晚年自传曾批评顾
颉刚："他的短处就是过于信从今文经学家的托古改制说和新
学伪经说，特别是他用新学伪经说来解释古史传说的演变，我
竭力反对。"③

　　由对今文经的态度进而到对古史辨的态度上，对于古史

---

① 吕思勉：《答程鹭于书》，《吕思勉论学丛稿》，上海古籍出版社 2020 年版，
　第 675 页。
② 吕思勉：《唐虞夏史考》，吕思勉、童书业：《古史辨》第七册下，开明书店
　1941 年版，第 270 页。
③ 杨宽：《历史激流：杨宽自传》，大块文化出版股份有限公司 2005 年版，第
　103 页。

辨派的过度疑古，吕思勉、杨宽认为不应疑古太过。如吕思勉认为《论语》记孔子及孔门弟子言行，虽与《史记·孔子世家》相出入，但可以相信。崔述在《考信录》中极力称其不可信，"近人盛称其善。其实年月日，人地名之不谛，古书类然。以此而疑其不可信，古书将无一可信者矣。"[1]杨宽亦持有类似观点，他认为古史都是前人篡伪的说法"失之武断"，如顾颉刚的《战国秦汉间人的造伪和辨伪》中认为墨家托古改制有三事：（1）尚贤生尧舜禅让说。（2）非命以桀纣为命定论者。（3）节用生古圣制事物说。杨宽认为墨家首倡尚贤、节用说突然出现在《墨子》中，因此墨家可能有托古改制。但是，此等传说古史并非无源头。因为，墨家本属平民贫贱者的集团，墨子自称其书为"贱者之所为"，贫贱集团目睹社会贵贱贫富不均，富贵者骄奢无度，贫贱者痛苦不堪，于是就有尚贤、兼爱、节用的口号。而尚贤、兼爱本平民贫贱阶级固有，巨子制度本贫贱阶级固有。可见，这些观点的源头并非始自墨子，墨子仅发扬光大，其实民间早有此传说。[2]

此外，在对古书真伪的判定上，吕思勉、杨宽亦有一些相同的看法。《山海经》，吕思勉认为此书保存有古史真相，不完全虚构，此书"说多荒怪，不待言矣。然其所举人物，实多有其人；其所载事迹，亦间与经传相合；何也？盖此书多载神

---

① 　吕思勉：《先秦史》，上海古籍出版社 2006 年版，第 11 页。

② 　杨宽：《中国上古史导论》，吕思勉、童书业：《古史辨》第七册上，开明书店 1941 年版，第 81 页。

话，而其所谓神话者，实多以事实为据，非由虚构也"①。杨宽观点相同，他说："《山海经》一书，本皆民间传说渐次结集而成。《五藏山经》最早，《海外》《海内》《大荒》诸经，无非以次续成，吾人于此书前后，颇可窥其传说演变之迹象。"②《尉缭子》与《六韬》，吕思勉认为这两部兵书不是伪书，他说："后人以其题齐大公而诋其伪，此亦犹言医者托之黄帝，言药者寓之神农耳。其书多言制度，且多存古义，必非可以伪作也。"③杨宽赞同其师的观点，并对吕思勉高明的史识予以充分肯定，他说："近人都认为现存的《尉缭子》和《六韬》为伪书，不敢引用。吕先生却认为两书'皆多存古制，必非后人所能伪为。'现在山东临沂银雀山汉墓出土了两书的残简，证吕先生论断的准确。"此外，还有《鹖冠子》，近人都认为是伪作，没有一本思想史引用过，吕思勉却认为"此书义精文古，决非后世所能伪为"，并在《经子解题》中指出："所言多明堂阴阳之遗，儒道名法之书皆资参证，实为子部瑰宝。"④《尧典》，吕思勉认为《尧典》《禹贡》等较古之书"决为后人所作，然亦可见其时人所谓尧、舜、禹者如何，究有用也。"⑤杨宽亦认为《尧典》"原本虽作于战国，而今本已为秦汉人大加窜改矣，固

① 吕思勉：《吕思勉读史札记》，上海古籍出版社 2005 年版，第 523 页。

② 杨宽：《中国上古史导论》，吕思勉、童书业：《古史辨》第七册上，开明书店 1941 年版，第 167 页。

③ 吕思勉：《先秦史》，上海古籍出版社 2006 年版，第 14 页。

④ 杨宽：《吕思勉先生的史学研究》，《中国史研究》1982 年第 3 期。

⑤ 吕思勉：《先秦史》，上海古籍出版社 2006 年版，第 9 页。

非原始之史料也"①。《竹书纪年》，吕思勉认为"为明人所造，已无可疑。然所谓古本，经后人辑出者，实亦伪物"②。杨宽也认为《竹书纪年》"后人附益者正多，其所纪黄帝事尤不足凭信也"。为了证明此说，其注言："案，吾师吕诚之先生极疑《竹书纪年》，此亦《竹书》有窜乱之一证。"③

　　学界研究所得，虽然与古史辨派的核心人物顾颉刚、童书业的关系很好，但吕思勉、杨宽两人都属于释古派，即使如此，在研究的步骤上，两人皆认为疑古、考古、释古应为古史研究的一般步骤，三者不可偏废。吕思勉说："今人与古人所见自不能同，所见异，于古说安能无疑。而古书之训诂名物，又与后世不同，今人之所欲知者，或非古人之所知；或则古人以为不必知；又或为其时人人之所知，而无待于言，而其所言者又多不传；幸而传矣，又或不免于讹误。如是求知古事者，安能废考释之功？然于今日之理，异于古人者茫无所知，则读古书，安能疑，即有所疑亦必不得其当，而其所考所释，亦必无以异于昔之人，又安用是喋喋为哉？故疑古考古释古三者必不容偏废。"④杨宽亦表达了类似的意思，他说："近人分我国古史学之派别为四：曰信古，曰疑古，曰考古，曰释古。主信古

① 杨宽：《中国上古史导论》，吕思勉、童书业：《古史辨》第七册上，开明书店 1941 年版，第 213 页。

② 吕思勉：《先秦史》，上海古籍出版社 2006 年版，第 17 页。

③ 杨宽：《中国上古史导论》，吕思勉、童书业：《古史辨》第七册上，开明书店 1941 年版，第 190 页。

④ 李永圻：《吕思勉先生编年事辑》，上海书店出版社 1992 年版，第 265 页。

者动谓战国秦汉之书近古，所记传说必有所本，一切皆为实录，未可轻疑；主疑古者以古书既有真伪，所传古史又不免失实，苟无精密之考证批判，未可轻信；主考古者，辄病于传说之纷繁，莫由遵循，又鉴于近人争辨古史，立论绝异而均不出故纸堆之范围，乃谓但有纸上之材料无用，非有待于锄头考古学之发掘不为功。主释古者，则以古人十口之相传，‘事出有因’，必有史实之残影存乎其间，未容一概抹杀，苟据新史观加以归纳推理，即为可信之古史。此四说者，除信古一派外，无不持之有故，言之成理。"①言下之意，即认为历史学家研究具体之历史，除摒弃信古外，应先疑古、考古而后终以释古，三者都应重视。由上可见，无论是引用的书目，古史研究的态度、具体的古史观点上，还是研究方法上，杨宽似乎都吸收了吕思勉的观点。

此外，在古史辨派的文章中，他们很少引用唯物史观派的见解。而杨宽不拘派别之间，在文中大量引用郭沫若的见解，且给予很高的评价，这里仅举两例。一、顾颉刚认为原来各民族都有其祖先传说及奉祀不同的神灵，如大皞与有济是任、宿诸国的祖先，颛顼是陈国的祖先，到了战国时代，许多小国被几个大国吞并，于是有人把各国祖先和神灵的横的系统改成了纵的系统。杨宽不同意这种看法，他认为

① 杨宽：《中国上古史导论》，吕思勉、童书业：《古史辨》第七册上，开明书店 1941 年版，第 65 页。

古史传说的系统，是由于殷人—东夷和周人—西戎两大神话系统分化重组成的。因此，杨宽赞同郭沫若《中国古代社会研究》和《卜辞通纂》这两部书引用卜辞与古文献作对比，认为舜即是帝喾、高祖夋的观点。① 二、语言的讹传有因古今字体变迁而撰写错误，导致后来学者望文生训，穿凿附会的。殷周铜器铭文既多人名，而《大学》所引汤之盘铭曰"苟日新，又日新"实属例外。郭沫若在《汤盘孔鼎之扬搉》中据商勾刀铭怀疑汤之盘铭本作"兄日辛，祖日辛，父日辛"。之所以会出现误读，是因为铭之上端有损，故误"兄"为"苟"，误"且"为"日"，误"父"为"又"。求之解释不出来，于是就附会其意，读"辛"为"新"，故成为"苟日辛，日日新，又日新"。"父"字缺上，与"又"形近，"且"字缺上，与"日"形近。"兄"之误"苟"，亦因为形近。杨宽认为这是"巨眼卓识"！"因古铭文人名之残缺，一变而为有哲理之文句。"②

　　综上所述，杨宽虽被学者看作是古史辨派的同盟军，但并不是一开始就是古史辨派的成员，而首先以"批评者"的姿态站在古史辨的反面。经过与古史辨派核心人物顾颉刚、童书业等人的逐步了解，尤其是参与编辑《古史辨》第七册，才

---

① 杨宽：《历史激流：杨宽自传》，大块文化出版股份有限公司 2005 年版，第123 页。
② 杨宽：《中国上古史导论》，吕思勉、童书业：《古史辨》第七册上，开明书店 1941 年版，第 103—104 页。

逐渐成为古史辨派的一分子。杨宽之所以被童书业认为"集疑古史学之集大成者",是因为不管在史学观念上,还是在研究方法上,不管引用的书目上,还是考证的引用上,杨宽都不会顾及派别、师生关系,他采用了"拿来主义",只要对自己有用,就吸收进著作。正因为有了这样的观念,他才会成为继顾颉刚后古史辨派的一个里程碑。众所周知,没有任何一个学术观点是十全十美的,杨宽的"古史神话演变分化"说亦然。就像蒋大沂在致杨宽信中言:"大著循环论证,由古史传说探索其神话之原形,有证如山,不容反覆。惟尊著仅探索至神话而止,而于神话之初相以及神话之历史背景,则犹未暇论列。"①

　　另外,顾颉刚、杨宽有误会,但经过中介人童书业的联系,两人很快消除误解,化干戈为玉帛,于是就有了后来的几次合作。杨宽虽批判过顾颉刚层累地造成古史,但两人并没有因此而生下矛盾,反而为顾颉刚与吕思勉、童书业二人一起编著了"文章讨论最细,内容也最充实"的《古史辨》第七册。1946 年顾颉刚从重庆返回上海后,顾颉刚、杨宽就频频利用各种机会见面,交往非常频繁。1954 年顾颉刚调任北京中国科学院历史研究所,顾颉刚虽离开上海,但杨宽与他依旧保持着密切联系。顾颉刚 1980 年 12 月 5 日在京逝世,此

---

① 蒋大沂:《附录一·与杨宽正兄书》,吕思勉、童书业:《古史辨》第七册下,开明书店 1941 年版,第 368 页。

年 8 月 15 日杨宽赴京还去拜访了顾颉刚。可见终其一生，顾颉刚、杨宽都保持着很好的朋友关系。吕思勉逝世后，顾颉刚首倡整理吕思勉的遗稿，并拟请杨宽负责整理，虽当时这项工作没有完成，但后来杨宽确实为出版吕思勉遗著出力颇多，李永圻、张耕华说："二十世纪八十年代先生部分遗著、遗稿的整理出版，杨宽先生出力最多，各书的出版前言，均由杨先生执笔撰写。"[1]总之，顾颉刚、吕思勉、杨宽、童书业四人都是纯粹的、真正的学者，他们一心向学，为学术而学术，在学术事业上相互支持，都能以坦荡的胸怀看待争议，包容不同，这样的学风和观念值得我们学习。正如吕思勉言："真正的学者，乃是社会的，国家的，乃至全人类的宝物，而亦即是祥瑞。我愿世之有志于学问者，勉为真正的学者。如何则可为真正的学者？绝去名利之念而已。显以为名者，或阴以为利；即不然，而名亦是一种利；所以简言之，还只是一个利字。不诚无物；种瓜不会得豆，种豆不会得瓜；自利，从来未闻成为一种学问。志在自利，就是志于非学，志于非学而欲成为学者，岂非种瓜而欲得豆，种豆而欲得瓜？不诚安得有物？然则学问欲求有成，亦在严义利之辨而已。"[2]

---

[1] 李永圻、张耕华：《吕思勉先生年谱长编》下，上海古籍出版社 2012 年版，第 1046—1047 页。

[2] 吕思勉：《从章太炎说到康长素梁任公》，《吕思勉论学丛稿》，上海古籍出版社 2020 年版，第 406 页。

第四章　战国史起步的研究

杨宽的战国史研究在学界是有一席之地的，战国史研究起步阶段在杨宽整个先秦史研究中具有重要的地位，而对于杨宽战国史早期的研究，我们之前仅能从《杨宽古史论文选集》中获取到 3 篇文章：《论梁惠王的年世》《再论梁惠王的年世》和《楚怀王灭越设郡江东考》，如果不能全面了解杨宽这段时间的战国史研究内容，便会影响我们对于杨宽战国史研究早期全貌的了解。今据新发现的材料，对于杨宽如何走上战国史的研究，以及早期研究战国史的成就如何，并对 1955 年版《战国史》的影响等问题进行探讨，以求准确评估杨宽的早期战国史研究。

第一节　战国史研究的起步

杨宽研究战国史的因缘始于顾颉刚执掌齐鲁大学国学研究所。该所成立于 1929 年，因战事而中断，1939 年 9 月始，顾颉刚担任当时迁往成都的齐鲁大学国学研究所主任。为了

齐鲁大学国学研究所的发展，顾颉刚大力延揽人才，他邀请
了钱穆、顾廷龙、杨向奎、胡厚宣、孙次舟，此外，还邀请
上海孤岛吕思勉、杨宽、童书业等人以名誉研究员的方式
承担该所部分研究工作，请杨宽做战国时代各国内政变迁
的资料考证。1940 年后，钱穆接替顾颉刚担任齐鲁大
学国学研究所主任，杨宽继续从事战国史的研究。[1]1941
年太平洋战争爆发，杨宽隐居家乡，着力编著《战国史
料编年辑证》，对于为什么要做这样的工作，杨宽在自传
中说：

> 春秋时代的历史，因为有《左传》和《国语》两书，
> 许多重要历史事件都按年代有详细明确的记载，整个历
> 史发展变化的脉络很是清楚。战国时代的史料就大不相
> 同，作为战国时代主要史料的《史记》和《战国策》两书，
> 对于战国史事的叙述都很紊乱，许多重要历史事件连年
> 代也紊乱不清，甚至有些历史人物生存年代也有分歧的
> 记载。《史记》中所载魏、齐、赵等国君王在位的年代很
> 不可靠，前人根据《古本竹书纪年》所作的考订，还不
> 够完善，有待于作进一步细密的比较和考证。而且《战
> 国策》并不是一部历史记载，是当时纵横家所辑录的权
> 变故事和游说辞的汇编，原是供战国末期纵横家学习之

---

① 杨宽：《历史激流：杨宽自传》，大块文化出版股份有限公司 2005 年版，第
　　152—153 页。

用，其中有些长篇游说辞是出于战国末年纵横家所编造，如张仪、苏秦的许多游说辞就全不可信。其中述及许多历史事件的前因后果，有的可信，有的部分可信，有的根本不可信。

同时先秦诸子如《韩非子》、《吕氏春秋》等以及汉代著作如《说苑》、《新序》、《韩诗外传》等，当述及战国史事以及权变古史，都是应该注意的战国史料。《汉书》、《后汉书》和《水经注》、《华阳国志》等书都有重要的战国史料可补《史记》的不足。南宋吕祖谦（一一三七——一一八一）的《大事记》对于战国大事作过一些解说或考证，但过于简略；清末黄式三（一七八九——一八六三）《周季编略》综合所见史料加以编年排比，注有出处，较为完备，但还不够缜密，尚不足以适应我们今天作研究的需要。近人钱穆的《先秦诸子系年》是一部名著，不仅对先秦诸子有关史事的年代作了考订，而且对战国时代各国君王在位年代作出了新的考订与编排，纠正了《史记》上所载战国史事的年代的紊乱。但是他依据《古本竹书纪年》所编排的战国时代魏、齐等国君王的年代，还有不够完善之处；同时由于他着眼于考辨诸子有关史事的年代，未曾对战国时代各国重要史事作全面的、系统的考订和编排。因此我要趁此长期隐居家乡的时机，编著《战国史料编年辑证》，使与《左传》衔接，作为研究春秋战国史的依据。①

上述回忆，可算是一篇非常好的学术史回顾，杨宽不满于学术界现有的研究成果，要在前人学术研究的基础上，做一部与《左传》衔接的研究春秋战国史的可靠史料依据。隐居期间，杨宽的战国史研究的确取得了巨大的收获，考订每年发生的历史事件及相关人物活动。可惜最后六十年的史料没有编成，没有全部定稿，后来所写的战国史事的文章主要就依据已编成的《战国史料编年辑证》。隐居期间，可以看作杨宽的沉潜、积累时期，他心无旁骛、一心用力于战国史的研究。

抗战胜利后，杨宽马上回到上海，除了忙于上海市立博物馆的复馆工作外，杨宽继续做研究。而正是有了两年九个月的沉潜、积累，杨宽的学术研究在 1946 年至 1949 年得到了大爆发。据笔者统计，整个学术生涯，杨宽发表了 360 余篇文章，而 1946 年至 1949 年这段时间，杨宽则发表了大大小小的文章 110 余篇。在这 110 余篇文章里面，有多篇关于战国史事的文章。关于这段历史，杨宽曾在多个地方有叙述，但前后不一。

1980 年版《战国史》曾说：

在一九四六年和一九四七年间，先后发表了十八篇文章：（一）《梁惠王的年世》，（二）《再论梁惠王的年世》，

---

① 杨宽：《历史激流：杨宽自传》，大块文化出版股份有限公司 2005 年版，第163—164 页。

（三）《梁惠王逢泽之会考》，（四）《中山武公初立考》，（五）《戴氏篡宋考》，（六）《吴起伐魏考》，（七）《周分东西考》，（八）《齐魏相王考》，（九）《公孙衍张仪从横考》，（十）《孟尝君合从破楚考》，（十一）《齐湣王灭宋考》，（十二）《齐湣王、秦昭王称东、西帝考》，（十三）《李兑合五国伐秦考》，（十四）《苏秦合纵摈秦考》，（十五）《楚怀王灭越设郡江东考》，（十六）《乐毅仕进考》，（十七）《乐毅破齐考》，（十八）《魏安釐王灭卫考》。这些文章大多发表于当时上海《东南日报》副刊《文史》上，少数发表于当时天津《益世报》副刊《史学》上。①

在 1991 年发表的《关于越国灭亡年代的再商讨》一文中曾说：

> 1946 年至 1947 年间，我曾写作《战国史事丛考》二十多篇，先后发表于当时上海的《东南日报》副刊《文史》和天津的《益世报》副刊《史苑》上。②

在增订版《战国史》中说：

> 从一九四六年到一九四九年间，我曾依据考订史料的成果，对一些重要历史事件和重要历史人物作了必要的考辨，先后写成三十篇短文，发表在当时上海出版的《益世报·史苑周刊》（顾颉刚主编）和《东南日报·文史周刊》

---

① 杨宽：《战国史》，上海人民出版社 1980 年版，第 593—594 页。
② 杨宽：《杨宽古史论文选集》，上海人民出版社 2003 年版，第 285 页。

（魏建猷主编）。其中比较重要的，有《梁惠王年世》、《再论梁惠王年世》、《楚怀王灭越设郡江东考》、《苏秦合纵摈秦考》、《乐毅破齐考》。①

在《历史激流：杨宽自传》中说：

> 我在这个时期工作十分繁忙，也还继续做我的研究工作，主要有两个方面：一方面是在编撰《战国史料编年辑证》的基础上，对战国时代重要历史事件和人物作必要的考证，作为进一步编写《战国史》的依据，称为《战国史事丛考》。我在新版《战国史》"后记"说："在一九四六、四七年间，先后发表十八篇文章。这些文章大多数发表于当时上海《东南日报》副刊《文史》上，少数发表于当时《益世报》副刊《史苑》上。"当时《文史》周刊由魏建猷（光华大学教授，一九〇九—一九八八）主编的，《史苑》周刊由顾颉刚主编，方诗铭（一九一九—）帮助编辑。其实当时发表的《战国史事丛考》共有二十七篇。②

从上述四则材料可见，对于所发表的报刊、发表的时间、发表的篇数，杨宽是在不断地修正，也是不断地接近事实，但都不准确。从现有材料来看，我们可以有以下四点修正：

第一，发表战国史文章的报刊，除了杨宽所提及的上海的《东南日报》副刊《文史》、上海的《益世报》副刊《史苑》，

---

① 杨宽：《战国史》，上海人民出版社 2016 年版，第 788—789 页。

② 杨宽：《历史激流：杨宽自传》，大块文化出版股份有限公司 2005 年版，第 179 页。

还有上海《正言报》副刊《学林》、天津《民国日报》副刊《史与地》、重庆《时事新报》副刊《学灯》。

第二，发表战国史事文章的数量和时间，杨宽发表战国史事和人物文章的时间从 1945 年下半年开始，到 1949 年上海解放前停止，其间共发表文章的数量为 30 余篇。

第三，期刊发表文章的数量，《东南日报》副刊《文史》上发文 15 篇，《益世报》副刊《史苑》上发文 12 篇，《正言报》副刊《学林》上发文 1 篇，天津《民国日刊》副刊《史与地》上发文 2 篇，重庆《时事新报》副刊《学灯》上发文 1 篇。

第四，所发表文章的类型有三类，分别是：《战国人物丛考》、《战国兴亡丛考》和《战国制度丛考》。

第二节　发表论文的主要内容

从 1945 年至 1949 年，杨宽发表了 30 余篇与战国史相关的文章，这些文章可以分为三类：第一类是对战国史的整体考察；第二类是对战国史事的考证；第三类是对战国人物的考证。现将这些文章的主要观点分述如下：

第一类，对战国史的整体考察。此类文章即《战国制度丛考》和其他方面的文章，共 5 篇。《周代封建制的崩溃》，文中认为封建制度的建立是因为宗法制度，天子是天下最大的宗主，春秋初年，天子还有相当地位。但到战国时代诸侯王实力

增加，他们已没有尊奉天子的观念。而封建制度之所以崩溃，
是因为贵族的内讧，再加上各诸侯实行"尊贤尚功"的政策。
此外，刑律的制定，使得贵族地位下降，人民地位增高，也导
致阶级制度动摇。①《士民阶层的兴起》一文认为贵族阶级衰
落后，部分贵族流落民间，最下级的士靠卖艺生活，招收生
徒，因此新式教育便开始了。战国前期，各诸侯国都谋求富国
强兵，"法家"儒士李克、吴起、商鞅等当了卿相。战国后期，
国际形势变迁剧烈，纵横家们则走上历史的舞台。可以说，战
国时代，士民阶级兴起，渐次掌握政权。②《战国时代的农村》
指出，封建经济的主体在农村，由于工商业幼稚，土地是唯一
财产。农民大部分是附属于土地上的农奴，他们所收获的农产
品，大部分要归贵族。春秋后期，列国疆域扩大，人口增多，
贵族所属土地广大，为了管理便利，他们使用计亩课税的办
法。而在耕作方法上，耕牛和铁器已广泛使用，对于肥料也已
注意。农民除耕种五谷外，还有副业，养家畜、打猎、捕鱼、
纺织等。当时农民的赋税，除力役地租、自然地租外，还有部
分货币地租。③《战国时代的郡制——战国制度丛考之一》认为
郡县设置是春秋时代开始的，县原设在边区，后来才遍及中原。
郡是边陲的军事管理区，它的长官叫"守"，是用武官充任。春
秋时代，郡县不相统摄，郡的地位比县低。到了战国时代，县

① 刘平：《周代封建制的崩溃》，上海《益世报·史苑》1946 年 9 月 6 日。
② 刘平：《士民阶层的兴起》，上海《益世报·史苑》1946 年 10 月 25 日。
③ 刘平：《战国时代的农村》，上海《东南日报·文史周刊》1946 年 7 月 18 日。

已统属于郡，郡的地位大为提高。战国时代，各国普遍设置郡县，只是郡的设置限于边区，国都附近还没有设立郡。郡县制度的确立使得国君对于郡守县令可以随时任免，中央集权政体出现。①《战国时代的征兵制度——战国制度丛考之一》，春秋时代，中原各国都用车战，贵族为战斗的主力，征发的步卒只是国都附近的民众。到战国时期，战术改变，步兵成为战斗主力，征发步卒始于全境，而空国出战在战国末年已是常事。在战国时代，各国都实行全国征兵制。②

　　第二类，对战国史事的考证。此类文章即《战国兴亡丛考》，共有 25 篇之多。《吴起伐魏考》主要对钱穆认为吴起在楚国的战绩是司马迁的夸大观点提出了商榷，指出《吴起列传》中吴起"却三晋，伐西秦"确有其事。③《乐毅仕进考——乐毅报燕惠王辨伪上篇》和《乐毅破齐考——乐毅报燕惠王书辨伪下篇》认为《乐毅报燕惠王书》是一篇伪作，乐毅的事迹并不像信中所说的那么显赫。乐毅是乐羊的后裔，遭逢时会，由中山转仕赵，由赵转仕燕，并不是游说起家，他的大破齐国，为燕报仇，适逢诸侯合从攻齐，并不是出自乐毅的策划。④《戴氏篡宋考》

①　杨宽：《战国时代的郡制——战国制度考之一》，上海《益世报·史苑》1946 年 11 月 8 日。

②　杨宽：《战国时代的征兵制度》，上海《东南日报·文史周刊》1947 年 11 月 12 日。

③　杨宽：《吴起伐魏考》，上海《东南日报·文史周刊》1946 年 7 月 4 日。

④　杨宽：《乐毅仕进考——乐毅报燕惠王辨伪上篇》，上海《东南日报·文史周刊》1946 年 8 月 29 日；《乐毅破齐考——乐毅报燕惠王书辨伪下篇》，上海《东南日报·文史周刊》1946 年 12 月 26 日。

考证在战国中期的宋国，宋国大臣司城子罕戴骢曾杀宋君夺权的事。①《魏安釐王灭卫考》，考证出在卫国因为和秦连横，曾被魏安釐王灭掉过。②《孟尝君合从破楚考——战国兴亡丛考之一》，考证出秦用张仪连横外交政策，韩、魏、齐、楚、越等国依附于秦，而自从孟尝君合从成功，国际形势大变，齐合韩、魏打败楚国、秦国、燕国，又灭掉宋国，齐国达到最盛。又因为齐的声势太逼人，结果给秦造成合从攻齐，终将齐攻破，几乎亡国。③《齐湣王、秦昭王称东、西帝考》，考证出秦请齐称帝的原因，一方面相互承认尊号，一方面来修好联盟。后来齐主动取消帝号取欢于天下，出兵西向制秦，使得秦不得不废除帝号。④《齐湣王灭宋考——战国兴亡丛考之一》，考证出四个结论：一，宋国被灭是因为父子不合，太子出走，国内情况不稳，给齐国可乘之机。二，宋和秦、赵联盟，乘中原多故，开拓疆土，威胁到齐，齐便竭力攻宋。三，齐在合从连横的国际局势下，利用秦无法应付局面时，一举将宋灭亡。四，齐灭宋时，仅有燕出兵协助作战。⑤《梁惠王逢泽之会考——

① 杨宽:《戴氏篡宋考》，上海《益世报·史苑》1946 年 9 月 13 日。
② 杨宽:《魏安釐王灭卫考》，上海《益世报·史苑》1946 年 10 月 11 日。
③ 杨宽:《孟尝君合从破楚考——战国兴亡丛考之一》，上海《益世报·史苑》1946 年 11 月 1 日。
④ 杨宽:《齐湣王、秦昭王称东、西帝考》，上海《益世报·史苑》1946 年 12 月 6 日。
⑤ 杨宽:《齐湣王灭宋考——战国兴亡丛考之一》，上海《益世报·史苑》1946 年 12 月 13 日。

战国兴亡丛考之一》，考证出逢泽之会魏是主盟，发生在周显
王二十五年。最初逢泽之会，所会只有宋、卫、邹、鲁等小
国，后来大国齐、韩、楚、赵都有参加。①《公孙衍张仪从横
考——战国兴亡丛考之一》，考证公孙衍合从的始末，认为他
虽曾显赫一时，但并没有什么成就。②《中山武公初立考——
战国兴亡丛考之一》，考证中山武公为《说苑》中的"少子击"、
《韩诗外传》中的"少子诉"，中山武公初立的时间为赵烈侯十
年。魏文侯封少子于中山，从此中山便像小国，因是大事，所
以《史记·赵世家》说"中山武公初立"。③《李兑合五国伐秦考》，
考证出李兑合五国伐秦的始末，得出由于齐的不能切实、真
诚合作，导致五国伐秦罢于成皋。④《韩灭郑考——战国兴亡
丛考之一》，考证出韩通过多次出兵灭掉郑国，郑国被灭的原
因有二：一是因为郑国在楚、魏二大国的侵略下，领土日被削
弱，国力日渐衰弱。二是因为郑国内乱。⑤《魏惠王迁都大梁
考——战国兴亡丛考之一》，考证出魏之所以迁都大梁，是因

---

① 杨宽：《梁惠王逢泽之会考——战国兴亡丛考之一》，上海《益世报·史苑》
  1946 年 12 月 27 日。
② 杨宽：《公孙衍张仪从横考——战国兴亡丛考之一》，上海《益世报·史苑》
  1947 年 2 月 14 日、2 月 21 日、2 月 28 日。
③ 杨宽：《中山武公初立考——战国兴亡丛考之一》，上海《益世报·史苑》
  1947 年 2 月 28 日。
④ 杨宽：《李兑合五国伐秦考》，天津《民国日报·史与地》1947 年 6 月 9 日。
⑤ 杨宽：《韩灭郑考——战国兴亡丛考之一》，上海《东南日报·文史周刊》
  1948 年 1 月 21 日。

为大梁形势比安邑好，容易发展，此外，也是受了秦、赵、韩三国的威胁。①《秦失河西考——战国兴亡丛考之一》，春秋战国间，由于秦国内乱，国势不振，秦简公时，魏国曾侵占秦河西地。②《韩文侯伐宋到彭城执宋君考》，考证出韩文侯所执为悼公，而宋的迁都彭城是在宋昭公末年。③《司马穰苴破燕考》，考证齐闵王时，司马穰苴打败燕、晋事。④《魏文侯灭中山考》，考证魏文侯用三年时间才把宋灭亡，而魏之所以能灭中山，是因魏是三晋领袖，三晋能够配合。⑤《三晋伐齐入长城考》，考证三晋虽然已成为三个国家，但还是虚戴晋君，对外作战联合出兵，精诚合作，三晋伐齐入长城即是最好的证明，此役使得齐国惨败。⑥《赵灭中山考》，考证出赵灭亡中山，时间很久，多次出兵，而中山之所以被灭是因为中山君的淫昏。⑦《齐魏相王考》，考证因为逢泽之会，魏惠王已称王，马陵之战，魏被齐打败，太子申被杀，接着秦、赵、魏联合攻魏，魏遭遇惨

---

① 杨宽：《魏惠王迁都大梁考——战国兴亡丛考之一》，上海《东南日报·文史周刊》1948 年 5 月 19 日。

② 杨宽：《秦失河西考——战国兴亡丛考之一》，上海《东南日报·文史周刊》1948 年 7 月 14 日。

③ 杨宽：《韩文侯伐宋到彭城执宋君考》，上海《东南日报·文史周刊》1948 年 12 月 19 日。

④ 杨宽：《司马穰苴破燕考》，上海《东南日报·文史周刊》1949 年 1 月 9 日。

⑤ 杨宽：《魏文侯灭中山考》，上海《东南日报·文史周刊》1949 年 1 月 23 日。

⑥ 杨宽：《三晋伐齐入长城考》，上海《东南日报·文史周刊》1949 年 2 月 13 日。

⑦ 杨宽：《赵灭中山考》，上海《东南日报·文史周刊》1949 年 4 月 8 日。

败，迫于形势，采取惠施的外交政策，便推尊齐王，相互承认王号。①《周分东西考》，考证周分东、西周在周显王二年，之所以分为东、西周是因为周威公时内政混乱，周威公死后，诸子争立，再加上赵、韩的帮助，终于分裂为东、西两周。②

　　第三类，对战国人物的考证，此类文章即《战国人物丛考》，只有 1 篇，即《樊於期即桓齮考——战国人物丛考之一》。文中指出《战国策·燕策》和《史记·刺客列传》有述及樊於期，其文曰："秦将樊於期得罪于秦王，亡之燕，太子受而舍之"，但《秦记》中确此人没有任何记述。杨宽根据《始皇本纪》《赵世家》《赵策》《李牧列传》等材料，认为樊於期即桓齮，"樊""桓"，"期""齮"音同通假。③

第三节　学术成就

　　1945 年至 1949 年，杨宽所发表战国史方面专题文章的主要内容已如上述，这些文章大多数偏重于考证性，少数文章贯通整个战国史。这些内容的完整呈现，对于我们了解杨宽初期战国史研究有着重要作用。从上述的内容中，我们似可得出以

①　杨宽：《齐魏相王考》，天津《民国日报·史与地》1947 年 3 月 17 日。
②　杨宽：《周分东西考》，天津《民国日报·史与地》1947 年 6 月 30 日。
③　杨宽：《樊於期即桓齮考——战国人物丛考之一》，《正言报·学林》1945 年 11 月 15 日。

下三个结论。

第一，1945 年至 1949 年发表的有关战国史的单篇论文考证，为 1955 年初版《战国史》的撰述打下了扎实的基础。《战国史》中有关制度、历史事件、历史人物的叙述或者注解就是引用上述文章的考证结果，这些内容主要对应于《战国史》第五章、第六章、第七章、第八章。为了更加清楚、明晰，笔者将这些叙述或注解一一标出。未能一一对应的，相关内容都已融合于《战国史》的各个角落。

1945—1949 年发表文章的题目	《战国史》
樊於期即桓齮考——战国人物丛考之一	"秦攻取赵的上党和河间"，第 171 页
吴起伐魏考	"楚悼王时吴起的变法"，第 97 页
战国时代的农村	"农业生产技术的改进和农业产量的提高"，第 26—28 页
乐毅破齐考——乐毅报燕惠王书辨伪下篇	"燕将乐毅破齐"，第 156 页
戴氏篡宋考	"宋国的政治改革斗争"，第 95—96 页
楚怀王灭越设郡江东考	"楚怀王灭越"，第 151 页
魏安釐王灭卫考	"魏安釐王攻取秦的陶郡和灭亡卫国"，第 161 页
孟尝君合从破楚考——战国兴亡丛考之一	"齐、魏、韩胜楚的垂沙之役"，第 152 页
战国时代的郡制——战国制度考之一	"郡县地方制度的确立"，第 110—114 页
齐湣王、秦昭王称东、西帝考	"秦、齐并称西帝、东帝"，第 155 页

续表

1945—1949 年发表文章的题目	《战国史》
齐湣王灭宋考——战国兴亡丛考之一	"齐湣王灭宋"，第 155 页
梁惠王逢泽之会考——战国兴亡丛考之一	"魏惠王称王和逢泽之会"，第 147 页
公孙衍张仪从横考——战国兴亡丛考之一	"张仪、公孙衍的连横、合纵"，第 149 页
李兑合五国伐秦考	"李兑约五国伐秦"，第 154 页
战国时代的征兵制度	"郡县征兵制度的推行和常备兵制度的建立"，第 114—117 页
韩灭郑考——战国兴亡丛考之一	"韩灭郑和三晋对外兼并"，第 130 页
魏惠王迁都大梁考——战国兴亡丛考之一	"韩赵秦魏间的战争和魏的迁都大梁"，第 131 页
秦失河西考——战国兴亡丛考之一 魏文侯灭中山考	"魏攻取秦的河西地和灭中山"，第 129 页
三晋伐齐入长城考	"三晋伐齐伐楚和列为诸侯"，第 129—130 页
赵灭中山考	"赵武灵王灭中山和攻略胡地"，第 153 页
齐魏相王考	"齐魏的'会徐州相王'"，第 148 页

第二，考证的结论非常具有生命力。杨宽对战国史的一些重要论点都出现在上述文章中，而这些考证经得起时间的考验，也在学术界有着自己的独特性。比如，主张乐毅趁五国合纵伐齐，作为联军统帅，先率联军由赵东边出击，打破齐的主力军于济西，然后独率燕师乘胜由济西向东长驱直入，攻破齐都临淄；所谓乐毅《报燕惠王书》中的内容并非其实，而是后世策士为了夸大乐毅破齐而伪托的；樊於期即桓齮；楚灭越的

时间在楚怀王二十三年或稍前；秦、齐并称西帝、东帝的过程及原因；魏迁都大梁的过程及原因；戴氏伐宋的始末等。

第三，对社会史观派态度有些许转变。杨宽认为社会史派学者的最大弊病是教条主义，把社会发展的公式往资料上套，有时甚至曲解史料，也并不看好唯物史观在古史建设中的作用。1936 年，在与郑师许合著的《中国古史建设初论》一文中曾明言："拿了唯物史观，去一件一件假设它，虽然许多说话，新颖可喜，它的成功不会大，在新古史的建设上，不是十分中用的。"[①] 但是到了 1946 年，对于社会史观派的态度，杨宽似乎有些变化，他用社会史分期的观点划分春秋战国之际。他在《战国时代的农村》一文最后说："春秋战国之间，是中国社会形态转变的一个时期，经过这次大转变以后，中国的农村似乎没有怎样的大进步，如果拿社会史的眼光要把中国历史来分期的话，春秋末年和战国初年应该是一条分期的界线呢！"[②] 这方面的材料很少，我们不能作过多解读。

总之，1939 年至 1949 年，可以说是杨宽研究战国史的初始阶段。从 1939 年开始，杨宽用了 6 年的时间对战国史进行详细研究，经过如此长期的学术积累和沉淀，到了 1945 年末 1946 年初，杨宽井喷式的学术成果开始出现，发表战国史相关的文章有 30 余篇。这些论文文风朴素，论证扎实，考证精

---

① 　郑师许、杨宽：《中国古史建设初论》，上海《大美晚报·历史周刊》1936 年 9 月 14 日。

② 　刘平：《战国时代的农村》，上海《东南日报·文史周刊》1946 年 7 月 18 日。

到，多数偏重于考据，少数偏重于贯通，考证的成果为 1955
年初版《战国史》打下了坚实的基础，甚至在 1998 年增订版《战
国史》中仍然使用，可见杨宽的考证结论非常准确，有生命
力，经得起时间和学术界的检验。此外，这个时期，杨宽对社
会史观的态度有些许转变，已用社会史的分期观点观照春秋战
国之际。当然，杨宽的某些论证仍然是在不断修正中。如《苏
秦合纵摈秦考》提出苏秦和张仪并不同时，而是张仪在前，苏
秦在后，苏秦担任齐相的时间当在诸侯国合纵攻齐和燕将乐意
破齐之前，苏秦组织合纵攻秦当在齐湣王、秦昭王并称西帝之
后。而在 1955 年版《战国史》，杨宽按照这个见解重新改写了
苏秦、张仪的合纵连横事迹，但对有些问题的论述还有错误，
比如将实际为一件事的苏秦合纵攻秦和李兑发动五国攻秦看作
两事。①

---

① 李远涛：《战国史》，仓修良主编：《中国史学名著评介》第五册，山东教育
　　出版社 2006 年版，第 49—50 页。

第五章 《战国史料编年辑证》的研究

《战国史料编年辑证》是杨宽耗费 50 余年撰成 90 余万字的巨著，将战国史料按年编排，并以按语形式考订有关史实，是对半个世纪以来有关战国史研究的总结，而杨宽战国史方面的研究即在此书的基础上。本章首先结合新近发现的杨宽与友朋间的书信，将此书的成书过程作一些细描。其次论述钱穆及《先秦诸子系年》对杨宽及《战国史料编年辑证》的影响。再次将其考证与中国传统的考据学方法结合起来考察杨宽的考证方法。最后尝试在"注解"中分析此书在战国史研究方面的成就。

第一节　成书的经过

1939 年 5 月起，杨宽接受了为顾颉刚主持的齐鲁大学国学研究所编辑战国史料的工作。此后，这项工作进行了将近60 年。1942 年 1 月，上海沦陷。经过与吕思勉、童书业的商量后，他们一致认为上海附日的势力会越来越大，不宜在上海继续工作。于是各自带领妻儿回乡避难。杨宽回到了家乡青浦，在家共两年零九个月，期间主要致力于编辑战国时代二百四十年的史料，考订每年发生的历史事件和相关人物的活动。1945 年抗战胜利后，杨宽返回上海。根据已编好的部分辑证，先后在顾颉刚主编的《益世报·史苑》、《民国日报·文史副刊》和魏建猷主编的《东南日报·文史周刊》上发表有关战国史事和人物的考证文章，计有 30 余篇。

1953 年，杨宽在复旦大学兼任教授，开设"春秋战国史""先秦史料学"两门课。1954 年夏，杨宽利用假期将战国史部分的讲义修改成《战国史》。此书的出版，应该说奠定了杨宽战国史研究专家的地位，而《战国史料编年辑证》的编订工作一直在进行着。1980 年第二版、1997 增订版《战国史》包括与战国史相关的文章都是在此书基础上进行的。

《战国史料编年辑证》将要完成时，1994 年 12 月 8 日杨宽致王孝廉信，希望能推荐台湾地区出版社出版，信言："我正在补充修订旧作《战国史料编年辑证》一书。此书从二十多岁时，即开始编著，因为内容紊乱繁复，长期未能定稿，只用作自己著作《战国史》一书之资料汇编。如今加以统一定稿，把将近三十年来新发现之史料编入，更作较为精细之考订。估计出版之后，将成为治战国史必读之书。此书按年所编史料，上继《春秋》《左传》，下讫秦之统一，共二百四十多年，附有编年之考证，并有关于史料真伪之考订，纠正了《资治通鉴》以来所有这方面著作之错误。可以说，此乃继《春秋》《左传》

之后一本研究'战国史'的'经典'著作，将有传世之史料价值。……我希望……出版增订本《战国史》，同时出版这部规模较大的《战国史料编年辑证》，使两书相辅而发行，估计《战国史》销路不会小的（因为十多年来未重印），此书原来已发行很广，学术界普遍知道此书。《战国史料编年辑证》一书销路当然不及《战国史》，但有研究价值，有永久使用之价值。……希望有一家较大的出版社能够出版这两书，这是我晚年所想完成的一件大事。"①

在谋求出版的过程中，杨宽还在不断增补材料。赴美后，由于查询资料不是特别方便，只是请家中亲戚，定期将《文物》《考古》《考古与文物》《文博》四种期刊资料，每期从上海寄来，其他资料都看不到。因此，为了补充编撰《战国史料编年辑证》，杨宽请学生高木智见在日本不断帮助查阅寄送相关资料。1995 年 2 月 21 日，杨宽致函高木智见信言："承蒙寄来我需要的文章，对我帮助很大。我从 84 年来到美国以后，国内杂志只有《文物》《考古》《考古与文物》《文博》等四种，请亲戚每期从上海寄来，其他杂志都没有看到。现在我的《战国史料编年辑证》已经基本写成了，大约有七十万字。目前还在做补充修订工作。……现在我要请您复印：《文物》1976 年9 期上发表的《云梦睡虎地 4 号秦墓出土的两封木牍家信》的全文，两封家信不长，我这里只有 84 年以后的《文物》。另外

---

①　贾鹏涛：《杨宽先生编年事辑》，中华书局 2019 年版，第 389—390 页。

我要找刘向《列女传》这书中有关战国史的资料，刘向《列女传》共七卷，共记一百多名妇女，不知其中有多少战国时人。我现在所知的，只有二人，一是倒数第二代赵王（赵悼襄王）之倡后，二是秦攻破魏之后，所谓'节义'的公子乳母。如果容易买到的，请代买一册寄来，估计书不厚，字数不多。如果买不到，复印的话，只印此中战国时人。我现在想不到其它可以补充的资料，不知你看到近年发表的文章中有重要资料否？"1996 年 1 月 18 日，致高木智见信中又说："近年我已完成了《战国史料编年辑证》，因此《战国史》中有不少是可以补充修订的。关于这方面的考古资料，过去李学勤曾有《东周与秦代文明》加以概括，我早已见到。最近听说他有《李学勤集》，由黑龙江出版社出版，是否正确？有关近年来这方面的新资料，你见得多，如果想到，望见告。凡是重要的，我很想加以补充。另有一信，想请你帮助办理，把两份资料送给两家古书店，并代为问询一下。"① 出版事有了眉目，1997 年 5 月 1 日致王孝廉信中言："承蒙请托吴继文先生办理拙著在台北出繁体字本的事，吴继文先生非常热忱，既打电话，又有来信，我已将《战国史》（增订本）稿寄给他，同时他又热忱许诺继续出版我的《战国史料编年辑证》（约七十万字）和《西周史稿》以及《论文集》，这些稿件我正在陆续复印中，待复印完成，亦将陆续寄给吴先生。这样拙著都可以

---

① 　贾鹏涛：《杨宽先生编年事辑》，中华书局 2019 年版，第 391—392、402 页。

在上海出简体字本，同时在台北出版繁体字本。这都是先生热忱关心帮助的结果，很是感激。"①

　　2001年，上海人民出版社出版简体本《战国史料编年辑证》，2002年，台湾商务印书馆出版繁体本《战国史料编年辑证》。②从1942年至2001年，这部撰写长达将近60年的著作终于完成。至此，这本重要战国史方面的研究著作可以嘉惠学界了。

第二节　与钱穆的互动

　　众所周知，自从秦始皇焚书，典籍散亡，使得战国史料缺失严重。战国史料留存的仅有《秦记》和纵横家书，由于秦国文化比较落后，秦国史官所记《秦记》比较简略，"又不载日月，其文略不具"。正因如此，《史记》中战国部分记载有不少错乱，特别是东方六国事。《四库全书董说七国考提要》说："春秋以前之制度有经传可稽，秦汉以下之故事有志可考，惟

---

① 贾鹏涛：《杨宽先生编年事辑》，中华书局2019年版，第416页。
② 笔者案：台湾版和大陆版有异同，相同之处：皆有前言、凡例、引论（上下篇）、列国纪年订正表，不同之处：大陆版二十一卷，台湾版二十二卷，前十八卷内容一致，后有变化。大陆版卷十九从周赧王五十一年至五十九年，台湾版卷十九从周赧王五十一年至五十七年。大陆版卷二十从秦昭王五十二年至秦王政十年，台湾版卷二十从周赧王五十八年至秦孝文王元年。大陆版卷二十一从秦王政十一年至二十六年，台湾版卷二十一从秦庄襄王元年至秦始皇十年。台湾版卷二十二从秦始皇十一年至二十六年。

七雄云拢，策士纵横，中间一二百年典章制作，实荡然不可复征。"① 晋代《竹书纪年》出土，可订正《史记》之误。可是从晋至清，学者多认为《纪年》不可信，以至到清代林春溥《战国纪年》、黄式三《周季编略》都未利用《纪年》。

20 世纪 30 年代，钱穆《先秦诸子系年》问世，此书一大特色即充分利用《竹书纪年》订正《史记》之误，不仅对先秦诸子的学术源流与生卒有了一个细致的考证，重建了先秦诸子的血脉，而且也考订了战国时代的重要史实，澄清了不少问题。②《先秦诸子系年》是中国近现代以来比较重要的关于战国史研究的著作。

1927 年秋，钱穆由无锡三师同事胡达人推荐，转入苏州中学任教，任高中部最高班的国文课兼班主任，并为全校国文课的主任教席，在苏中任教三年。③1926 年，杨宽考入苏州中学。据杨宽回忆：钱穆是当时高中普通科的教师，因自己读的是师范科，并没有听过他的课。④ 非常有趣的是，两人皆为史学大师吕思勉的学生。杨宽虽没有听过钱穆的课，但对钱穆很尊重，并从钱穆的讲演及著作中获益良多。当时苏州中学每个星期一的上午，要举行"总理纪念周"，在大礼堂

① 《四库全书总目提要》卷 81《史部政书类一》。
② 陈勇、秦中亮：《钱穆与〈先秦诸子系年〉》，《史学史研究》2014 年第 1 期。
③ 陈勇：《钱穆传》，上海人民出版社 2019 年版，第 82 页。
④ 杨宽：《历史激流：杨宽自传》，大块文化出版股份有限公司 2005 年版，第 56 页。

上举行全体大会，会上除了报告校务外，常由本校教师作通俗
演讲，钱穆的一些学术上的见解就是在这里发表的。

　　由于顾颉刚的慧眼识英雄，钱穆于 1930 年 9 月初告别苏
州中学，来到北平任燕京大学国文系讲师，开启了一段新的人
生旅程。① 而杨宽从钱穆新发表的文章获得了不少启发，杨宽
言："等我升上二年级时，钱穆已经到北平的燕京大学担任国
文讲师了。接着我读到他发表在《燕京学报》第七期上的《刘
向歆父子年谱》，驳斥康有为（一八五八——一九二七）《新学伪
经考》的谬论，极为佩服，对我的影响特别深。从此他每次发
表论文，每次出版新书，我必然要争先买到，细心阅读。他
的第一部名著《先秦诸子系年》（商务印书馆，一九三六）发
表，我也非常敬佩，曾从头到尾认真地学习和推敲。到了四十
年代，我为了深入研究战国时代历史而着手编辑《战国史料编
年》的时候，这部《先秦诸子系年》是经常放在手边用作参考
的。"② 可见，钱穆对杨宽的启迪和帮助不可谓不至深。而翻阅
《战国史料编年辑证》，我们可以随时发现杨宽对《先秦诸子系
年》的引用，也常常肯定钱穆的观点，如"此说甚是。""此说
以《纪年》比勘《史记》，甚是。今从之。""钱辨甚是"等。③

---

① 　陈勇：《和而不同：民国学术史上的钱穆和顾颉刚》，《暨南学报（哲学社会
　　科学版）》2013 年第 4 期。
② 　杨宽：《历史激流：杨宽自传》，大块文化出版股份有限公司 2005 年版，第
　　56—57 页。
③ 　杨宽：《战国史料编年辑证》上，上海人民出版社 2016 年版，第 150、
　　274、380 页。

杨宽对《先秦诸子系年》所取得的成就及存在的不足认识得
非常清楚，他说："近人钱穆的《先秦诸子系年》是一部名著，
不仅对先秦诸子有关史事的年代作了考订，而且对战国时代各
国君王在位年代作出了新的考订与编排，纠正了《史记》上所
载战国史事的年代的紊乱。但是他依据《古本竹书纪年》所编
排的战国时代魏、齐等国君王的年代，还有不够完善之处；同
时由于他着眼于考辨诸子有关史事的年代，未曾对战国时代各
国重要史事作全面的、系统的考订和编排。"① 因此，在《战国
史料编年辑证》中我们也能看到杨宽与钱穆商榷的观点，最典
型的体现在两人关于梁惠王年代的争论上。

　　在研究战国史料的过程中，杨宽发现《史记》上梁惠王
未改元前的年世多了一年，惠王的纪元误上了一年，连带魏文
侯、魏武侯的纪元也都误上了一年。虽然只是一年之差，但对
于改正《史记》中东方六国年代的错误关系很大，基于此，杨
宽在《东南日报·文史周刊》第 6 期发表《梁惠王的年世》② 一文。
按照一般学者的考据，对于梁惠王年世的考订，只要根据《纪
年》来校正《史记》梁惠王的年世，把《史记》魏襄王的年世
改作魏惠王改元后的年世，把《史记》魏哀王的年世改作魏襄
王的年世，一切问题都解决了，可是事情并非如此。因为如果
把《纪年》和《史记》两书所记载的魏惠王的事对比起来，便

---

① 杨宽：《历史激流：杨宽自传》，大块文化出版股份有限公司 2005 年版，第
　 164 页。
② 杨宽：《论梁惠王的年世》，上海《东南日报·文史周刊》1946 年 8 月 8 日。

会发现两书所记的年代不能相合，不是相差两年，便是一年。据杨宽排比资料，《史记》和《纪年》所载魏惠王的事相差一年有四件事，相差二年的有三件事。《史记》与《纪年》载梁惠王事，相差一年有五件事，相差二年有二件事，年代相合的没有一件事。为什么会出现这样的情形。雷学淇《竹书纪年义证》认为相差一年是因为《史记》所据《秦记》用的是"周正"，《纪年》用的是"夏正"，这些事发生在夏历的仲冬或季冬，由周正计算已是次年的一月、二月，所以有一年相差。但此解释不了《纪年》上所载梁惠王的事都巧在仲冬、季冬发生呢？《纪年》和《史记》所载梁惠王的事无一事年代不相差。杨宽根据《古本竹书纪年》，论证梁惠王于三十六年改元又称一年，未改元前实只三十五年，改元后有十六年，前后在位共五十一年，《史记》把惠王改元后的十六年误作梁襄王的年世，又误以惠王三十六年卒，因此《史记》把梁惠王纪元误了一年。至于相差两年的都是战事，大概战事连绵二年，决胜在次年，《史记》所根据的是《秦记》，《秦记》本是秦史，对于魏国战争只记胜负，所以都记在次年了。

钱穆看到《梁惠王的年世》一文后，对杨宽的解释并不认同，于是在《东南日报·文史周刊》第10期上发表《关于梁惠王在位年岁之商榷》一文，对杨宽的解释提出异议。钱穆认为有的《史记》错误，有的前人引用《纪年》不确，以为杨宽改梁惠王在位五十二年之旧说为五十一年，实无坚强证据，并说"此等相错，古书多有，实难深论，若据此递将梁惠王年减去一岁，以求符合，则符合者实小，而牵动者实大，合于此而于彼，实当为考古者所审慎也"①。

　　看到有学者对自己的观点提出商榷，且是自己的钱穆师，为了阐述己见并作回复，杨宽在《东南日报·文史周刊》第 14 期上作《再论梁惠王的年世》②一文作进一步阐释。以《史记》与《纪年》比勘，魏武侯、魏惠王之年世皆有一年之差，而无相合者，唯所记战事有差二年者，因《史记》据《秦记》。《秦记》于他国战事只记胜负之年，因而战争连续二年者，往往记在次年。证明两书确实相差一年，并举出两书所记日蚀相差一年，如《纪年》载"昼晦"在梁惠王元年，《史记·六国年表》载日蚀在惠王二年，这是《史记》梁惠王纪元误上一年的明证，前文已举出这是公元前 369 年，西历 4 月 11 日 13 时 9 分确有日蚀。此外，对于钱穆一些零星的质疑，杨宽亦有解释。钱穆说："洵如杨君之说，则魏文侯年，亦必谓史表仍递次误前一年而可，今若定魏文侯五十年，武侯二十六年，惠王称王改元前三十五年，前后共一百十一年，杨君岂能一一证成史表之凡属其时魏事均误上一年乎？此诚不易持之说也。"杨宽解释，《史记》魏惠王未改元前误多了一年，魏文侯、魏武侯的年世自然也都错误了。经过一一论证，最后得出，"文侯

① 钱穆:《关于梁惠王在位年岁之商榷》，上海《东南日报·文史周刊》1946 年 9 月 5 日。
② 杨宽:《再论梁惠王的年世》，上海《东南日报·文史周刊》1946 年 10 月 3 日。

既在晋敬公六年'初立'，其元年定在晋敬公七年，从此下推，文侯五十年，武侯二十六年，惠王改元前三十五年，正和惠王改元的年代相密接。在这一百十一年中，我们把《史记》和《纪年》所载的魏事相参证，没有一点不和拙说若合符节，简直找不出一个反证来，该不是'至不易持之说'吧！"钱穆又说："杨君复就《史记》本书以求内证，而实亦为误说者。如《史记·魏世家》惠王元年，韩、赵合军败魏于浊泽，据《赵世家》应在赵成侯六年，即梁惠王之二年，遂疑《史记》对惠王事皆误上一年，不悟同时魏败赵于怀，《魏世家》在惠王二年，而《赵世家》在成侯五年（《年表》同），则岂不又误下一年歟？至惠王败韩马陵，则《魏世家》、《韩世家》、《六国年表》皆在惠王二年，此并不误，凡此皆同一时事，而或则误上一年，或则误下一年，或并不误，岂得以一意说之？"杨宽认为《史记》对这一役的记载非常参差不齐，其所以参差不一，就是因为《史记》魏惠王的纪元误上一年。此役的起因是由赵、韩想乘魏的内争而加以打击，结果因赵、韩不合反而被击败。《魏世家》于惠王元年只说赵、韩不和，"韩以其少卒夜去"，二年才将韩、赵打败，但从《纪年》看来，赵在惠王元年已经败了，就此而言这也算《史记》魏惠王纪元误多一年的旁证。总之，杨宽依旧坚持《论梁惠王的年世》一文中的观点，《史记》和《纪年》所载魏武侯和魏惠王未改元前全都相差一年，且无一事年代相合，原因是《史记》把梁惠王"三十六年改元"误作了"三十六年卒"，于是《史记》梁惠王的纪元误上一年，年数也误多一年。

以上这些讨论的内容也体现在《战国史料编年辑证》中。杨宽晚年挑选生平重要文章成《杨宽古史论文选集》,《梁惠王的年世》及《再论梁惠王的年世》两文皆收入《杨宽古史论文选集》,于此亦可见杨宽对此二文的重视,亦可见杨宽对与钱穆商讨的重视。杨宽在自传中回忆此次讨论时,不无骄傲地写道:"我曾在新版《战国史》的《后记》中谈到这次讨论。看来当时他还不知道我是当年苏州中学的学生呢!最近读到罗义俊的《钱穆传略》,谈到经济学家吴大琨(一九一六—)和我都是钱穆早年在苏州中学的学生(《中国现代社会科学家传略》第十辑,山西人民出版社,一九七八)。的确,我不但是当年苏州中学的学生,而且是长期以来从他的著作中深受教益的学生呢!"①

第三节　考证的方法

《战国史料编年辑证》是从《左传》之终年,到秦灭六国与统一,期间凡二百四十八年的历史。每年开始,列有周及重要列国的纪年,并注明公元前的年数,"使分散杂乱、年代错误、真伪混淆之战国史料,若网之在纲而有条不紊,脉络清楚

---

① 杨宽:《历史激流:杨宽自传》,大块文化出版股份有限公司 2005 年版,第57 页。

而承前启后，史实正确而真伪分明。"①杨宽如何把如此复杂的战国史料梳理得有条不紊、脉络清楚、史实正确而真伪分明呢？从所有已刊及未刊的著述来看，从来没有见到杨宽写专篇文章讲考证方法，但细读《战国史料编年辑证》，则发现他受中国传统考据学的影响是非常大的，能比较熟练自如地运用考据学中的本证、旁证、理证等方法。

本证法。也称"内证法"，用本书本文作考据进行考证。用《史记》的"世家"与"年表"互相校对，即属于典型的本证法。如《史记·楚世家》云："楚伐周，郑杀子阳。"根据《六国表》的"楚悼王四年败郑师，围郑。郑人杀子阳。"可得，"周"乃"郑"之误。② 根据《六国表》昭王十八年"客卿错击魏，至轵，取城大小六十一"及《穰侯列传》"拔魏之河内，取城大小六十余"，轵即在河内，可知"取城大小六十一"即在河内，主将为司马错。于此可判定《白起列传》所谓白起于昭王十五年攻魏拔之，取城大小六十一当有错。③ 根据《秦本纪》"（秦昭襄王）二十一年错攻魏河内。魏献安邑，秦出其人，募徙河东，赐爵，赦罪人迁之。"判断《六国表》"魏纳献安邑及河内"为误，魏献安邑，未尝献出河内全部地区。④

旁证法，也称"外证法"，是指用其他文献资料作证据进

① 杨宽：《战国史料编年辑证》上，上海人民出版社 2016 年版，凡例第 1 页。
② 杨宽：《战国史料编年辑证》上，上海人民出版社 2016 年版，第 220 页。
③ 杨宽：《战国史料编年辑证》下，上海人民出版社 2016 年版，第 808 页。
④ 杨宽：《战国史料编年辑证》下，上海人民出版社 2016 年版，第 852 页。

行考证。如《韩非子·喻老》中说："知伯兼范、中行而攻赵不已，韩、魏反之，军败晋阳，身死高梁之东，遂卒被分，漆其首以为溲器，故曰：祸莫大于不知足。"杨宽认为此中"溲器"不确，应当是"饮器"。《赵策一》与《史记·刺客列传》都云："及三晋分知氏，赵襄子最怨知伯，而漆其头以为饮器。"《说苑·建本》第三十章亦云："智伯围襄子于晋阳，襄子疏队而击之，大败知伯，漆其首以为饮器。"《吕氏春秋·义赏》又谓赵襄子"与魏桓、韩康期而击智伯，断其头以为觞。"觞，即饮器或饮杯。并进而指出以人的头颅作为饮器是西北戎狄之风习。因为《史记·大宛列传》《汉书·张骞传》云："至匈奴老上单于杀月氏王，以其头为饮器。"①《元和郡县图志》卷二十一有："故宜城，在县南九里，本楚鄢县。秦昭王使白起伐楚，引蛮水灌鄢城，拔之，遂取鄢，即此城也。"杨宽引《大事记·题解》《读书方舆纪要》得出，白起引水灌鄢是秦大举进攻楚的重要战役。长谷水即蛮水、鄢水，亦称白起渠，鄢的遗址尚存，在今湖北宜城市东南，俗称楚皇城。白起渠在古城西北口。②《春申君列传》太史公曰："吾适楚，观春申君故城，宫室盛矣哉。"《史记》中无如何"盛"？杨宽认为《越绝书》中所载春申君事大多

① 杨宽：《战国史料编年辑证》上，上海人民出版社 2016 年版，第 110—111 页。
② 杨宽：《战国史料编年辑证》下，上海人民出版社 2016 年版，第 919—920 页。

错误，不符合史实，但所记春申君宫室大小当有所据，因此引《越绝书》卷二《记吴地传》第三种材料告知读者春申君"宫室盛矣"。①

除了引用其他纸质文献资料证明己说外，杨宽还结合新出土的竹木简、帛书及瓦书、铜器铭文与刻辞、石刻等，如《孙膑兵法》、《战国纵横家书》、秦简《编年记》、四川青川《田律木牍》、《秦封右庶长歜宗邑瓦书》、商鞅方升、秦诅楚文、楚熊章钟、鄂君启节等予以印证。如魏国李悝《法经》在战国具有承前启后的作用，《法经》重囚捕盗贼，这是沿用其他诸国的成文法。所谓"盗"指窃劫财货；所谓"贼"指杀人伤人。1976年湖北云梦睡虎地秦墓出土《秦律》竹简，其中《法律答问》就是处理民间以及官府各种刑事案件，处罚最重者，即非法取得财物的"盗"与杀伤别人的"贼"。所谓"盗"不仅包括窃取钱币、珠玉、家畜、衣服、祭品的人，还指偷采别人桑叶、价值不及一钱者，徙移封畔而私占田地者。② 于此，对于"盗""贼"有了更为具体的了解。又如，《白起列传》"四十六年秦攻韩缑氏、蔺，拔之。"（"蔺"乃"纶"之音转）根据《正义》《括地志》《汉书·地理志》相关材料得出，缑氏在今河南登封西北，纶氏在今登封西南。传世有戈，铭曰："七年仓氏命（读

---

① 杨宽：《战国史料编年辑证》下，上海人民出版社 2016 年版，第 1178—1179 页。

② 杨宽：《战国史料编年辑证》上，上海人民出版社 2016 年版，第 196—197 页。

作'令')韩□、工师荣原、冶□。"仑世即纶氏，韩的兵器。①

　　理证法，是指在缺少证据的情况下，根据事理逻辑进行是非论证。《赵策三》有鲁连的一段话，"昔齐威王尝为仁义矣，率天下诸侯而朝周，周贫且微，诸侯莫朝，而齐独朝之。居岁余，周烈王崩，诸侯皆吊，齐后往，周怒，赴于齐曰：'天崩地坼，天子下席，东藩之臣田婴齐，后至则斫之。'威王勃然怒曰：'叱嗟！而母婢也。'"在杨宽看来，此类材料"恐不足信"。因为，按照当时的战国情势言，"周既衰微，焉敢怒齐？"②又如，《汉书·艺文志》、赵岐《孟子题辞》、《风俗通·穷通》篇认为孟子是子思的弟子，甚至《孔丛子》等书记载子思与孟子之间的问答，从唐代的韩愈，一直到清代的毛奇龄等人都认为孟子问学于子思。然而经过杨宽的考证，这个史实是不可靠的。他说："自孔子卒，直齐宣王元年，凡一百五十年，孔子卒时，子思为丧主，其时当已年长。子思年寿，《史记》谓六十二，后人有以为六十二或八十二之误。即使子思年岁八十二，孟子亦不及以为师。"孟子曾说过自己未尝为孔子徒弟，仅"私淑诸人"，因此杨宽认为孟子是受业于子思的门人而不是直接问学于子思。③

　　遇不同说法，指出各家说的是非，存其疑。如关于"秦厉

---

① 杨宽：《战国史料编年辑证》下，上海人民出版社2016年版，第1060页。
② 杨宽：《战国史料编年辑证》上，上海人民出版社2016年版，第495—496页。
③ 杨宽：《战国史料编年辑证》上，上海人民出版社2016年版，第509页。

共公十年庶长将兵拔魏城。"黄式三《周季编略》改作"秦伐晋拔魏氏城",并说"或是魏氏边邑耳。"杨宽认为"此说无据,史文未见其例"。泷川资言《史记会注考证》说:"魏城,秦地,不可言拔,当作补,若后年补庞戏城、补庞城。"杨宽指出"此说亦无据,秦边邑无魏城"。到底此句应如何解释,杨宽亦不得其解,坦言"《六国表》此记疑有脱误"。①

对于史书无其他记载,存疑或存疑且依其说。比如,《韩世家》"(韩)武子二年伐郑,杀其君幽公。"杨宽案:"《郑世家》以缪公为幽公弟,而《六国表》以为幽公子,未知孰是。"② 即存疑。又如,《水经·巨马水注》、《初学记》八、《太平御览》六十四、《太平寰宇记》六十七引《纪年》中的"晋荀瑶伐中山,取穷鱼之丘",但都没记是何年。只有今本《竹书纪年》列入周定王十二年,即晋出公十八年。杨宽言"不知何据,今姑列于此"。③

对于史书无记载的,缕清已知的,直言"不知"的。如《左传》言"二月,盟于平阳,三子皆从,康子病之,言及子赣,曰:'若在此,吾不及此夫!'武伯曰:'然,何不召?'曰:'固将召子'。文子曰:'他日请念。'夏四月己亥,季康子卒。"对于子赣,杨宽解释:"子赣即子贡,端木氏,名赐,卫人,孔子弟子,少孔子三十一岁,时年五十四,善于外交辞令,又善

---

① 杨宽:《战国史料编年辑证》上,上海人民出版社 2016 年版,第 81—82 页。
② 杨宽:《战国史料编年辑证》上,上海人民出版社 2016 年版,第 151 页。
③ 杨宽:《战国史料编年辑证》上,上海人民出版社 2016 年版,第 92 页。

经商致富。鲁哀公六年孔子绝粮于陈，使子贡至楚营救。次年吴向鲁征百牢，吴太宰嚭召季康子，康子使子贡辞。哀公十一年吴王夫差赐叔孙甲、剑铍，叔孙不能应对，由子贡代对。次年卫侯会吴于郧，为吴所执，经子贡进言太宰嚭而得释。是年越以霸主而遣使至鲁，约定以驷上为鲁、邾之间疆界（盖鲁尝侵取邾地），欲迫使三桓从鲁哀公听命于平阳之盟，季康子为越使所困，因而欲召子贡前来救解。"短短数语，将子贡的事迹交代清楚明白。但此后如何，文献资料中没有任何相关记载，只有《史记·儒林列传》曾说："子贡终于齐"，具体年月，"不知在何年"。①

对于史书无记载的，根据史识加以适当推测，不妄言。比如，中子化盘铭文言："中子化用保楚王，用正（征）栯（莒），用择其吉金，自乍（作）朕盘。"对于中子化，杨宽言"中子化当为征伐莒之楚将，不见文献记载。"② 又如，关于司马错，秦昭王二十七年秦将司马错拔楚黔中，三十年复拔，期间楚必曾大败秦军而一度收复黔中。这次战役秦将疑为司马错，楚将当为庄蹻。但秦昭王二十八年以后，史料中忽不见司马错之记载，改由白起统率攻楚。司马错为司马迁的祖先，献伐蜀而攻楚的计策，自秦惠王后元九年攻灭巴、蜀，到秦昭王二十七年攻拔楚黔中，三十六年屡见战功。因此，杨宽发

---

①　杨宽：《战国史料编年辑证》上，上海人民出版社 2016 年版，第 77 页。

②　杨宽：《战国史料编年辑证》上，上海人民出版社 2016 年版，第 144 页。

出疑问:"何以史公不为之立传? 盖一败之后,前功尽弃,有难言之隐邪?"① 至于难言之隐是什么,读者可去推测想象,不妄言。

第四节 学术成就

《战国史料编年辑证》虽是一部战国史料编年的著作,但也有疏证。杨宽在凡例中对疏证有所注解,他说:"笔者所作疏证,皆附于主要史料之后,以'案'字或'又案'开头。主旨在于考订史事之年代,明辨史实之真相,阐明史料之价值。抑或考辨前人所作考订之是非得失,抑或考辨史料之真伪,以求去伪存真。所有疏证,不在为史料作注解或考释,但时或由于发覆纠谬的需要,不得不作必要之注解或申辩。"②"注解"包括对战国某一国大势的鸟瞰,对战国制度、文化风俗的疏通等。"注解"类的语言虽不多,短短数行字,但对于理解战国史方面情况有着积极的作用。

通读《战国史料编年辑证》,首先让我们能对纷乱复杂的战国史有一个鸟瞰性的了解,尤其是各国的兴亡变化,兴为什么能兴,亡为什么能亡。比如,在战国诸强争霸中,秦国最终

---

① 杨宽:《战国史料编年辑证》下,上海人民出版社 2016 年版,第 932 页。

② 杨宽:《战国史料编年辑证》上,上海人民出版社 2016 年版,凡例第 2—3 页。

统一六国。秦在统一六国过程中采取了哪些方向性政策的改变
使得秦强大，杨宽蜻蜓点水地描绘出来。从秦昭王到秦始皇有
两个重要的政策转变，一个时期是秦昭王时，范雎提出的"远
交近攻"和主张"毋独攻其地而攻其人"。此后即有秦坑杀赵
卒 40 万。① 另外一个时期，即秦王政在执政以后，诚如杨宽
所说："秦王政亲自执政，采用尉缭、李斯、姚贾等人的计谋，
以金玉财宝贿赂东方六国之权臣。……秦为尚首之国，战胜以
斩首数目记功。秦王政时，二年麃公攻魏卷，斩首三万。十三
年桓齮攻赵平阳，斩首十万。此后兼并六国之战争中，即不见
有斩首之记录。桓齮于十四年攻赵宜安时，即为赵将李牧所大
败而走。蒙骜、王翦先后在秦兼并六国过程中建有大功，经历
多次大战，但全无斩首记录。盖六国已丧失战斗力，同时秦
亦以'义兵'自居。吕不韦《吕氏春秋》鼓吹以'义兵'诛
暴而重立天子，当秦初并天下时，秦王政下令亦自称'寡人
以眇眇之身，兴兵诛暴乱。'丞相等亦皆曰：'今陛下兴义兵，
诛残贼，平定天下。'"② 可见，秦之所以最终统一六国，是因
为秦在不同阶段采取了不同的对外政策，这些政策的贯彻执
行使得秦国笑到了最后。又如，梁国由盛转衰的原因是梁惠
王迷信武力。"梁惠王在位五十余年之久，梁之国势正由盛而
衰，孟子评其'好战'，谓'梁惠王以土地之故，糜烂其民而

---

① 杨宽：《战国史料编年辑证》下，上海人民出版社 2016 年版，第 1040 页。
② 杨宽：《战国史料编年辑证》下，上海人民出版社 2016 年版，第 1224—
　 1225 页。

战之，大败，将复之，恐不能胜，故驱其所爱子弟以殉子。'
（《孟子·尽心下》）《吕氏春秋·不屈》亦谓：'当梁惠之时，
五十战而二十败，所杀者不可胜数，大将爱子有禽者也。'又
谓'围邯郸三年而弗能取，士民罢潞，国家空虚。'所谓大
将爱子有擒者，先则马陵之战为齐大败，大将庞涓及太子申
被擒。后则龙贾之战为秦大败，大将龙贾被擒，于是失去河
西、上郡，不得不接受张仪连横之策略，而以张仪为相。从
此梁国之势衰落。"① 有理有据，使人信服。上述两例可见，
如果不是对整个战国史有着深切的了解，是不能蜻蜓点水而
有如此深刻的见识。

　　此外，《战国史料编年辑证》在考证制度方面、地理方面、
历史人物或事件、民族方面都考订或者解决了一些问题，如
都城制度、陵寝制度、职官考核及赋税、风俗文化等方面的
考证。

　　都城制度。《索隐》引《世本》说"西周桓公名揭，居河南；
东周惠公名班，居洛阳。"高诱注《战国策》云："西周，王城，
今河南；东周，成周，今洛阳。"《汉书·地理志》亦谓河南
为王城；洛阳，周公迁殷民，为成周。三说一致认为西周建
都于汉之河南，即西周之王城，东周建都于汉之洛阳，即西
周之成周。两邑相距 40 里，王城在洛阳市王城公园一带，洛
阳即今洛阳以东 40 里之汉魏故城。杨宽认为，《汉书·地理

---

① 杨宽：《战国史料编年辑证》上，上海人民出版社 2016 年版，第 511 页。

志》以王城与成周相距 40 里，以洛阳即西周之成周，与《尚书》不合。根据《书序》"成王在丰，欲宅洛邑，使召公先相宅，作《召诰》"。"成周既成，迁殷顽民，周公以王命诰，作'多士'"。可知所谓成周即洛邑。《逸周书·作雒篇》言周公"乃作大邑成周于土中，立城方千七百二十丈，郛方七十里。"作"大邑成周"即《尚书》"作新大邑于东国洛"。王城乃成周之宫城，城外有方七十里的大郭。《洛诰》记周公曰："我乃卜涧水东，瀍水西，惟洛食；我又卜涧瀍水东，亦惟洛食。"王城即在涧水附近，大郭即在王城东，横跨瀍水东西两岸。又根据多年来的考古发现，在瀍河东西两岸，发现许多西周墓与遗址，墓地以南又发现西周早中期铸铜遗址。因此，成周大郭在瀍水两岸，而不是《汉书·地理志》所言以洛阳为成周。①

陵寝制度。周赧王八年，"（悼武王）葬毕，今安陵西毕陌"。渭水流域有两处名毕或毕原，一个在渭水以南西周国都镐东南杜中，即《元和郡县图志》万年县二十八里处之毕原。一个在渭水以北秦都咸阳西北，即《元和郡县图志》咸阳之毕原，亦称毕陌。魏晋以来误以咸阳之毕原为镐京之毕原，因而误以为秦惠文王陵为周文王陵、周武王陵。原来周文王、周武王之冢无丘陇的制度，而秦惠文王、秦武王陵已有高三丈以上

---

① 杨宽：《战国史料编年辑证》上，上海人民出版社 2016 年版，第 288—289 页。

的丘陇。因此，"陵"之名世由丘陇而来。①

职官考核。周考王十五年"附编"，《韩非子·外储说左上》：王登为中牟令，上言于襄主曰："中牟有士曰中章、胥己者，其身甚修，其学甚博，君何不举之？"主曰："子见之，我将为中大夫。"相室谏曰："中大夫，晋重列也。今无功而受，非晋臣之意，君其耳而未之目邪"襄主曰："我取登，既耳而目之矣；登之所取，又耳而目之。是耳目人绝无已也。"王登一日而见二中大夫，予之田宅。杨宽说，从"上计言于襄子"，可知当时已推行年终考绩之"上计"制度，并于"上计"时向国君推荐人才，这开启了汉代郡国上计时贡士制度的开端。②

赋税制度。在"(秦孝公)十四年初为赋"下，杨宽对秦国的"赋"是什么，使用此类赋的目的是什么，作了言简意赅的解释。他说商鞅所用不是鲁季孙氏按田亩征收军赋的方法，而是按户、按口征赋之法，具有奖励垦荒的作用。根据《商君书·垦令》云："禄厚而税多，食口众者，败农者也。则以其食口之数，赋而重使之，则辟淫游惰之民无所于食，民无所于食，则必农，农则草必垦矣。"可知商鞅按"食口之数，赋而重使之"，具有限制官僚、地主豢养食客数目之目的。《商君书·垦令》云："以商之口数而使商，令之厮、舆、徒、童（原

---

① 杨宽：《战国史料编年辑证》下，上海人民出版社 2016 年版，第 641—642 页。
② 杨宽：《战国史料编年辑证》上，上海人民出版社 2016 年版，第 146—147 页。

误作'重'，今改正）者必当召，则农逸而商劳，农逸则良田不荒。"具有限制商人多用奴隶的作用。商鞅对家中有成年二男加倍征赋之法令，又具确立一夫一妇为单位之小农，作为经济基础。①

文化史。在《史记·封禅书》"栎阳雨金，秦献公自以为得金瑞，故作畦畤栎阳而祀白帝。其后百二十岁而秦灭周"下，杨宽对秦人信仰五色上帝说进行简要的解释，杨宽言："《周季编略》云：自秦灭东周推之，距此适百二十岁，则《年表》可从也。秦人信仰五色之上帝。《秦本纪》谓秦襄公'祠上帝西畤'，《十二诸侯年表》：'襄公八年初立西畤，祠白帝。'是白帝乃白色之上帝。《封禅书》谓秦文公梦黄蛇自天下属地，其口止于鄜衍。史敦曰：'此上帝之征'，于是作鄜畤，郊祭白帝焉。《秦本纪》云：'文公十年初为鄜畤。'其后宣公四年又作密畤于渭南，祭青帝。灵公三年作吴阳上畤祭黄帝，作下畤祭炎帝。此年献公又以为得金瑞而作畦畤栎阳而祭白帝。"经过详细的文献梳理，他又说"是秦君于四百年间，先后设置七畤，白帝三而青、黄、炎帝各一。凡此四色帝，皆秦之上帝也。按五色上帝之信仰，以四方、五色相配，五行学说又以四方、五色与五行相配。秦献公自以为得金瑞而祀白帝，明受五行学说之影响矣。"②

---

① 杨宽:《战国史料编年辑证》上，上海人民出版社 2016 年版，第 377—378 页。
② 杨宽:《战国史料编年辑证》上，上海人民出版社 2016 年版，第 286 页。

风俗史。在秦灵公八年，"城堑河濒。初以君主妻河"。从此年开始，秦在占领的地方推行原有部族所流行的"河伯娶媳"的习俗。根据《赵世家》所记霍泰山山神的朱书，谓将赐赵林胡之地，奄有河宗，至于休、溷诸貉。《正义》说："《穆天子传》云：'河宗之子孙鄘柏絮。'按盖在龙门、河上之流，岚、胜二州之地也。"可得龙门以上、黄河上游部族河宗氏，以河伯为其祖先而崇拜。因此，河伯娶妇的风俗是河宗氏的巫术信仰，而世界各地沿河流部族都有这个风俗。①

综上所述，《战国史料编年辑证》从开始编撰到最终出版有将近60年的时间，将战国248年的史料编年，并对部分史料作案语，即"注解"，所作"注解"涉及历史人物和事件、制度、经济、文化风俗等，这些"注解"是杨宽数十年研究功力积累的洞见。这些"洞见"不是就某事考证某事，而是有所贯通，视野非常宽阔，这给读者能提供一些非常重要的思考。客观来讲，《战国史料编年辑证》有些不足的地方，如对当代学者研究成果采用不够；未附参考书目，于初学不便。②此外，可能也存在一些考证和论断不准确，如杨宽认为魏国公子将兵只是战国早期的现象，自从太子申、公子印将兵被擒后，魏国就"不见太子与公子为主将者"。现在看来，这个论断似不准确。因为在公子印之后，魏国公子将兵的还有公子景贾和公

---

① 杨宽：《战国史料编年辑证》上，上海人民出版社2016年版，第153—154页。
② 缪文远：《〈战国史料编年辑证〉述评》，《中国学术》2002年第4期。

子咎。[①] 又如，将宋悼公元年误定为周威烈王二十三年。[②] 总之，由于此书修订及定稿之时，杨宽身在国外，国内学界最新成果不容易看到；又由于在这样大规模的考证中，存在资料不足和推断失误，不免有可修正的地方。但全书整体而言，立论有据，考证精到，"上接《春秋》、《左传》的编年体的战国史料汇编和考订，使原来分散杂乱、年代错误、真伪混淆的史料，有条不紊而真伪分明"[③]，因此可以说，《战国史料编年辑证》是继钱穆《先秦诸子系年》后，在战国史方面"令人瞩目的一项成果"[④]，使得研究战国史的学者从中受益。钱穆、杨宽二人在战国史研究方面的潜力及专精，他们的老师吕思勉在20 世纪 40 年代就曾言及，他说："近代治古本《纪年》者，以钱君宾四、杨君宽正用力为最深。二君于战国史事，推校皆极密。"[⑤] 现在看来，吕思勉的评价仍然是妥当的。

---

① 届会涛：《战国时期公子从政现象研究》，《历史教学问题》2014 年第 4 期。
② 梁立勇：《读〈系年〉札记》，《深圳大学学报（人文社会科学版）》2012 年第 3 期。
③ 杨宽：《战国史料编年辑证》上，上海人民出版社 2016 年版，前言第 7 页。
④ 缪文远：《〈战国史料编年辑证〉述评》，《中国学术》2002 年第 4 期。
⑤ 吕思勉：《再论汲冢书》，《东南日报·文史周刊》1946 年 8 月 8 日。

第六章 《战国史》的研究

《战国史》一书是杨宽耕耘时间最长、用力最深、修改次数最多的一部著作，因此说此书为其代表作毫不为过。《战国史》前后共三版，其最大变化体现在历史理论。1955年初版尝试用唯物史观治史，因业务及马克思主义理论的修养都不够，所以略显单薄，亦有瑕疵。经过25年业务上研究的深入及唯物史观修养的不断提高，1980年修订版则显得更加成熟厚重。1998年增订本摆脱了教条分期观，保留了马克思主义的经典阐释。而1998年增订本内容上变化的原因分别是新史料的出现，观点的变化，关注社会现实和妻子陈荷静的影响。

第一节 初学版

抗战胜利后，杨宽担任上海市立博物馆馆长。与此同时，在1946年至1949年，他根据隐居期间积累的材料，在报刊上发表30余篇有关战国史事和人物的考证文章，正是由于这些考证文章的撰写为《战国史》初版的出版打下了坚实的基础。

上海解放后，时任群联出版社编辑燕羽邀请部分史学家撰写断代史，其中杨宽受邀撰写《春秋战国史》。1953 年 12 月至 1956 年 8 月，杨宽在担任上博副馆长的同时亦兼任复旦大学历史系教授，主讲"春秋战国史"和"先秦史料学"。1954 年夏，上海文化局准予杨宽休假一月，原准备去外地避暑，后改变计划，利用这段时间把战国史部分讲义做了修改和补充，写成了《战国史》。①《战国史》交上海人民出版社，由此产生了 1955 年版《战国史》。也许基于此次因缘，后来杨宽大部分著作皆由上海人民出版社出版，如 1956 年的《秦始皇》和《中国古代冶铁技术的发明和发展》、1960 年的《中国土法冶铁炼钢史》、1973 年的《商鞅变法》、1980 年《战国史》修订本及 1981 年《中国古代冶铁技术发展史》等。

此版除去绪论、总论、附录外共十一章，计 24 万余字。《战国史》最大的特点是学界第一部用马克思主义观点研究战国史的专著，也是杨宽第一部用马克思主义观点进行研究的著作，有两点可以体现此书具有典型的马克思主义特点。

第一，中国古史分期是马克思主义史观派非常关注的一个话题。1949 年后，关于中国社会的分期，学界展开了热烈

---

① 杨宽：《历史激流：杨宽自传》，大块文化出版股份有限公司 2005 年版，第 242 页。

的讨论，学者一致认为春秋战国是历史上的一个重要转变时期，但对怎样转变却存在着三种不同看法：一、以郭沫若为代表的由奴隶制转为封建制；二、以范文澜为代表的由封建领主制转变为地主制；三、由不发展的奴隶制转变为发展的奴隶制。此书出版时，关于这个问题的讨论仍在继续但未得定论。杨宽认为学术上的不同意见，是需要通过争论来取得一致的。他引用郭沫若的"由不同之中而得出同，辨别谁是谁非，以得出一个正确的结论"声援自己的主张。此版中采用的观点是封建领主制转变为地主制，杨宽认为春秋以前社会经济是由封建的领主支配，土地的占有者是世袭的，同时领主隶属的农民、手工业者也是世业，农民的全部劳动产物，除去大部分被领主剥削外，剩下的仅用生活。领主的剥削所得及其"私属"消费，只有很少一部分用来交换。到春秋战国之际，商品经济的比重大为增加，独立的手工业者、商人增多，也出现了富商大贾和高利贷；又由于商业的发展、土地和奴隶买卖的普遍化，人口不断向城市集中，职业可以变化，人民可以杂居，领主下的农村公社组织逐渐解体，于是领主经济下的"封疆阡陌裂开了"。这时土地的占有形式由领主分封世袭制转变为土地可以买卖的地主占有制，生产关系就由领主对农民剥削变为地主对佃农的剥削，即由封建的领主经济转变为封建的地主经济。①

第二，当时著作普遍的特点是引用马克思主义经典作家

---

① 杨宽：《战国史》，上海人民出版社 1955 年版，第 68—69 页。

的语句来证明己说，杨宽亦不例外。此版中有两处引用斯大林语、两处引用毛泽东语。杨宽深知研究历史要靠材料说话，因此引用毛泽东的"学会应用马克思列宁主义的立场、观点和方法，认真地研究中国的历史，研究中国的经济、政治、军事和文化，对每一问题要根据详细的材料加以具体的分析，然后引出理论性的结论来。"①此话亦保留在修订版中，修订版中引用马克思语一次，恩格斯语一次，毛泽东语三次。

新中国成立后，确立了马克思主义的权威地位，因此，在全国范围内大规模开展学习和宣传马克思主义。在这一情势下，1949 年前持批评社会史观派的杨宽自然需要通过自身学习，尽快成为马克思主义史学家。唯物史观派密切关注现实政治生活，积极参与并强调形势政策教育，培植爱国主义情绪。新中国成立之后，随着抗美援朝战争爆发、土地改革和镇压反革命运动的开展，以及"三反""五反"运动的开展，在这种大背景下，唯物史观派学人们先后撰写了一批赞扬各国人民民族解放斗争，赞扬社会主义国家成就，揭露美国侵略朝鲜，揭露殖民主义、帝国主义侵略的文章和著作。"劳动创造历史""人民群众创造历史"及爱国主义精神的宣传，变革了以帝王将相为中心的旧史学，增强了民众自信心和民族独立的观念，调动了民众建设国家的巨大热情。②杨宽积极参与其中，先

---

① 《毛泽东选集》第三卷，人民出版社 1991 年版，第 814—815 页。
② 蒋海升：《"西方话语"与"中国历史"之间的张力——以"五朵金花"为重心的探讨》，山东大学出版社 2009 年版，第 48 页。

后撰写了《美帝向来是个狡猾阴险毒辣的侵略者》、《劳动怎样创造了人》（1950 年）、《一六四五年嘉定人民的抗清斗争》（1951 年）。同时，在马克思主义理论的强力影响下，史学界绝大多数接受了社会形态和社会发展是五种生产方式规律中依次更替的观点，并试图用这一理论来研究中国历史。"五种生产方式"被视为马克思主义的普遍真理，理应同样运用于历史。中国奴隶社会何时结束，封建社会何时开始就成为马克思主义史学家们首先讨论的问题。只有将中国社会性质的关键问题讨论清楚，才能更好地解决中国历史上的其他问题，"五朵金花"中的"东风第一支"由此绽放。① 杨宽在新创办的具有新风气的《文史哲》上发表了《战国时代社会性质的讨论》（1952 年）、《论春秋战国间社会的改革》、《论春秋战国间阶级斗争对于历史的推动作用》（1954 年）。杨宽虽想积极加入到讨论中，但要在短短四五年内灵活运用马克思主义理论来解释历史是比较困难的。

由于初版《战国史》是刚开始学习并运用马克思主义观点的著作，存在瑕疵在所难免，正如杨宽自言："作者是一个刚开始学习马克思列宁主义的小学生，理论水平很低，业务水平也不高，因此编写出来的这部书，理论上和史料上的错误定所难免。"② 童书业指出，杨宽认为战国时期的土地自由买卖和欧

---

① 蒋海升：《"西方话语"与"中国历史"之间的张力——以"五朵金花"为重心的探讨》，山东大学出版社 2009 年版，第 93 页。

② 杨宽：《战国史·序》，上海人民出版社 1955 年版。

洲"封建制度已被破坏，资本主义已经得到自由时候"的土地
自由买卖差不多。在童书业看来，这说法不仅有语病，而且范
畴上也不能相类比，因为前者是封建社会公社制解体的结果，
后者是封建制解体的结果。另如，杨宽认为战国时代奴隶很少
被适用于农业生产，这就是战国时代社会已经不是奴隶社会的
证据。童书业指出，这是不合适的，因为秦汉以后，尤其是魏
晋南北朝，奴隶被使用于农业生产是常事。对于童书业的这两
点批评，在修订本《战国史》中杨宽亦予以承认。虽初版有不
足之处，但学界对于此书评价甚高，童书业言："目前国内研
究战国秦汉时期历史的专题论文还很少，成书的专著更不多，
比较起来，只有杨宽先生所著的《战国史》，是一部史料和考
证相当充实正确而又能运用马克思列宁主义观点来研究战国历
史的著作。"[1] 学者牟润孙言："其书考订战国年代，极见功力，
即有关地理制度名物之考证，亦颇有足称者。"[2]

第二节　成熟版

　　初版出版后，为了解决中国社会分期这一关键问题，在
加强学习马克思主义、毛泽东思想的同时，杨宽对这个问题展

---

[1]　童书业:《略论战国秦汉社会的性质》，《新建设》1957 年第 8 期。
[2]　牟润孙:《记所见二十五年来史学著作》，杜维运、黄进兴编:《中国史学史
　　论文选集》（二），华世出版社 1979 年版，第 1128 页。

开细致研究。他把重点放在西周春秋社会历史方面，同时也对秦汉社会历史进行了探索。其中对西周社会历史的研究，着重于当时的农业生产及生产关系和社会结构，涉及井田制度、乡遂制度、宗法制度和学校制度等。为了弄清这些制度的性质、源流，杨宽又进一步对维护这些制度的籍礼、大蒐礼、乡饮酒礼、飨礼、射礼、贽见礼分别作了系统探索，前后写了十四篇文章，后汇成《古史新探》（1965 年）一书。通过这些探索杨宽开始否定西周领主封建说，转而相信战国封建说，即认为西周是奴隶社会，春秋战国之际由奴隶社会转变为封建社会；杨宽还对中国古代冶铁炼钢技术进行过较为系统的研究，先后写了《中国古代冶铁技术的发明和发展》（1956 年）、《中国土法冶铁炼钢技术发展简史》（1960 年）二书，后者是在前书基础上撰写的。虽两书的撰写因当时"大炼钢铁运动"而产生，具有很强的现实意义，但仍加深了对战国科学技术发展的认识。如春秋时中国已创造了冶铁生产技术，提高了铁的生产效率，这比欧洲早一千七百年；另如，战国时中国已发明了"自然钢"冶炼法和宝刀宝剑的锻炼法，已能炼制非常坚韧且锋利的宝刀宝剑；1970 年 5 月，为了完成毛泽东交代编绘《中国历史地图集》的任务，杨宽从当时劳动的上海奉贤五七干校被调到复旦大学历史地理研究所，负责编绘《中国历代图集》先秦史部分，钱林书为助手。其成果为谭其骧主编的《中国历史地图集》第一册，其中编绘商、西周、春秋和战国时代的地图，包括战国时的《诸侯称雄形势图》《韩魏》《赵中山》《齐鲁宋》《燕》《秦

蜀》《楚越》等。经过这个阶段的工作，杨宽又对先秦历史地
理作了深入的探索。

　　如上所言，初版《战国史》是在五六年内写成的，虽杨
宽也参与了唯物史观派的讨论，但远远未能灵活运用马克思主
义理论。20 世纪 50 年代，历史学界在继中国社会性质、中国
资本主义萌芽的讨论后，开始热烈讨论农民起义和农民战争问
题，杨宽撰写了《论〈太平经〉——我国第一部农民革命的理
论著作》（1959 年）、《论中国农民战争中革命思想的作用及其
与宗教的关系》（1960 年）、《再论中国农民战争中革命思想的
作用及其与宗教的关系》、《白莲教经卷》、《黄巢起义对瑶族人
民的影响》、《试论白莲教的特点》（1961 年）等文参与讨论。
1964 年被指定批判罗尔纲，杨宽在中国人民政治协商会议上
海市第四届委员会第一次全体会议上作《关于当前史学战线上
的一场思想斗争——李秀成的评价问题》的报告，[①] 后此文修
改成《必须正确总结农民战争的历史经验——关于李秀成问题
讨论中一个根本问题》发表在《文汇报》上。经过这些锻炼与
实践，杨宽的马克思主义理论和实战修养得到了很大提升，对
自己所写的理论文章也非常自信。比如，《论〈太平经〉——
我国第一部农民革命的理论著作》讨论保存在《道藏》中黄巾
起义军的革命理论著作《太平经》，认为黄巾军"太平道"起

---

① 　上海市档案馆藏：关于当前史学战线上的一场思想斗争——李秀成的评
　　价问题 / 杨宽在上海市政协第四届第一次全体会议上的发言稿，档案号：
　　L1—1—309—110。

义利用了宗教的宣传活动和组织作用，从农民的实际利益出发，根据小农的平均思想，以黄老道家学说为理论根据，创造了一套"太平"的社会理想，提出了明确的政治要求，相比秦末和西汉末年的农民起义，有了很大进步；[①] 又如，《试论白莲教的特点》一文认为白莲教是历经元明清五六百年的教派，常与农民起义相结合。文章将白莲教的特点总结如下：披着宗教外衣朴素的平等思想、革命理论和对幸福前途的幻想，团结贫苦农民和适应战斗需要的组织，主张推翻封建土地所有制和封建王朝，采用民间曲调的说唱方式对群众宣传并编成经卷，传授、研究气功疗养法及拳术以及具有坚强不屈的英勇斗争精神。正是因为具有这些积极的特点，白莲教才能长期成为一种组织农民起义的手段。[②] 杨宽晚年要挑选平生所作论文入《杨宽古史论文集》，在给上海人民出版社的信中言："此中《论太平经》和《论白莲教的特点》两文希望能够收入，不要删去。因为这两篇文章是我用力之作，当年得到对此有研究的吴晗先生的赞赏。"[③] 可见，经过多次政治运动及运动式的学术讨论和历练，通过不断的学习和实践，杨宽成为了马克思主义史学家之一。

基于业务上研究的不断深入，加上对马克思主义理论的灵活把握，1972 年杨宽便利用运动间隙开始修订《战国史》，修

---

① 杨宽：《论〈太平经〉——我国第一部农民革命的理论著作》，《学术月刊》1959 年第 9 期。

② 杨宽：《试论白莲教的特点》，《光明日报》1961 年 3 月 15 日。

③ 贾鹏涛整理：《杨宽书信集》，上海人民出版社 2019 年版，第 150 页。

订版《战国史》最终于 1980 年由上海人民出版社出版。台湾谷
风出版社 1986 年 9 月有翻印本，分上下两册。此版的目录结构
和初版大体一致，除去绪论、附录，共有十一章，计 42.8 万字。
该版最大变化是杨宽改变了对中国社会性质的看法。在经过深
入研究后，杨宽认为自夏开始，中国进入奴隶社会，春秋战国
之际从奴隶制转变为封建制。由于当时农业、手工业和商品经
济的发展，分散的个体生产代替了原有的集体劳动，这使得一
家一户为单位的小生产和个体经营的小农有成为社会基础的可
能。杨宽论证的依据是毛泽东所说的"在农民群众方面，几千
年都是个体经济，一家一户就是一个生产单位，这种分散的个
体生产，就是封建统治的经济基础，而使农民自己陷于永远的
穷苦。"随着社会生产力的发展，小农经济的成长，井田以外开
垦的私田增多，产生了封建制的生产关系，封建土地所有制随
之出现，这必然会与奴隶制的井田制发生矛盾。随着广大奴隶
和平民的不断开展反抗斗争，奴隶制经济基础逐渐瓦解，封建
生产关系逐步形成。等到封建生产关系在经济领域占据优势地
位，新兴的地主阶级不满意当前的政治状况，就会逐步争取政
治权力，建立地主阶级政权。为了加强地主阶级的统治，各国
地主纷纷进行变法，进一步在经济上进行封建性质的改革，而
"从鲁国实行'初税亩'，一直到秦国实行'初租禾'，标志着封
建生产关系在奴隶社会母胎内生长成熟。"[1] 因此，如果说初版

---

[1]　杨宽：《战国史》，上海人民出版社 1980 年版，第 134 页。

《战国史》是杨宽学习马克思主义的初步尝试，那么修订版《战国史》就是他深入学习马克思主义的成熟表现。

　　总之，经过业务上的精进及马克思主义史学理论上的不断学习与实践，此版《战国史》在材料与马克思主义观点的结合上完全融会贯通，游刃有余。杨宽言："我的新版《战国史》，就是在上述认识的基础上改写的。但是这时'"文化大革命"'刚结束，心有余悸，对于中国社会历史特殊的发展规律不敢畅所欲言，仍然采用从奴隶制转变为封建制的一般公式来解说。"① 虽不得已如此，但新版《战国史》所取得的成绩依旧是巨大的，李勉世言："战国史册，秦火之后，前人已怨叹史料缺乏，茫昧无征，经过杨宽的努力探索，战国的真实面貌，大致可以重现于世。作者虽然采取的是'经济史观'，……在其丰富的资料中，已使人耳目一新。"②

第三节　回归本真版

　　初版《战国史》印行前，原以为这样一部断代史发行量不会太多。但出人意料，此书前两版印刷 10 多次，共出平装本

---

① 杨宽：《历史激流：杨宽自传》，大块文化出版股份有限公司 2005 年版，第393 页。

② 李冕世：《有关中国上古史的一些专书简介》，《成功大学历史学系历史学报》1987 年第 13 号，第 433 页。

4 万多册，精装本 1 万多册。平装本最后一次印刷是在 1980
年 7 月，除港台翻印本外，印数已达 40500 册。杨宽对此了
然于心，我们虽不知他何时开始准备出"增订本"，但 1994 年
杨宽致友人王孝廉的信中已言明要出"增订本"。他说："我在
1980 年第二版印出后，未再与上海人民出版社签订合同，他
们无权再印。我想，此书为我几十年来用力之作，亦是印数最
多之作，最后出一本'增订本'是十分必要的。"①

　　1980 年修订版出版后到增订本出版前，杨宽先对两部关
于冶铁史专著进行了改写，后主要致力于陵寝制度和都城制度
的研究。1982 年由上海人民出版社出版的《中国古代冶铁技
术发展史》是在《中国古代冶铁技术的发明和发展》和《中国
土法冶铁炼钢技术发展简史》基础上改写而成。全书分上下两
编，上编讨论中国古代冶铁技术的起源及封建社会冶铁技术的
发展轨迹，下编阐述中国古代冶铁技术对社会生产力发展以及
社会变革所起的作用，以此说明中国古代能够比欧洲早一千年
出现封建社会的原因。此书获得上海市哲学社会科学院科学
优秀成果奖（1979—1985）、一九八六年著作奖、一九八九年
十一月"首届全国科技史优秀图书荣誉奖"；1981 年 2 月杨宽
应日本东洋文化研究所邀请作了《中国陵寝制度的起源及变迁》
的报告，上海古籍出版社的 1985 年《中国古代陵寝制度史研
究》就是在此报告基础上充实而形成的。上篇纵论中国皇帝陵

的起源与变迁，中篇补述先秦墓上建筑、"墓祭"的起源和发生时代，坟墓的等级问题，下篇是四篇关于先秦墓上建筑和秦汉陵园布局的文章，文中认为陵寝制度的出现和发展反映了中央集权的封建王朝推崇皇权和巩固封建等级制度的要求。上海古籍出版社 1993 年出版的《中国古代都城制度史研究》是《中国陵寝制度的起源及变迁》的姊妹篇，本书上编论述先秦到唐代封闭式都城制度的起源和发展变化，下编探讨宋元明清都城制度变革的来龙去脉及北宋东京的新结构和新街市等。

增订本《战国史》于 1997 年由台湾商务印书馆出版，1998 年又由上海人民出版社出版。与前两版相比，增订本在结构上并无大的变化，基本按照社会经济的变化、合纵连横与兼并战争、思想文化发展三个部分展开对战国时代历史的论述。该版最大的特点是历史理论上完全抛弃前两版中关于社会分期的主张，杨宽提出"我们认为，中国历史有其独特的历史发展规律，既没有经历像希腊、罗马那样的典型奴隶制，也没有经历像欧洲中世纪那样的领主封建制。春秋以前实行的是贵族统治下的'井田制'的生产方式，战国以后变革为小农经济的生产方式，从此小农经济成为立国的基础，君主政权就建立在这个基础上，并且由此开创了秦汉以后中央集权的统一政治体制。战国时代的重大变革，正是体现了中国历史特有的历史发展规律"。[1] 基于此，杨宽对目录、语词、内容进行了大幅

---

[1] 杨宽:《战国史》，上海人民出版社 2016 年版，第 788 页。

度调整。目录上，如第四章"春秋战国间社会制度变革"，修订版共分四节，标题分别是"封建制生产关系在奴隶社会母胎内逐渐生长和成熟""广大奴隶和平民的反抗斗争""各国新兴地主阶级的取得政权""战国时代的主要阶级结构"，增订本则缩改为三节，标题分别是"农田制度的改革""各国政权的改组和改革""社会结构的变化"，完全删掉了修订版第二节"广大奴隶和平民的反抗斗争"；语词上，删除或修改了许多词句，如"奴隶主贵族"删除"奴隶主"、"封建的政治（经济改革）"删除"封建"、"新兴地主的田氏"删除"新兴地主"、"新兴地主阶级势力"删除"地主阶级"、"封建国家"删除"封建"、"地主政权"删除"地主"、"封建王朝"删除"封建"、"地主阶级的法典（私有财产）"删除"地主阶级"，"奴隶主"改为"庶长"、"阶级结构"改为"社会结构"、"地主政权"改为"君主政权"、"奴隶制"改为"贵族"等；内容上，如前两版的绪论中都有"关于战国史的研究"一节，此节内容部分增订本有删除。又由于理论观点发生变化，因此诸多史事上的表述亦发生变化，如对于公元前 301 年楚国的庄蹻起义，初版和修订版都认为是农民起义，增订本改变前说，认为"所谓'庄蹻为盗于境内'，不是一般的盗贼行为，而是军官发动的叛变所引发的群众起事性质"。[1]

　　在增订本《战国史》中，杨宽虽尽力删削具有浓厚浓烈时代特点的中国社会性质分期、农民起义的讨论以及语词，但仍

---

[1]　杨宽：《战国史》，上海人民出版社 2016 年版，第 470 页。

保留着马克思主义的一些经典观点。如关于秦之所以能通过兼并战争统一中国，在初版中，杨宽认为其原因有三：一、农民起义摧毁或削弱了某些国家腐朽统治力量，便利了秦的统一；二、封建战争的胜负中人民群众起着决定性作用，便于政治较好的秦完成统一；三、由于农民和大小工商业者以及新兴地主阶级要求统一，便于政治上较进步的秦完成统一。[1] 在修订版中，秦统一中国的原因有四，除了语词上有稍微变化，如"农民和大小工商业者以及新兴地主阶级"换成了"人民群众"外，基本延续了初版中的三个原因。新增加的一个原因是：社会经济的发展，需要建成一个统一的国家。[2] 而在增订本中，除了删除"封建""地主政权""阶级斗争"等词语外，杨宽认为秦完成统一的原因依旧是四个，即人民群众起着决定作用、秦的兼并政策符合人民愿望、社会经济发展需要、人民群众迫切要求统一。相比较前后三版而言，这依旧没有脱离马克思主义的经典阐释，即"人民群众是人类历史的创造者"。[3]

第四节　内容变化原因之探析

《战国史》前后共有三版，分别是：1955 年版（第一版）、

---

[1]　杨宽：《战国史》，上海人民出版社 1955 年版，第 173—182 页。

[2]　杨宽：《战国史》，上海人民出版社 1980 年版，第 373—384 页。

[3]　杨宽：《战国史》，上海人民出版社 2016 年版，第 434—444 页。

1980 年版（第二版）、1998 年版（第三版），皆为上海人民出版社出版，其中，中国台湾商务印书馆早于中国大陆，在1997 年就已出第三版。2016 年，上海人民出版社《杨宽著作集》第一辑《战国史》重印第三版。前两版，是杨宽史学研究的一个时期，第三版则是另一个时期，第二版是前一个时期的成熟版。之所以第三版内容上会出现如许多的改变，笔者认为原因有四点。

第一，新史料的出现。

主要资料从第二版的 34 种增加到第三版的 42 种，并且增加了"考古地理的考证和地图的编汇"，扩充了第二版"考古发现的新史料""铜器铭文的史料价值"。比如，新发现的考古材料对第三版《战国史》内容的扩充起到重要作用。杨宽认为"中国古代的井田制和日耳曼人的马尔克公社一样，为了平均分配好坏的田地，有定期平均更换份地的制度"。这样的判断得到山东临沂银雀山汉墓出土竹简《田法》的证实。《田法》作"三年壹更赋田"，"赋"即授予之意，"一更赋田"就是说一律更换授予的田亩。[1] 为了证实"到春秋后期，中原各国都已经采用按亩征税制度"，引用银雀山出土竹简《孙子兵法·吴问篇》，指出当时除了赵氏"公无税焉"，其余五卿都是"伍税之"，采用五分抽一的税制。[2] 因为新材料

---

① 杨宽：《战国史》，上海人民出版社 2016 年版，第 163—164 页。
② 杨宽：《战国史》，上海人民出版社 2016 年版，第 170—171 页。

的发现，第三版《战国史》修改的内容很多，这里就不一一
赘述。

第二，观点的变化。

在《楚将庄蹻入滇称王》一节中，对于楚国历史上"善用
兵"的庄蹻和"为盗"的庄蹻到底是一人还是两人，第二与第
三版《战国史》的观点是完全不同的。第二版《战国史》认为
庄蹻为两人，主要依据是《荀子·议兵篇》中将楚之庄蹻、齐
之田单、秦之卫鞅并列为"世俗之所谓善用兵者"，说明庄蹻
和田单等人一样是善于用兵的将军，而在《议兵篇》下讲到楚
国战败，内部爆发农民起义，"庄蹻起，楚分而为三、四"，这
个发动起义的庄蹻，显然是另一个庄蹻。但在第三版《战国史》
中，杨宽的观点变化为"庄蹻原是为盗者，当时领导军队叛变
而引发人民起事者，后来成为善用兵的楚国名将"。显然在此
已将庄蹻视为一人。[1] 此外，在文化思想章节里，最具代表性
的是对《穆天子传》一书的认识。在第二版《战国史》中，《穆
天子传》被视为战国时人创作的一部历史小说。认为"这是战
国时人根据当时流传的周穆王西征犬戎的历史故事，结合有关
西王母的神话传说，以及当时的地理知识和所了解的西北少数
民族情况，精心编写而成"。[2] 而在第三版《战国史》则认为《穆
天子传》中叙述的许多人物都是真实的，并举《穆天子传》中"毛

---

[1]　贾鹏涛：《楚国只有一个庄蹻——杨宽与马曜的一次学术交流》，《中国社
　　会科学报》2018 年 4 月 9 日。
[2]　杨宽：《战国史》，上海人民出版社 1980 年版，第 500 页。

班"为例,指出此毛班不见于古书,且与周穆王时的班簋铭文记载中"毛公"相符合。①

第三,关注社会现实,论述法治和民主的关系。

杨宽作为"文化大革命"的亲历者与受害者,目睹了"文化大革命"期间民主与法治的严重破坏,出于对民主与法治这一社会现实的关注,所以在第三版《战国史》中增加了这部分的内容。《战国史》第二版第十章《战国时代的"百家争鸣"》第二节"墨子的兼爱和尚贤学说"包括:墨子和墨家,要求解决"三患"、达到"三务",天志和非命。第三版第十章《战国时代的"百家争鸣"》第二节"墨子的兼爱和尚贤学说"改为"墨子的天志、兼爱和尚贤学说",内容包括:墨家渊源于巫祝,墨子和墨家,要求解决"三患"、达到"三务",尚贤、尚同和各尽所能的主张,非乐、非命、非攻和非儒。第三版内容增加"墨家渊源于巫祝",第二版中的"要求解决'三患'、达到'三务'"到第三版改为要求解决"'三患'、达到'三务'"、"尚贤、尚同和各尽所能的主张",其中部分内容置入第三版"非乐、非攻、非命和非儒"中。第三版增加"墨家渊源于巫祝"的最后一段写道:

> 墨子认为百工从事必用规矩,治天下和治大国必须依照"法仪","法仪"是由天志(即天意)来制定的。也就是说"法仪"是天赋的。所谓"法仪"就是指社会共同的公正法则,包括大国和小国之间、小家和大家之间、强

---

① 杨宽:《战国史》,上海人民出版社 2016 年版,第 721—722 页。

弱之间、众寡之间、贵贱之间的友好共处原则，墨子称为
"兼"，就是要"兼相爱而交相利"。墨子把这种友好相处
原则，称之为"天志"，就是说出于天意，这是神圣而必
须大家奉行的。①

在这段文字中，杨宽认为治理天下和国家需要按照"法仪"
来办事，所谓的"法仪"就是社会共同的公正法则，这是所有
人必须遵行的。关于这个观念，杨宽在自传中又特别阐释，并
指出墨子的观念"很有现实意义"，他说：

"法治"必须建立在"民主"基础上，才能真正地贯
彻执行，这是十分重要的。关于这点，战国时代初期的墨
子早就看到。八九年六月上旬美国宾州爱丁堡大学（Edin-
boro University）教授李绍崑应邀到天津南开大学作"墨
学十讲"的学术演讲，中文讲稿于九〇年十一月在台北出
版（水牛出版社），承蒙他邀约我为这部新著写序。我写
了一篇五千字的序文，赞许他认为墨子的中心思想是"天
志"；墨子主张根据出于"天志"的"法仪"来治理天下，
具有"法治"的精神。

我认为，墨子所说出于"天志"的"法仪"，就是神圣
不可侵犯的人类社会共同的公正法则，出于天意的大公无
私、兼爱兼利和光明遍照。墨子这种天赋"法仪"的政治主
张，和十七、八世纪欧洲思想家所提倡的"天赋人权"的主

---

① 杨宽：《战国史》，上海人民出版社 2016 年版，第 505 页。

张是类似的。墨子主张根据"兼相爱而交相利"的公正法则，解决人民吃不饱、穿不暖和劳苦不得休息的"三患"，从而达到"国家之富"、"人民之众"和"刑政之治"的"三务"。墨子认为所有当政者必须"尚同于天"，就是统一奉行这个天赋的公正法则，同时要广泛听取群众的意见，明白群众的是非标准，做到所谓"上下情通"，才能赏罚分明，贯彻法治的公正原则，否则就不能达到除暴安良的目的。墨子这种"上下情通"的法治主张，很有现实的意义。①

第四，受妻子陈荷静的影响。

《战国史》第二版第十一章《战国时代科学和科学思想的发展》第七节"医学发展"包括：养生之道和生理卫生的讲究、马王堆汉墓出土的五种古医学佚书、对传染病的预防、气功疗法的开创、民间医学的进步和名医扁鹊、素问的医学理论，第三版将"马王堆汉墓出土的五种古医学佚书"改为"经脉学说的逐渐形成"，内容无改变；"气功疗法的开创"改为"'气功'养生之道的开创"，内容有所扩充，并增加"所谓'得道'的'真人'"一小节。得出道家的"气功"和医学家的"经脉"学说有重大关系，并言道家讲究修养内心和修炼精气，修炼成功即为"得道"的"真人"。"民间医学的进步和名医扁鹊"增加一段关于"灸"和"针"的疗法。文言：

---

① 杨宽：《历史激流：杨宽自传》，大块文化出版股份有限公司 2005 年版，第 409 页。

当时民间流行"灸"和"针"的治疗方法，人们常用烧灼艾绒的"灸"法来治一般病痛。孟子说："今之欲王者(指希望统一天下的)，犹七年之病求三年之艾也。"(《孟子·离娄上篇》) 赵岐《注》："艾可以为灸人病，干久益善，故以为喻。"人们又常用石制的针来刺的"针"法来治病痛。《管子·法法篇》主张对罪行不赦，认为"毋赦者有小害而大利者也"，"毋赦者痤疽之砭石也"。砭石是石制的针，用来刺经脉的穴位来治病。据说扁鹊使其弟子子阳急救虢太子的昏厥，"厉(砺)针(针)砭石，以取三阳五会"，一会儿太子就苏醒(《史记·扁鹊列传》)。这已使用金属的针，所谓"砺针砭石"，就是用金属的针在磨刀上磨得锐利，所谓"三阳五会"，就是指手足三阳经脉和督脉的交会穴，皇甫谧《针灸甲乙经》以为就是头顶正中的百会穴，百会穴确是治"厥症"的特效穴位。说明这时针灸学已发展到成熟的地步。[1]

这一段关于针灸学的描述可能是受到妻子陈荷静的影响，因为陈荷静是一名医师。杨宽曾说：

> 我的妻子陈荷静医师，在一九五七年经过卫生局考试，执业中医内科兼针灸科；六四年卫生局开始颁发中医师执照，她领得内科兼针灸科执照。她受聘来美国行医，当时是此地医院中唯一使用针灸治疗并取得合法执照的医

---

[1] 杨宽:《战国史》，上海人民出版社 2016 年版，第 648 页。

师，专治转诊而来的多年药物不能治好的疑难杂症，取得了卓越的疗效，受到此地各种专科医师的赞许，因而经常推荐病人前来治疗。……献身医疗事业，并悉心从事研究，向来有把中国特有的医学推广到世界从而造福人类的志愿，因而不断把历年来累积的治疗经验和心得记录下来。来到美国后，多年来在治病之余，更努力于各种常见流行病症治疗方法的研究，陆续写成英文的论文，发表在《美国针灸杂志》(*American Journal of Acupuncture*) 上，承蒙该杂志主编看重，每次发表都放在第一篇。①

陈荷静，署名 Agnes Chen，在《美国针灸杂志》上发表多篇关于针灸的论文。《美国针灸杂志》1973 年创刊，1999 年停刊，历时 27 年，季刊。由加利福尼亚州的一个"针刺研究出版公司"出版。编委会成员有：奥地利的针刺研究所主任、奥地利针刺协会主席 Johannes Bischko；波兰华沙整形外科中心主任、波兰针刺协会主席 Ryszard Kobos；日本的针刺师 Yoshio Manaka（间中喜雄）；英国针刺协会主席 Felix Mann；美国堪萨斯城骨科和外科医师学院的 James L.Rowland；美国科罗拉多州丹佛市的一名中医和针灸师 E.C.Wong 等。该杂志侧重于针刺的理论和实践方面的研究，除针刺麻醉和止痛研究报告外，还刊登侧重于针刺治疗方面的论文，并侧重于现代神经

① 杨宽：《历史激流：杨宽自传》，大块文化出版股份有限公司 2005 年版，第 402—403 页。

生理学方面的研究。[①] 陈荷静在《美国针灸杂志》上发表的文章分别有："Effective Acupuncture Therapy for Migraine：Review and Comparison of Prescriptions With Recommendations for Improved Results"，发表在《美国针灸杂志》1989 年第 17 卷第 4 期；"Effective Acupuncture Therapy for Sciatica and Low Back Pain：Review of Recent Studies and Prescriptions with Recommendations for Improved Results"，发表在《美国针灸杂志》1990 年第 18 卷第 4 期；"Effective Acupuncture Therapy for Cervical Spondylopathy：Review of Recent Studies and Prescriptions with Recommendations for Improved Results"，发表在《美国针灸杂志》1991 年第 19 卷第 3 期；"Effective Acupuncture Therapy for Stroke and Cerebrovascular Disease：Part Ⅰ"，发表在《美国针灸杂志》1993 年第 21 卷第 2 期；"Effective Acupuncture Therapy for Stroke and Cerebrovascular Disease：Part Ⅱ"，发表在《美国针灸杂志》1993 年第 21 卷第 3 期；"Effective Acupuncture Therapy for Stroke and Cerebrovascular Disease—Part Ⅲ Prescription for Prevention"，发表在《美国针灸杂志》1993 年第 21 卷第 4 期。

综上所述，《战国史》三个版本大致可体现杨宽治学历程的转变。新中国成立后，唯物史观派确立了正统地位，全国范围内大规模学习和宣传马克思主义。在这一情势下，1955 年

---

① 《〈美国针灸杂志〉简介》，《中医药研究参考》1973 年第 5 期。

初版《战国史》是杨宽运用马克思主义理论治史的体现。后五六年内，杨宽能很快在马克思主义理论的指导下撰写成一部《战国史》确实不易。但因学习与实践马克思主义理论的时间较短，所以初版略显青涩，亦有瑕疵。接下来二十五年里，在经过参与农民起义以及各种运动式的学习讨论，杨宽的马克思主义理论修养得到了极大的提升，1980 年修订版《战国史》就是其成为著名马克思主义史学家的典型表现。1984 年赴美后，在 1998 年增订本《战国史》中，杨宽虽然扬弃了教条的分期观，并对目录、语词、内容进行了大量的调整，但仍保持了马克思主义的经典解释。值得我们注意的是，杨宽提出中国历史的发展有着"独特"的规律可能是我们理解中国历史的一把钥匙。

第七章　制度史的研究

20 世纪 80 年代，因为日本学人的邀请，杨宽将研究视野拓展到制度史领域，这被看作是中日文化友好交流的结晶。凭借自己对考古材料、纸上文献的熟悉掌握，以及赴各种遗址的实地探查，在这片还未充分开垦的学术领域，杨宽很快占有一席之地。今天，我们研究都城制度史和陵寝制度史时，他的《中国古代陵寝制度史研究》《中国古代都城制度史研究》是必须参考的著作。[①] 本章首先细描两书的成书经过，接着总结两书的学术内容及特点，最后指出两书所存在一些值得商榷的结论。

第一节　成书的经过

1980 年 7 月，日本学者西嶋定生来中国访问，在拜访杨

---

① 成一农认为《中国古代都城制度史研究》"内容翔实，涉及面广泛，因此至今依然是这一领域的必读书目之一"。成一农：《历史不一定是发展史——中国古代都城形态史的解构》，《云南大学学报》（社会科学版）2017 年第 6 期。

宽时，西嶋定生提出一个问题：古坟研究是探讨东亚文化的一个重要面相，而作为东亚文化中心中国坟墓的发生、发展及其变化过程，还是不清楚、不成体系的。西嶋定生请杨宽日后如有机会访日，可就这个问题发表看法。杨宽随即答应，立刻着手对此问题展开研究。1981 年 2 月 12 日，杨宽受邀前往日本讲学。17 日，杨宽在东京大学东洋文化研究所作了题为"中国古代陵寝制度的起源及其演变"，前来听讲的有十所大学和研究单位的研究人员 60 余人。讲演时，限于时间，杨宽只就 3 万字的原稿作了内容提要，这个提要以《中国古代陵寝制度的起源及其演变》，后发表于《复旦学报（社会科学版）》1981 年第 5 期，《新华文摘》1981 年第 12 期全文转载。对于如此系统地研究中国皇陵的起源及其演变，之前未曾有过。因此，由西嶋定生牵线，后经过整理修改，书名定为《中国皇帝陵的起源与变迁》，尾形勇、太田侑子翻译，西嶋定生监译，日本学生社 1981 年出版。这样以未刊讲稿先翻译成日文在日本出版，日本学者认为是中日文化学术交流中的创举。

《中国皇帝陵的起源与变迁》的译者太田侑子来复旦大学留学，杨宽指导她研究中国考古学。1982 年 4 月，为了对陵寝制度有更深入的研究，杨宽和青年教师刘根良以及日本留学生高木智见、太田侑子一行四人，前往西安、洛阳、贡县等地有系统地去调查研究历代帝王陵墓的遗迹。刘根良为党员，这是系里的安排，因为其中有日本留学生，一切起居生活都由他负责。2017 年 8 月 3 日，据刘根良告诉笔者：

西安、咸阳去了两个星期，看了周王朝的墓以及秦陵，洛阳看东汉皇帝陵墓，参观少林寺、塔林等，去巩县看北宋的陵墓。

先去西安，住友谊宾馆，处长接待。有好有坏，好的是所有的古陵墓都可以看，不好的是有些陵墓两个留学生不能看。杨先生可能希望刘根良承担责任，让两个留学生偷偷去。作为刚毕业的助教刘根良，没有这个胆量，还是没让两个留学生去，杨先生有点不高兴。刘根良回忆时，觉得对不起杨先生。前三天参观西安的帝王陵墓时，两个留学生没参加，后来去咸阳，从唐陵开始，两个留学生就开始参加了。每去一处，都有很多学者陪同参观。临潼是由博物馆馆长赵康民陪同，昭陵是由博物馆馆长孙迟陪同。

而据刘根良所保留下来的照片，可大致确定这次调研的时间表。

4月12日，参观陕西省博物馆。

4月13日，参观临潼博物馆，馆长赵康民陪同。参观秦始皇陵墓。

4月15日，参观汉平帝康陵、汉惠帝安陵、汉平帝王皇后墓、汉哀帝义陵、汉成帝许皇后墓、汉元帝渭陵、汉元帝王皇后墓、汉景帝王皇后墓、汉昭帝平陵、汉景帝阳陵、汉惠帝张皇后墓、汉高祖长陵、吕后墓、秦惠王秦公陵、秦武王秦永陵。

4 月 16 日，参观茂陵博物馆，内有霍去病墓。

4 月 19 日，参观昭陵博物馆，馆长徐迟陪同。

4 月 20 日，陕西师大李绵校长、史念海副校长陪同参观陕师大。

4 月 26 日，参观巩县石窟寺。

4 月 29 日，参观嵩阳书院、少林寺。

调研返回上海后，根据这次调查所得，杨宽撰写《秦汉陵墓考察》《秦汉皇陵园布局结构探讨》《先秦墓上建筑问题的再探讨》等文。《中国皇帝陵的起源与变迁》出版后，杨宽在此基础上，又增加了中篇、下篇，篇幅增加了三分之二，由此构成了《中国古代陵寝制度史研究》一书。此稿交上海古籍出版社，由编辑姜俊俊负责，日译本没有稿费。1975 年春季，复旦大学历史系招收了一个研究生班，共录取 8 名学生，系里经过慎重研究，将学生分成三个专业，姜俊俊和谢宝耿被分到杨宽处，跟随杨宽学习。[1] 在她 1982 年 7 月给上海古籍出版社的发稿计划中可见一斑。

关于杨宽撰写的《中国古代陵寝制度史研究》

复旦大学历史系教授杨宽去年应邀去日本讲学，讲学期间作了题为《中国皇帝陵的起源与变迁》的报告。杨回国后，日本学者即将杨的报告译成日文出版了（杨没得到稿酬）。

---

① 　胡中生：《杨宽和学生姜俊俊的书信往来》，《炎黄文化》2020 年第 3 期。

　　杨宽收到日本赠送的日文版书籍后，就主动和我社联系，认为今后国内需要这方面资料时反而依靠进口；其次国外对中国皇陵墓葬的情况十分感兴趣，每年有许多英、法等学者来上海旅游考察，并拍摄大量照片在国内发表。考虑到有关中国古代陵寝制度方面的学术著作，目前国内还是空白，可以出版，以后还可以出口部分，但又因日本已有译本出版，国内若要再出版，必然在内容上作新的补充和调整，除印刷技术、纸张方面多受到限制以外，质量要超过日本版方才有价值。杨宽谈了自己的修订计划以后，郭群一同志已向总编室打过招呼。

　　现在修订稿已交来，全书分三编。

　　第一编：为日本讲学稿即日文译本内容，但对日文本内容有所修订，作了两条追记，换了一幅插图，约5万字。

　　第二编：关于古代陵寝制度若干问题的探讨，全都是新加的，约5万字。

　　第三编：是有关研究论文二篇，附表六张，全部是新加的，约5万字。

　　今年四月份杨宽又花了二十多天的时间，到西安、咸阳、洛阳等地实地考察，拍摄了许多照片，其中有许多是从未发表过的。这次在日文本基础上更换和补充了新的图照。经过这样修订整理，无论在数量上或质量上都大大超过日文本了。

杨宽对先秦、秦汉素有研究，对古代墓葬制研究也有多年，是目前国内比较权威者之一，出版他的著作是有一定影响的。现在稿件图照已全部交齐，稿名为《中国古代陵寝制度史研究》，内容从先秦至明清有关陵寝制度考释，稿件脉络清楚，有较高的学术价值。拟考虑列入发稿计划，请室、社领导同志核示。①

至此，《中国古代陵寝制度史研究》列入发排计划，1985年 2 月，上海古籍版的《中国古代陵寝制度史研究》正式出版。

1983 年初，杨宽又接到日本史学家贝冢茂树在日本组织的第三十一届亚洲北非人文科学会议的邀请。接到邀请后，杨宽就着手准备发言稿，这次他的研究方向转移到都城制度史方面。四、五月间，利用教学实习的机会，杨宽带领学生高智群、王贻樑、姚平三位研究生考察历代重要都城遗址，包括曲阜、淄博、邯郸、安阳、新郑、郑州、洛阳、西安、咸阳、宝鸡、凤翔等地。对于此次考察，据姚平回忆：

> 1983 年春带我们研究生考察古代遗址，先北上山东、河北，再西进河南、陕西，又南下湖北，行程近两月，所见遗址遗物无数。一路上聆听杨先生回忆史学同好、畅谈治学心得，亲身感受他对史学的倾心投入，至今想来仍有自己不配做一个史学研究者之感。②

---

① 　贾鹏涛：《杨宽先生编年事辑》，中华书局 2019 年版，第 323—324 页。
② 　王希、姚平：《在美国发现历史：留美学人反思录》，北京大学出版社 2010 年版，第 399 页。

另一位弟子高智群也有些许回忆，他说：

> 1983 年 4、5 月间，他带我们到山东、河北、河南、陕西、湖北考察先秦古代都城，一路风尘仆仆、马不停蹄，经常和我们共宿一屋招待所，同挤火车硬座厢，从来不要求地方文物部门特别款待。每到一地，他不是考察实地，就是应邀做学术演讲，晚上还要看资料，思考问题，非常珍惜时间。①

调研考察返回上海后，杨宽就专心写作，用两个月的时间，杨宽从先秦一直写到唐代，完成了"封闭式"都城制度的探讨，约 10 万字。因发言时间有限，杨宽将稿子浓缩成 5000 字的发言提纲，题为"先秦、秦汉之际都城布局的发展变化和礼制的关系"，共 10 页。主要观点如下：中国唐代都城长安，采用东西对称、南北向的中轴线布局，不但对于宋代以后的都城规划产生很大影响，而且对于日本的京城规划也有深刻影响。唐代长安这种中轴线布局，有它的历史渊源，中国古代都城规划的历史，大体上可以分为三个阶段：(1) 从先秦到两汉，都城从一个"城"发展为"城"和"郭"相连接的结构，"城"在西部或西南部，作为宫殿、官署所在地；"郭"在东部或东北部，作为居住区和市区。整个都城方向是坐西朝东的。(2) 从东汉到隋唐，都城方向从坐西朝东变为坐北朝南，从东汉开

---

① 高智群：《编后记：一代学术　一代大家——杨宽先生的古史研究》，高智群编，杨宽著：《先秦史十讲》，复旦大学出版社 2008 年版，第 454 页。

始，"郭"以东、南、西三面环抱着"城"，经过魏晋南北朝到
隋唐，"城"和"郭"逐渐连接成东西对称、南北向的中轴线
布局。（3）宋代以后，变化不大，只是中轴线的布局有进一步
发展。总之，中国古代都城布局的发展变化，西汉、东汉之际是
一个重大的转折点。西汉以前都城布局是坐西朝东的，东汉以
后都城布局是坐北朝南的。隋唐都城南北向的中轴线布局，是
坐北朝南布局进一步发展的结果。而周、秦、西汉的都城布局
之所以坐西朝东是依据当时礼制设计的。① 由于发言稿可能没能
将问题讲清楚，不少学者希望看到论文的全貌。又由西嶋定生、
尾形勇居中联络，高木智见翻译，将写好的稿子《中国都城的
起源与发展》翻译成日文，作为已经翻译出版《中国皇帝陵的
起源与变迁》的姊妹篇。日译本于 1987 年 11 月由学生社出版。

返回上海后，杨宽又接着研究都城从"封闭式"转变为"开
放式"的过程，主要是探讨宋、元以后"开放式"都城制度的
发展及其与经济文化发展的关系。1987 年，杨宽都城制度史
的稿子基本完成。全书分为上下两编，上编为日译本《中国都
城的起源与发展》，下编为续写的《宋代以后都城的变革及其
重要设施》。1987 年 11 月 11 日，杨宽给姜俊俊写信，谋求此
稿的出版。信中说：

　　我的《中国都城的起源与发展》日文译本，本月初刚

---

① 杨宽：《先秦・秦汉之际都城布局的发展变化和礼制的关系》，《第 31 届亚
　洲、北非人文科学国际会议论文》，东方学会 1983 年版，共 10 页。

出版，我仍想拜托你，按照我原定计划，出版《中国古代都城制度史研究》一书，版式与前书相同，作为姊妹篇。但不知你最近工作忙否？能抽出时间审校我的稿件否？又不知出版社能立即编入计划否？目前我国出版条件有否改进，能较为迅速否？为了便于你请社中领导早日做出决定，我写了一信给你社领导，请你带去商议，很希望能以同样版式由你社出版。前书出版后，国内外学术都反应很好，有的还杂志发表评介（如《中国社会科学》）。日本学者尤其感到满意，很希望早日作出决定。①

1987 年 12 月 26 日，杨宽在致姜俊俊信中谈到修改书名及其他事宜，信言：

前上一函，读有关《都城史》一书出版事，想已收到。此书书名，为了销路好些，可以取消"古代研究"四字，题为《中国都城制度史》，与内容也符合。目前正在把原稿与日文译本对校，补写插图说明。日文译本的序文、跋文已请一个学生译成中文，以便早日把稿件全部寄上。为了争取早日出版，想改变初衷，把稿件航空寄到上海。②

1988 年 2 月 2 日，杨宽致姜俊俊信中谈到请她审阅，后续增补会随即寄上，他说：

《中国都城制度发展史》稿，想必已收到。如果审阅

① 贾鹏涛：《杨宽先生编年事辑》，中华书局 2019 年版，第 358 页。
② 贾鹏涛：《杨宽先生编年事辑》，中华书局 2019 年版，第 359 页。

时，发现有错脱或其他问题，请写信告知，我在此留有原
稿，请写明页数行数，马上可以看到答复。

目前此稿只有卷首图版尚待解决，要等日本方面寄照
片来。等待照片寄来，我即加上《说明》寄上。只是想增
补宋人张择端《清明上河图》图卷中描写东京"城门口街
市"和"虹桥街市"部分，关于这方面，待将来寄上照片
时，一起作好"说明"。①

1988 年 10 月，先生致函姜俊俊询问稿件进度情况，并特
别指出需要修改的地方，信言：

前接来信，说明因有要事，推迟审阅拙稿，七八月
后即可续审，不知进度如何？图版制作如何？何时可以付
排。近阅此间中文报纸，都谈国内纸价飞涨，印工亦贵，
学术著作定数降低，常常赔钱，出版社因而推迟出版。未
知拙稿进行如何？甚以为念。

此乃我晚年重要著作，上编已出日文译本，在日本很
受欢迎，因此与《陵寝制度》一书为姊妹篇，日本由同一
出版社出版，且为同一风格，日本友人亦很希望中文本早
日出版，亦是同一风格，因而日文译本一出，即飞速写信
给你问询，接着即航空寄出全稿。我本来在国外可以出中
文本，而且出版较快，印刷亦精美，纸张可较好。因我考
虑到，《陵寝制度》既由你社出版，由你审校负责，此书

---

① 贾鹏涛：《杨宽先生编年事辑》，中华书局 2019 年版，第 360—361 页。

亦同样处理为妥，因为在国际学术界上，观瞻所系。这是我不从经济方面考虑，而从国际学术界的情况来考虑的。因为年龄已高，平生以学术研究为主，国际上有许多学者知道的。日本学者西嶋定生曾为此专程到美国来访问，假出席美日史学家会议之便，到美国洛杉矶，再从美国西海岸乘飞机横越整个美国，来到此地美国东南海滨，盛情十分使我感动。因此此书中文本必须出得像样才好。想必在克服困难，努力完成审稿及付排工作，未知图版进行如何？下编图版已制作否？甚以为念。如果限于国内经济形势，无法争取早日付排和出版，望即告知。①

相比于《中国古代陵寝制度史研究》，《中国古代都城制度史研究》的出版历程一波三折。众所周知，20 世纪 80 年代，由于国内出版环境不是太好，《中国古代都城制度史研究》一书迟迟不能发排，虽然经过姜俊俊的努力，但何时出版尚是问题，基于这样的考量，杨宽打算撤稿，他在 1988 年 12 月 12 日给姜俊俊的信中说：

> 承蒙为拙作《都城史》一稿下了不少功夫，又承为出版作了不少努力，极为感激。承蒙你社编辑会多次讨论继续留用，深受爱护，尤其是你在会上力争，更为感激。但是这是大势所趋，目前国内经济情况所决定的，不是少数人的主观努力可以克服的。目前此稿尚未付排，你

---

① 贾鹏涛：《杨宽先生编年事辑》，中华书局 2019 年版，第 361—362 页。

社尚未因此受到经济上的损失，如果付排，可能仍然积压，不可能及早出版，反而造成难以解决的问题。我经再三考虑，决定特请贵社领导同志将拙稿退回，已写成一信，特请陈泖深同志送交你社领导。送交之前，当即送请你先看。当然首先要征得你的同意。务肯你同意。

……对于拙稿《城市史》，想必早已花了不少精力，内心深为感激。此次决定收回原稿，出于不得已，务恳原谅。①

1989 年 1 月 12 日，杨宽再次致函上海古籍出版社，请求将原稿退回。1989 年 2 月 22 日，杨宽致函姜俊俊请修改几处，并请她能把改正稿送给自己。信言：

图稿如能将日文改换成中文，当然很好。我想请你便中帮助一下，上次我送上"上编插图"部分，其中"图 1"请查原书，改成中文，"图 7"请代查原文加以改正，"图 22"请按《文博》原文改成中文，"图 23"请按《考古学集刊》改成中文，"图 27"请按《考古学报》改成中文，"图 28"请按《考古学报》改成中文，"图 29"日文图例请改成中文，"图 47"采自《》，考古 1963 年……请代为查篇名。……总之，我原稿上有许多地方请查原书之后改正的，想必早已全部查对而加以改正。为此，想麻烦你，请你把

---

① 贾鹏涛：《杨宽先生编年事辑》，中华书局 2019 年版，第 362—363 页。

改正稿送给我，我非常感激。这样可以免得我再另外请人代为查书再改正了。①

虽然杨宽一再要求撤稿，事后看来，此稿并未撤成，好事多磨，1993 年 12 月，《中国古代都城制度史研究》由上海古籍出版社出版。至此，《中国古代陵寝制度史研究》和《中国古代都城制度史研究》以完整面貌供学界使用了。

第二节　主要内容及学术成就

《中国古代陵寝制度史研究》，共分为三编，全书以皇陵为重点，从春秋战国至明清，讨论了中国坟丘墓的发生及其演变过程，叙述了中国皇陵的形态与规模，以及相关的祭祀制度和相应设施。上编为《中国皇帝陵的起源与变迁》，文中认为陵寝即封建统治者以大量人力物力，修建规模巨大的陵墓以及用来供奉、祭祀、朝拜的建筑，是推崇皇权和加强封建统治的一种手段。陵寝制度从战国开始，下迄明清，有两千多年的历史。陵寝的建设方式随着供奉、祭祀和朝拜的礼制不断变化。大体分为五个阶段，第一个阶段为先秦到西汉，其陵园礼制主要是供奉墓主灵魂的起居饮食，比如陈设有生活用品、家具和卧具，并住有宫女，有的设有

---

① 贾鹏涛：《杨宽先生编年事辑》，中华书局 2019 年版，第 368—369 页。

游乐场，主要的建筑是"寝"；第二个阶段为东汉，开始举
行"上陵"的朝拜祭祀仪式，"寝"开始扩大，既是日常侍
奉，又是定期朝拜；第三个阶段为魏晋南北朝，这是陵寝
制度的衰落时代；第四个阶段为唐宋，陵寝制度有所扩张，
既有举行"上陵"礼用的"上宫"，又有供日常侍奉用的"下
宫"，即朝拜"献殿"和供奉饮食的"寝宫"分开；第五个
阶段为明清时代，明太祖营建孝陵，进一步扩展上陵礼的
排场，取消日常侍奉，废除"下宫"。重视"上陵"礼制，
扩大享殿的建筑，形成三进院落的陵园规模。中编《关于
古代陵寝制度若干问题的探讨》是在上编的基础上提出 20
个问题进行讨论，有的是补充讨论的不足，如先秦墓上的
建筑问题、"墓祭"的起源和发生时代的问题、封建时代坟
墓的等级制的问题等。也有上编没有讨论到的，如祠堂、
石祠、阙、罘罳、华表、墓碑的起源及其发展演变等问题。
下编《古代陵寝和陵园布局的研究》是作者结合近年来实地
考察，有系统地结合遗迹和文献资料进行研究的新成果。书
末附录有"西汉帝陵后陵规模表""东汉陵寝规模表""南朝
陵墓现存石刻表""唐代陵寝规模表""唐陵原有石刻和现存
石刻表""唐昭陵已定位的陪葬墓和现存碑刻表""北宋陵寝
规模表""北宋陵寝规模表"和"宋陵石刻存毁状况表"8 表。

此书甫一出版，顾萱就在《中国社会科学》1986 年第 5
期发表题为《一本研究古代帝王陵墓的学术新著》予以推荐。
笔者认为此书的主要成就有以下三点：

第一，本书以皇陵为重点，纵观了中国坟丘墓的发生及其演变过程，年代上起春秋战国，下至明清，达两千几百年。不仅叙述了中国皇陵的形态和规模，而且详尽地阐述了相关祭祀制度及其相应设施。这是当时学术界第一部纵观中国皇陵起源及其演变的系统著作。

第二，本书不仅完美地综合各种考古史料和文献史料，而且重视"礼制"在祭祀制度背后的重要作用，提供了除祭祀制度和社会经济关系单调角度外的另一种视角，给人耳目一新的感觉。[①] 而这个观点对于后来学者就产生了重要的影响，比如都城变化的原因取决于礼制，杨宽认为这种转变在西汉长安城与东汉洛阳城之间，而刘瑞认为这种巨变并非突然发生，是经过西汉后期至王莽时期多次反复才翻转过来的。[②]

第三，在细节的还原上出神入化。如杨宽说，每月祭祀的日子，都要把附着汉高祖刘邦的生前衣冠从"陵寝"中取出，送到"原庙"中游历一番，也就是"月一游衣冠"。

《中国古代都城制度史研究》，共分为上编和下编，上编是《中国都城的起源和发展》，下编是《宋代以后都城制度的变革及其重要设施》。书中将中国都城制度史分为两个阶段，前一阶段从先秦到唐代，是封闭式都城制度，即上编所

---

① 杨宽：《中国古代陵寝制度史研究》，上海人民出版社 2016 年版，第 93 页。
② 刘瑞：《汉长安城的朝向、轴线与南郊礼制研究》，中国社会科学出版社 2011 年版。

讨论的。所谓的封闭式都城制度是指郭内存在封闭式的居民"坊里"制度和集中贸易的"市"的制度。居民众多的"坊里"和开设商店的"市"，四周都筑有围墙，所有门户都设有小官管理，早晚定时开关。夜间不准出入。一般居民住宅只准造在"坊里"以内，不许当街开门。等到晚上坊门、市门紧闭，大街上就不准通行，都城内有严密的警卫设施。这个阶段按照城郭连接不同布局又可分为三个时期：第一个时期，商代是有城无郭的时期；第二个时期，从西周到西汉时西城连接东郭的时期；第三个时期，从东汉到唐代是东西南三面郭区环抱中央北部城区时期。而在西汉、东汉之际，都城制度发生一次重大变化，整个都城的造向由"坐西朝东"变为"坐北朝南"；后一阶段从北宋到明清，是开放式都城制度时期，即下编所讨论。开放式即居民区与商业区连成一片，大街小巷交通网形成。而唐宋之际都城制度之所以从封闭式变为开放式，是因为都城人口急剧增加，广大居民生活必需品的供求日益增加，再加上社会经济的发展使然。可见，都城的发展和变化与当时社会的政治、经济、文化发展息息相关。

西嶋定生在日译本自序里面高度肯定此书，他说："大作基于都城的平面布局发展与礼制及政治史相关联这一新观点，实证地、综合地阐明了中国古代都城制度的发展历史。""本书是一部充满了创见及其论证的著作，我想，在或仅有论证而没有创见、或仅有创见而没有论证的论著为数不少的当今学术

界，本书带来的效果将是巨大的"。① 笔者认为此书的主要成
就有以下三点：

第一，本书是较早的开始中国古代都城历史研究的著作。
书中将中国古代都城制度发展历史分成两个阶段，第一阶段
从先秦到唐代，是封闭式都城制度时期；第二阶段从北宋到
明清，是开放式都城制度研究。这一论点基本上科学地划分出
中国古代都城制度发展史的两大阶段，得到了学界的认可。②

第二，本书是古代都城城市形态史方面少有的通论性著
作。由于与中国古代城市规划直接相关的文献资料并没有保存
下来，文献中对历代都城城市形态形成的原因也缺乏可靠的记
载。为了解决这个问题，杨宽在构建都城城市形态发展史时采
用了城市形态比较的方法。具体来讲，对于划分在同一时期的
各个都城，分析城市形态之间的相似性，由此认为都城的城市
形态具有连续性。而被划分为不同阶段的都城，主要比较其差
异，由此说明都城城市形态的变革创新。基于此，"杨宽进一步
探讨了形成各个阶段的内在原因，由此一部枝叶丰满的存在脉
络、阶段和变化规律的中国古代都城形态发展史也就随之建立
起来"。③

---

① 杨宽：《中国古代都城制度史研究》，上海人民出版社 2016 年版，日译本
序第 1、5 页。
② 刘庆柱：《中国古代都城考古学述论》，《考古学集刊 16》，科学出版社
2006 年版，第 44 页。
③ 成一农：《历史不一定是发展史——中国古代都城形态史的解构》，《云南
大学学报（社会科学版）》2017 年第 6 期。

　　第三，敢于提出新见解。比如，关于秦都咸阳，杨宽认为其遗迹因渭水泛滥而被湮灭，作者用两个方法复原。一是依据文献推论，战国时代张仪仿照咸阳营造蜀的成都，其结构方式是大郭和小城相连接，由此推定咸阳也是小城大郭相连接。一是从秦始皇陵现存形态来推论。皇帝死后陵墓一般是仿照生前都城建造。如果秦始皇生前模仿都城咸阳建筑的话，那么咸阳的构造定是小城大郭；再如，关于汉都长安，历来看法是，汉长安城的整体布局残存在城墙内，杨宽认为现存城墙只是小城部分，小城的东北部和北部还有大郭部分。① 又如，都城有大小城制度，大城在东、宫城在西是与古代都城的功能和"以西为贵"的礼俗相关。② 再如，对元会仪的研究，元会仪在尊崇皇帝之贵的同时，还明确群臣的秩序；群臣和宗室向皇帝朝贺、"上寿"，并通过郡国上计的方式对全国各地一年的情况考核，以达到强化中央集权，具有重要的意义。③

　　综上所述，《中国古代陵寝制度史研究》和《中国古代都城制度史研究》得到日本学者及国内学者的充分肯定。但平心而论，随着新考古资料的大量出现，两书中仍然有些论点值得商榷，甚至某些结论或者论证是有错误的。比如，秦都咸阳西

---

① 杨宽：《中国古代陵寝制度史研究》，上海人民出版社 2016 年版，日译本序第 2—3 页。

② 高智群：《编后记：一世学术　一代大家》，高智群编，杨宽著：《先秦史十讲》，复旦大学出版社 2008 年版，第 446 页。

③ 刘永华：《中国社会文化史读本》，北京大学出版社 2011 年版，第 175 页。

城东郭说；① 西汉洛城门大道指洛城门的城外大道，东、西两
市都在北郭，以洛城门外的杜门大道为界；西市为大市；② 汉长
安城的设计思想是承袭战国和秦代都城布局结构的模式；汉长
安城属于宫城性质；东市和西市不在汉长安城内；③ 古不墓祭，

---

① 李令福：《论秦都咸阳西城东郭说之不能成立》，《中国历史地理论丛》
　　1999 年第 1 期。

② 钱彦惠：《西汉长安城市场研究——兼论汉魏洛阳城的市场》，《考古学报》
　　2020 年第 2 期。

③ 刘庆柱：《汉长安城布局结构辨析——与杨宽先生商榷》，《考古》1987 年
　　第 10 期。刘庆柱：《再论长安城布局结构及其相关问题——答杨宽先生》，
　　《考古》1992 年第 7 期。刘庆柱：《中国古代都城考古学述论》，《考古学集
　　刊 16》，科学出版社 2006 年版，第 44—45 页。针对杨宽与刘庆柱的争论，
　　日本学者佐原康夫认为杨宽、刘庆柱根据共同的史料确有不同的解释，这
　　是文献学家和考古学家之间认识的差异，佐原康夫指出杨宽、刘庆柱的论
　　断里面都有正确的地方，也都有疑惑的地方。在杨宽的论说中，在历史变
　　化中捕捉都城观念的变迁，这在秦汉以前特别有效，但认为汉长安城反映
　　了战国时代的都城观念则是不适当的。此外，杨宽所主张的"设计思想"
　　是否存在？长安城"东郭"的功能是什么？"北郭"的推定材料不够充分
　　等都有疑点。而刘庆柱主张东、西市全在城内，如果是这样的话，城内
　　就不应该有市场和庶民居住的里。刘庆柱学说也有缺点，比如，全面否定
　　东、北廊，实际上，作为首都防卫线的军事设施也可能存在。佐原康夫认
　　为考察汉长安城和秦都咸阳的关系，不能紧限于时代前后和观念继承发展，
　　而必须在同时代地理空间展开，将它们作为新的都市形成来把握。而刘庆柱
　　仅限于考察长安城壁内部也是有问题的。[日] 佐原康夫著，张宏彦译：《汉
　　长安城再考》，《考古与文物》2001 年第 4 期。许宏指出，杨宽认为的西汉长
　　安城是具有内城性质的宫城，不同于后世只建皇宫的宫城；刘庆柱坚称的历
　　代宫城中都是没有一般居民的"里"夹在其中，杨宽所言是广义的宫城，刘
　　庆柱所言是狭义的宫城。所谓的内城、小城、宫城是不易做明确的划分，在
　　一定情况下，小城、内城、宫城是通用的。许宏：《大都无城：中国古都的动
　　态解读》，生活·读书·新知三联书店 2016 年版，第 44—45 页。

墓上建筑的名实；[1] 元会仪中皇帝接受郡国上计文书、检查、
考核地方行政等。[2]

---

[1]   杨鸿勋：《关于秦代以前墓上建筑的问题》，《考古》1982 年第 4 期。杨鸿
     勋：《〈关于秦代以前墓上建筑的问题〉要点的重申——答杨宽先生》，《考
     古》1983 年第 8 期。

[2]   刘永华：《中国社会文化史读本》，北京大学出版社 2011 年版，第 175 页。

第八章　《西周史》的研究

《西周史》为杨宽晚年的一本重要断代史著作，从开始研究到最终出版，前后大约用了42年的时间，出版后，在学界收获了广泛的声誉。此书是建立在一篇篇扎实专题论文的基础上，其史学成就体现在：推进了西周官制史的研究和对《周礼》"重新分辨，去伪存真"，还原了西周真实的典章制度。《西周史》虽然偏重考证方面，但作为一本历史著述，它仍然有叙事上的鲜明特点，比如对历史事件原因的探索、对历史事件过程细节的还原、对历史事件重大作用或意义的阐释。兼具历史的考证性和叙事性，使得《西周史》成为中国先秦史领域中的一部经典。

第一节　成书的经过

1949年后，学术界关于古史分期问题展开了热烈的讨论，杨宽参与其中。随着讨论的不断深入，他认为研究古史分期应该先研究具体问题，待具体问题解决了，就能做出正确结论，于是他把突破点放在了西周的生产工具和生产技术上。马克思的一个重要观念是生产力决定生产关系，但当时学界关于西周生产力的水平看法相差很大，有学者认为西周农业生产工具相当于原始公社时期，而有的学者认为西周生产力和欧洲封建社会中期的生产力相当。因此，为了搞清楚西周的生产力到底何种水平，1957 年，杨宽撰写《论西周时代的农业生产》一文考察西周的生产工具和生产技术。[1] 这是杨宽研究西周史最早的一篇论文。在此基础上，为了继续深入讨论西周是什么性质的社会，在随后几年，杨宽相继撰写了《关于西周农业生产工具和生产技术的讨论》（1957 年）、《论中国古代的井田制度和村社组织》（1959 年）、《论西周时代的奴隶生产关系——中国古史分期问题讨论之一》（1960 年）等论文。

1962 年起，杨宽开始对另一重要学术领域——西周的文化教育和"礼"进行研究。《我国古代大学的特点及其起源——兼论教师称"师"和"夫子"的来历》一文认为我国古代学校教育，起源甚早。商代贵族已有学校，到西周时已有较完备的学校制度。当时的大学（辟雍）设有园林和大池，不仅是贵族子弟学习的地方，又是公共活动的场所，还是行射礼和习射之处，具有练习武艺的性质。它又是举行乡饮酒礼的地方，带有敬老、养老、协商大事的性质。更是行礼、奏乐、舞蹈的

---

[1] 杨宽：《论西周时代的农业生产》，《学术月刊》1957 年第 2 期。

地方，故称为娱乐场所。教师称"师"起于西周，因为当时大学以练习武艺为主，"夫子"是军队中的各级军官，所以教师起源于军事训练的军官。① 此外，在西周、春秋时代，许多经济、政治、军事上的重要措施和制度，往往贯穿在所举行的各种"礼"中，因此，要深入研究西周的社会制度，一定要对各种"礼"作一番研究。基于此，杨宽开始对西周的"礼"进行了探索。在《中华文史论丛》1962 年第 1 辑上发表的《"冠礼"新探》一文是这方面最早的研究成果。

1962 年 9 月 11 日，中华书局上报文化部办公厅《文化动态》中有一篇题为《中华书局组织编订学术论文集》的综述，分为"已故专家论文集"、"今人学术论文集"、《专题学术论文集、讨论集》三类。在"今人学术论文集"下有一个详细的名单，经作者同意编订的有：陈垣、陈寅恪、顾颉刚、马叙伦、竺可桢、梁思成、刘节、裴文中、于省吾、唐兰、容庚、胡厚宣、邓广铭、谭其骧、梁方仲、侯仁之、韩儒林、周一良、杨宽、冯家昇、游国恩、王力、周祖谟、刘大杰、夏承焘、王季思、冯沅君、陆侃如、余冠英、孙楷第、高亨等三十余人。② 杨宽名列其中，可见，他已同意编订自己的论文集。9 月 29 日，中华书局即去信与杨宽签订合同，信言："兹奉上尊著《古史

---

① 杨宽：《我国古代大学的特点及其起源——兼论教师称"师"和"夫子"的来历》，《学术月刊》1962 年第 8 期。

② 中华书局编辑部编：《岁月书香：百年中华的书人书事》第 3 辑，中华书局2012 年版，第 77 页。

述林》约稿合同一式两份。如尊同意，请填写交稿时间并签字
后将其中一份寄还。"10 月 25 日，杨宽回信，信说："《古史述
林（初集）》合同一纸，奉上，请查收。因《辞海》定稿工作任
务繁重（担任其中'中国古代中世纪史'主编工作），个人著作
及修订工作只能推迟，故定在后年六月完成。"1963 年 2 月 28 日，
中华书局催问稿子的撰写进度，"您的论文集《古史述林》的编
辑工作进行得怎样，可否提前完成，并希便中示知"。①

　　1963 年，上海社会科学院历史研究所填报 1963 年至 1972
年哲学社会科学重要研究项目时，杨宽将西周史研究正式列入
学术计划，首先对西周时代社会经济、政治、军事上的重要制
度和措施，分别具体而有系统地研究，写成若干论文。目的在
于有助于进一步探讨古代史分期问题和我国古代社会的发展规
律及其特点。从 1965 年至 1970 年，在吸取上述专题研究对制
度方面的探索的成果，加以融会贯通，并对西周时代的重要历
史事件和历史人物作出分析和评价，更吸收考古上的成就，然
后综合写成西周史的专著。② 既然有了这样的学术计划，再加
上已有了对"礼"研究的突破口，杨宽渐次撰写《"大蒐礼"
新探》（1963 年）、《"乡饮酒礼"与"飨礼"新探》（1963 年）、
《"赞见礼"新探》（1964 年）。

　　由上可见，从 1957 年至 1964 年，杨宽已对西周的经济、

----

① 贾鹏涛整理：《杨宽书信集》，上海人民出版社 2019 年版，第 121、124 页。
② 上海市档案馆藏：上海社会科学院历史研究所填报的 1963—1972 年哲学
社会科学重要研究项目表（反动史学批判），档案号：B181—1—336—84。

文化进行了局部的探讨，而为了配合中华书局的出版计划，杨宽将之前的论文结集出版，书名由《古史述林》改为《古史新探》。1965 年 10 月，此书由中华书局出版。据杨宽回忆，由于当时政治形势的不断变化，此书的出版颇为惊险，差点未能出版。据他说："当我写成《贽见礼新探》一文发表在《中华文史论丛》第五辑时，已是六四年六月，这时思想领域的大批判已经在全国开展，眼看大规模的政治运动将要到来，因此急急忙忙把《古史新探》一书修订编辑完成送到出版社，到六五年十月由北京中华书局出版，如果再迟些就不可能出版了。因为到十一月，作为'文化大革命'序幕的姚文元《评新编历史剧〈海瑞罢官〉》就发表了，我这样一本探讨古代礼制的书怎么可能出版呢？正因为这时重大政治斗争即将爆发，人们已无心钻研什么故纸堆中的学问。"①

这本书的出版，可以说是代表杨宽研究西周史的阶段性成果。杨宽将书分赠国内好友，顾颉刚阅读完此书，在日记中写道："杨宽正君在抗战前读书光华大学已著声誉。抗战八年，在家埋头研治战国史，将此一时期零断之史料得系统化。近作《古史新探》，更用马克思主义贯串西周、春秋之史料，解决许多问题，读之使我自惭，期于学步。"② 熊德基在

---

① 杨宽：《历史激流：杨宽自传》，大块文化出版股份有限公司 2005 年版，第 281—282 页。
② 顾颉刚：《顾颉刚日记》第十卷（1964—1967），联经出版事业股份有限公司 2007 年版，第 378—379 页。

致程应镠信中言及此书时言："我青年时期，对《三礼》没好好读过，所以读诸史《礼志》都感到困难。在这方面深感不及前一辈人。六七年前，杨宽同志寄赠我一册《古史新探》，其中有数篇专论古礼的文章，觉得不错。我更钦佩他有此决心，肯在这方面下功夫，较之一般'国故'学家高出若干倍。"[1] 杨华说："杨宽先生六十年代出版的《古史新探》中一系列阐释古礼制的文章，上自氏族社会下至秦汉之际，实物与文献互证，穷本索源，史论结合，不愧为以新方法研究古礼制的发凡起例之作。"[2]

1966 年，"文化大革命"开始后，进行真正的学术研究是不可能的事情。因此，从 1966 年至 1976 年间，杨宽再没有写过有关西周史的论文，仅撰写了应付各种政治运动的文章。改革开放后，学术研究的环境又渐回正常。自 1980 年起，杨宽再度重启西周史的研究，与助手钱林书合著，发表在《复旦学报》1980 年第 4 期的《曾国之谜初探》即是重启后第一篇有关西周史研究的论文，而对西周重要的政治制度进行探索，则是 20 世纪 80 年代后的重点，相继发表了《西周时代的楚国》《西周中央政权机构剖析》《西周王朝公卿的官爵制度》和《论西周初期的分封制》等文。

1984 年，杨宽可能在定居美国后即开始整理修订《西周

---

① 虞云国：《程应镠先生编年事辑》，上海人民出版社 2016 年版，第 349—350 页。
② 杨华：《先秦礼乐文化》，湖北教育出版社 1996 年版，第 8 页。

史》。杨宽说："八十年代，我开始在上述研究的基础上，从事
著作这部《西周史》。"①1987 年，王孝廉向杨宽邀约写一篇纪
念文章，收入其师《御手洗胜博士退官纪念论文集》。杨宽在
3 月 17 日的回信中说："最近正在整理修订《西周史稿》，将在
两周史中选取重要题目，写成论文，送呈参与纪念，不知合适
否？"②1987 年 11 月 11 日，给姜俊俊信中提到此稿的整理进度，
"近年正在起草的《西周史稿》一书，过去只写成三分之一，三
分之二还是笔记性质，至今尚未写成有系统著作，有待于健康
正常后进一步完成。"③1995 年 5 月 24 日，杨宽在致王孝廉信
中谋求《西周史稿》的出版，"我近年在写《西周史稿》一书，
此次发表的《论周武王克商》即是其中一部分，全书写出还需
一段时间，如果今后台湾适合出版，亦是好事。因为四十年隔
断，我在台湾没有熟人，我想拜托先生代为询问。"④1997 年 5
月，出版事情有了着落，由吴继文先生主持。1997 年 5 月 1 日，
杨宽致信王孝廉："承蒙请托吴继文先生办理拙著在台北出繁
体字本的事，吴继文先生非常热忱，既打电话，又有来信，我
已将《战国史》（增订本）稿寄给他，同时他又热忱许诺继续
出版我的《战国史料编年辑证》（约七十万字）和《西周史稿》
以及《论文集》，这些稿件我正在陆续复印中，待复印完成，

① 杨宽：《西周史》上，上海人民出版社 2016 年版，前言第 4 页。
② 贾鹏涛：《杨宽先生编年事辑》，中华书局 2019 年版，第 351 页。
③ 贾鹏涛：《杨宽先生编年事辑》，中华书局 2019 年版，第 358 页。
④ 贾鹏涛：《杨宽先生编年事辑》，中华书局 2019 年版，第 397 页。

亦将陆续寄给吴先生。"① 可见，在 1997 年 5 月，《西周史》已
完稿。1997 年 6 月，将稿子寄往台北。1997 年 10 月，继续补
充修订《西周史稿》。《西周史稿》的出版进度大约和台湾版一
致，在编辑的过程中，为了与《战国史》书名保持一致，大陆
版编辑李远涛建议删去"稿"，直接名为《西周史》。1998 年 5 月，
杨宽回信采纳，同时表示将通知台湾商务印书馆予以改名。②

1999 年 4 月，《西周史》繁体字版在台湾正式发行。在印
刷前，杨宽估计此书"不可能发行多的，因为此中引用'金文'
较多，不是一般读者所能消化，因而印刷也较麻烦。"但到是
年 10 月，繁体字版第一次印刷已销倾。1999 年 11 月，《西周史》
大陆版正式出版。从 1957 年到 1999 年，跨度 42 年，《西周史》
的"草创工作"正式完成了。③

第二节　主要内容及学术成就

杨宽的专著有：《中国上古史导论》《战国史》《中国古代
冶铁技术发展史》《中国古代都城制度史》《中国古代陵寝制度
史》，这些专著的撰成并不是一蹴而就直接著述的，而是建立
在一篇篇坚实论文的基础上，《西周史》亦不例外。全书加上

---

①　贾鹏涛：《杨宽先生编年事辑》，中华书局 2019 年版，第 416 页。
② 　贾鹏涛整理：《杨宽书信集》，上海人民出版社 2019 年版，第 147 页。
③ 　贾鹏涛：《杨宽先生编年事辑》，中华书局 2019 年版，第 418 页。

附录 1 章，共有 43 章，510 页，有 21 章已先公开发表，而这
21 章是全书的主体部分，其中 1965 年出版的《古史新探》7
篇文章又是 21 章的重要组成部分。

　　不同于战国史，研究西周史有着史料难题。第一，儒家
所传西周史料，大多是开国文献，缺乏西周中期和后期的史
料。第二，儒家所传西周的礼书，都不是原始资料，已经按照
儒家的政治理想重新编订。因此，书中所记周朝的典章制度不
是西周原有的制度，需要"重新分辨，去伪存真"。既然儒家
所传西周文献有局限性，又缺乏中期和后期的文献，利用金文
资料进行研究就特别重要。因此，研究西周史，"很有必要以
西周可靠文献，结合西周金文，参考儒家所传礼书，作综合比
较和分析研究，从而得出正确的结论"。[1] 因为西周史料有局
限性，所写经济、政治、文化各方面，详略不同，写法也有差
别。比如，第一编"西周开国史"、第二编"西周时代的土地
制度、农业生产和手工业生产"、第六编"西周时代的文化教
育和礼制"的重点章节都是用金文资料写成的，第三编"西周
王朝的政权机构、社会机构和重要制度"、第四编"西周的军
政大事"等，则主要是运用西周金文资料写成的。[2]

　　第一编，西周开国史，因为文献资料比较充实，写得很
翔实。洋洋洒洒写了 169 页，依次写了周的起源和兴起、周的

① 　杨宽:《西周史》上，上海人民出版社 2016 年版，前言第 3 页。
② 　杜勇、周宝宏:《金文史话》，社会科学文献出版社 2011 年版，第 164—
　　165 页。

开拓和克商、周的创建和东征的胜利以及东都成周的营建和中央政权的创设。

第二编，西周时代的土地制度、农业生产和手工业生产。本编共 6 章 137 页。杨宽认为西周推行的井田制是贵族占有的村社土地制度。原来的井田既有公共耕作的"公田"，又有一夫受百亩的规定，但到了西周，"公田"已被贵族占有，农民由田官监督在"公田"劳动，还要织布供贵族做衣裳，猎取貉和狐狸为贵族做皮衣，参与打猎练习，猎得大兽献给贵族，酿酒杀羊为贵族祝寿等，农民只分配到"百亩"的私田来维持生计。到西周晚期，由于农民不肯尽力耕作"公田"，"公田"逐渐荒废。到春秋战国之际，各国先后取消"籍田"，改用按亩征税，实行按户籍授田的制度。如此，除了按亩纳税和服役外，农民的生活和生产是自主的，因而生产积极性较高，生产得以进一步发展，成为社会繁荣和经济发展的基础。①

第三编，西周王朝的政权机构、社会结构和重要制度。本编为《西周史》的一个重要部分，计有 9 章 173 页。集中论述了西周中央政权两大机构卿事寮、太史寮，以及重点分析西周官制中的公卿官爵制度。结论为：西周中央政权机构中确实存在着卿事寮与太史寮两大机构。卿事寮主管"三事四方"，"三事"指王畿以内三种政务，"四方"指王畿以外所封四方诸侯地区的政务。卿事寮是周王的办公厅和参谋部，掌管政治、

---

① 杨宽：《西周史》上，上海人民出版社 2016 年版，前言第 4—5 页。

军事、刑法等。太史寮的官长是太史，掌管册命、制禄、图籍、记录历史、祭祀、占卜、礼制、时令、天文、历法、耕作等，太史寮是周王的秘书处和文化部。进而总结出西周中央政权机构有两个特点：第一，军政合一。卿事寮的长官不但掌握中央机构的政权权力，同时也是军队的最高统帅。第二，史官居于重要地位，太史寮的重要性仅次于卿事寮，太史是仅次于太师的执政大臣。① 此外，杨宽指出西周朝廷大臣的等级分为公卿两级，公一级，早期有太保、太师、太史，后期有太师、太史，太师可能有两人。卿一级的，早期有司徒、司马、司工、司寇、太宰、公族，到中期以后，司寇的职位降低，只有五位大臣。②

第四编，西周王朝的军政大事，共 6 章 149 页。本编主要论述了周朝军政方面的大事，如周武王克商、西周历代对四方的征发和防御、西周初期东都成周的建设以及西周时代对东北和北方的开发。

第五编，西周时代的楚国和曾国，共 2 章 33 页。本编主要论述了西周时代楚国的起源、建国及其创业的过程，并对文献上不曾出现的先秦时代的曾国，对学术界有争议问题提出己见。

第六编，西周时代的文化教育和礼制。这部分内容为《西

---

① 杨宽：《西周史》上，上海人民出版社 2016 年版，第 337—358 页。
② 杨宽：《西周史》上，上海人民出版社 2016 年版，第 385 页。

周史》的一个主体部分，篇幅较大，计有 193 页。从西周的衣
食住行，西周的教育机构（大学）写到西周的礼制，其中对礼
的研究又是本章的主体内容。西周、春秋时代的贵族都十分讲
究礼，而礼是贵族根据古老的风俗习惯，加以改变和发展，作
为巩固贵族内部组织和统治人民的一种手段，目的在于维护其
宗法制度和君权、族权、夫权、神权，具有维护当时社会经济
制度和政治制度的作用。① 由于礼本身具有顽固的保守性，可
以对周礼"重新分辨，去伪存真"，探索其起源、流变和性质、
作用等各个方面，如此有助于我们对古代历史和文化的理解。②

　　第七编，西周王朝的衰亡和东迁中原，共 2 章，因为材料
较少，所以这部分内容仅有 15 页。

　　《西周史》出版后，在学术界获得了很大的声誉。有学者
说："继许倬云之后，台湾地区亦出版了杨宽的《西周史》（商
务，1999）。本书与许倬云《西周史》相比较，显见杨氏《西周史》
更大量地引用文献来说明社会经济；尤其在礼制方面的探讨，
篇幅更超出前书甚多。"③ 有学者谓："在利用金文资料研究西周
历史文化方面，《西周史》是其代表作。……这部专著与他的《战
国史》一样，都对制度史给予特别关注，如利用金文资料对西
周中央政权机构和王朝官爵制度的分析，即是书中最有学术价

---

① 杨宽：《古史新探》，上海人民出版社 2016 年版，序言第 2—3 页。
② 杨宽：《西周史》下，上海人民出版社 2016 年版，第 760—784 页。
③ 林天人：《战后台湾的历史学研究 1945—2000》第二册《先秦史》，台北"行
　　政院科学委员会"2004 年版，第 171—172 页。

值的部分。"①由上可知，《西周史》的主要成就集中在两个方面：对于西周官制和周礼的研究。

第一，对西周官制研究的推进。有学者指出，《西周史》第三编《西周王朝的政权机构、社会结构和重要制度》第一章《西周中央政权机构剖析》②、第二章《西周王朝公卿的官爵制度》，在学界粗略勾画出西周中央政权的组织机构设置情况下，杨宽进一步论证了西周中央政权的两大官署，即卿事寮和太史寮，并根据西周金文册命礼中"右"者的官职及与受命者的官职关系，系统地探究了当时朝廷大臣的组织及其统属体系，杨宽的研究就把"西周官制研究，由原来的单纯'官名'考证，上升到真正的'官制'研究上，为进一步推动西周官制研究向纵深方向发展，奠定了良好的基础。"③在第三编第五章《西周春秋的乡遂制度和社会结构》中，杨宽认为西周时代

---

① 杜勇、周宝宏：《金文史话》，社会科学文献出版社 2011 年版，第 164—165 页。
② 张志康、谢介民在《学术月刊》1988 年第 2 期发表《"卿事寮"析论》一文，对《西周中央政权机构剖析》一文中论两大官署"卿事寮"和"太史寮"的某些论点提出疑问，杨宽看后决定不予回信，他在 1988 年 12 月 12 日致姜俊俊的信中说到此意："此文虽然表面上无恶意中伤的话，但引用诽谤者所作的某一论断，骨子里仍为诽谤者张目，用心不良。写这篇文章的人，对古代史尚未入门，缺乏常识，所引史料也都不正确，甚至引用东晋人伪造的《伪古文尚书》来作证，其中常识性错误甚多。不值得一谈，徒然浪费笔墨与时间，稍有常识的人，一目了然。"贾鹏涛：《杨宽先生编年事辑》，中华书局 2019 年版，第 363 页。
③ 宫长为：《西周官制研究的回顾与展望》，《史学月刊》1995 年第 5 期。

的"六𠂤"和"八𠂤"，既是官方的军事组织，又是自由公民的地域组织。统率这些军队的长官"师氏"，既是高级军事长官，又是地方行政长官。因此，西周时代的"六𠂤"和"八𠂤"，是一种军队编制和乡邑编制相结合的组织。① 杨宽的这个观点，学界有学者呼应，他说："西周金文的'六师'、'八师'只能以当时军事制度与行政制度的合一来解释。'六师'、'八师'不仅指军队，也通指出军的乡，这乃是释读有关金文的关键。"②

第二，对周礼的研究。杨宽对西周礼制的研究有其特色，他首次全面地揭示了古代礼书的史料价值，利用古代礼书中的材料，"重新分辨，去伪存真"，还原了西周真实的典章制度。如西周朝廷大臣有公、卿两级，公一级，早期有太保、太师、太史，后期有太师、太史，太师可能有两人。卿一级的，早期有司徒、司马、司工、司寇、太宰、公族，到中期以后，司寇的职位降低，只有五位大臣。《周礼》以六卿为纲，六卿是天官冢宰、地官司徒、春官宗伯、夏官司马、秋官司寇、东官司空。综合金文和其他文献，《周礼》的六卿和西周的卿一级骨干大体是相同的，司徒、司马、司工、司寇是相同的，太宰也即冢宰，只是公族和宗伯有出入，但基本性质是相同的，同样是掌管宗族内部和君王的事务。以太宰为例，西周时不过是王

① 杨宽：《西周史》上，上海人民出版社 2016 年版，第 445 页。
② 李学勤：《论西周金文的六师、八师》，《华夏考古》1987 年第 2 期。

的家务官，主管王的财用。《礼记·王制》所说"冢宰制国用"是正确的。但《周礼》以太宰"掌建邦之六典，以佐王治邦国"，居于六卿首位，由他总摄六卿，其余五卿，主管一典，统治一个方面。这种以冢宰为首的六卿组织，显然是儒家按理想所作的系统安排。《周礼》说太宰的职务范围很广，总管全国政治，"以八柄诏王驭群臣"，"以八统诏王驭万民"，但天官所统属的许多职官，都是管理宫内饮食、医疗、保藏及服侍君王和王后的事务官，可见冢宰是君王的家务官。[①] 可见，周礼中虽然补充了许多理想化的成分，经过了系统化的编制，但确实有不少真实材料为其写作的基础。

第三节　叙事上的特点

海登·怀特认为历史事实是历史研究的基本材料，从基本的材料到构成完整的叙事需要五个层次，它们分别是：编年史、故事、情节化模式、论证模式和意识形态蕴含模式。编年史和故事都是"从未被加工的历史文献中被选择出来并进行排列的过程"，都蕴含有史家自身的能动性，但一个编年史是按照事件发生的年代顺序单纯罗列下来的一组事件的序列，它没有开头和结尾，没有高潮和低潮，没有紧密的联系而只是时间

---

① 杨宽：《西周史》上，上海人民出版社 2016 年版，第 385—387 页。

的相接，没有事件的深入剖析，只是停留在时间的表面记录。而故事却不一样，故事则是有明显可辨认的开头、经过、高潮和结尾，这故事也就是历史叙事。[①] 可见，一定意义上来讲，历史叙事就是讲故事，这个故事要有开头、经过、高潮和结尾。《西周史》虽然是一部偏正考证的断代史著作，但是作为一部历史著作，它仍然有着叙事上的鲜明特点，西周从兴起、开拓、克商、创建、稳固、拓疆到西周王朝的衰落、灭亡，这要形成一个叙事，也就是在讲一个故事。在笔者看来，《西周史》的叙事性主要体现在以下三点：

其一，对于历史事件原因的探索。

卡尔说过："历史研究是一种因果关系的研究。……历史学家在不断提出'为什么'这个问题；只要他希望得到答案，他就永不停息。伟大的历史学家——或许我应该更广泛地说，伟大的思想家——是能对新事物或在新背景下提出'为什么'这个问题的人。"[②]《西周史》中对于历史事件原因的探索有很多地方，比如，周的开拓疆土是从季历开始的，之所以开拓取得成功，有三个原因：第一，由于与太伯所建的虞国友好合作，以虞国作为向山西地区开拓的重要据点。第二，由于和中原任姓的挚国通婚，从而争取商朝所属的任姓诸侯为盟国。第

---

① ［美］海登·怀特：《元史学：十九世纪欧洲的历史想象》，陈新译、彭刚校，译林出版社 2004 年版，导论第 6 页。

② ［英］E.H.卡尔：《历史是什么?》，陈恒译，商务印书馆 2007 年版，第 186 页。

三，由于周利用商朝国力衰落，"诸夷皆叛"的时机，在奉命为商朝抵御戎狄的战斗中，不断壮大自己的力量，在今山西地区有所开拓。[①] 又如，周以小国战胜强大的商，原因何在？第一，"殷之所以兵多而不堪一击，首先是由于殷贵族生活奢侈腐化，沉迷酒色，政治腐败，重用所谓'暴德'、'逸德'的人，对人民十分暴虐，国内矛盾十分尖锐，以致军队在战场上倒戈而拥戴周武王。"第二，由于殷长期对四方夷戎部族的掠夺，因此和四方夷戎的矛盾日益尖锐。特别是和强大的东夷连年战争，军事力量消耗很大。相反，周之所以能够这样在牧野一举得胜，主要是由于姬、姜两姓贵族的联盟，领导集团的"同心同德"，西方诸侯的合作，武王选定了有利于克商的时机，制定了适当的战略步骤，周的军队的斗志昂扬，作战英勇。[②]

其二，对于历史事件过程细节的还原。

史学研究的一个主要工作就是在已有资料的基础上，还原历史。《西周史》对于西周初期历史细节的描述非常细致。比如，公亶父迁都岐阳周原，对于如何迁往岐下，杨宽利用《诗经·大雅·緜》中的内容予以说明，周族初期生下的子孙如同瓜瓞那样连绵不绝。公亶父带领周族从杜水前往漆水。原来他们住的都是窑洞或地穴，没有建成地上的房屋。公亶父早晨带着奔驰的马出发，沿着河边的水流南下，直到岐山之下。

---

① 杨宽：《西周史》上，上海人民出版社 2016 年版，第 69 页。
② 杨宽：《西周史》上，上海人民出版社 2016 年版，第 103—104 页。

于是亶父之妻姜女一起来考察建造宫室的地点。周原这块地方
十分肥沃，种了苦菜也会长成饴糖那样甜，于是就开始谋划，
在龟甲上钻刻而占卜，卜辞说：在此定居，在此建筑宫室。占
卜的结果使大家安心住下，从左边和右边开辟，修起田界和治
理土田，开筑田沟和垄亩。从西到东，人人都在工作。于是命
令管理工程的司空和管理土地、征发力役的司徒，去指挥监督
建筑房屋的工程。施工前，要拉绳作为直线的标准，要立上木
柱和捆束长板，筑成夹层板墙，以便填土筑成木墙。首先要建
筑的是整齐的宗庙。筑土墙时，先要把土装到筐里，再把土填
入筑成的夹层板中间，要把填入的土筑得很坚实，筑成之后还
要把土墙上隆起突起之点削平。这样有许多墙同时动土，劳动
的声响很大，使得助兴的大鼓的声音也听不清……① 又如，牧
野之战是周灭商的最重要一次战役，杨宽写得很翔实，不仅如
此，他还对周武王在牧野之战取胜后，为了进一步巩固胜利果
实，南下进攻进行了叙述。南下分四路进军，第一路，由吕他
统率，伐殷的属国越戏方。第二路，由侯来统率，伐殷将靡集
于陈。第三路，百弇奉命统率虎贲伐卫。第四路，陈本奉命伐
磿，百韦奉命伐宣方，新荒奉命伐蜀。而第四路之所以派三员
大将，可能是不少诸侯集结在蜀、磿、宣方一带。② 于此可见，
只要材料足够丰富，杨宽尽其所能对历史细节进行还原。

---

① 杨宽：《西周史》上，上海人民出版社 2016 年版，第 47—49 页。

② 杨宽：《西周史》上，上海人民出版社 2016 年版，第 105—107 页。

其三，对于历史事件重大作用或者意义的阐释。

卡尔认为，在历史书写中，史家不可能将所有已知的史实都列入一个有意义的序列中，他必然要对事实有所选择。因此，选择事实就成了史家必不可少的工作。选择哪些史实，让哪些史实说话，让史实以何种方式说话，让史实什么时间说话在很大程度上取决于史学家。① 可见，史家通过选择不同的史实，所赋予历史事件的意义也不相同，而所赋予意义的大小则取决于史家的史识。杨宽不仅是一位断代史专家，而且他有通贯的历史认识，因此他所阐释历史事件的作用或者意义非常准确，有着历史的穿透力。比如，西周初期营建东都成周，是周初的一件大事，成周的建立，对于创建统一的周王朝，发展全国的经济文化，起着非常巨大的作用。杨宽从四个方面来阐释：第一，建设成周是为了居住许多贵族，并集中迁殷贵族都成周东郊，以便加强监督、管理和利用，从而巩固新建的周朝政权。第二，成周建成以后，东、西两都并立，两都的京畿连成一片，形成统治四方的政治中心，巩固了全国的统一。第三，成周成为征收四方贡赋的中心，粮食财物积储的中心，从而成为全国经济的中心。第四，成周是举行四方诸侯及贵族"殷礼"的地点，"殷礼"是集合内外群臣大会见和对上帝、祖先大献祭的礼仪，具有对群臣奖励、监促、考核的作用。由以

---

① ［英］E.H.卡尔：《历史是什么?》，陈恒译，商务印书馆 2007 年版，第108 页。

上四点可知，成周的建成对于周朝的统一大业，具有重大作用。成周所以称"成"，该是由于完成"成命"和取得"成绩"，建成了周朝统一四方的国都。①又如，《太誓》是周武王伐商时一篇理论很强的盟誓词。他自称奉天命伐商，同时指出天命是顺从民意，实际上是根据民意进行讨论，还着重指出，所以要大张杀伐、耀武扬威，为的是讨其残暴，这比商汤伐夏更光彩。进而指出，少数人的"同心同德"可以战胜多数人的"离心离德"，自称有治臣十人"同心同德"，可以胜过商纣有"亿兆夷人，亦有离德"。对于《太誓》发表的理论意义，杨宽进行了既有深度又有广度的阐释，他说："这种根据天命和民意进行讨伐的主张，针对其残暴大张杀伐的方针，少数人同心同德可以战胜多数人离心离德的决策，在中国历史上都是第一次提出的，以前不曾见过，影响是十分远大的。不仅在当时政治上和军事行动上产生了无比威力，对武王成功克商后产生巨大的作用，而且对后代政治思想产生了重大影响，常被有远见的政治家和思想家所引用。特别是《太誓》把商纣称为'独夫纣'，或者称为'一夫纣'，到战国时代孟子、荀子等儒家进一步加以发挥，形成了在思想界有很大影响的'汤武革命'理论"。②

　　如上所述，在考证上，杨宽在对官制史和周礼的研究上取得了巨大的成绩；在叙事上，杨宽偏重对历史事件的原因、

① 杨宽：《西周史》下，上海人民出版社 2016 年版，第 573—582 页。
② 杨宽：《西周史》下，上海人民出版社 2016 年版，第 548—549 页。

对历史事件的细节和对历史事件重大作用和意义的阐释。而兼具考证性和叙事性的两大特点，使得《西周史》成为中国先秦史领域的一部重要著作。平实而论，《西周史》也有一些缺陷，如学者认为，由于《西周史》是在《古史新探》以及已发表论文的基础上改写而成，因此时有"冗芜"之感。[1] 对于这点，杨宽在前言中已作说明，"因为作为单篇论文发表，其中叙事不免有些重复的地方"。[2] 又由于杨宽撰写《西周史》时在国外，学者指出，在涉及西周礼制和土地制度部分，"未能充分利用新发现的金文资料和研究成果，多有遗憾。"[3] 对于这点，杨宽也有不得已的苦衷，因为在国外，最新的金文资料和研究成果不易看到，1995 年 2 月 21 日，杨宽在写给日本学生高木智见信言中坦言："我从 84 年来到美国以后，国内杂志只有《文物》《考古》《考古与文物》《文博》等四种，请亲戚每期从上海寄来，其他杂志都没有看到。"[4] 虽然《西周史》的叙述时有"冗芜"，西周礼制和土地制度部分未能充分利用学界最新发现的金文资料和研究成果，但就整体看来，《西周史》"仍不失为一部运用西周金文资料研究西周历史文化的佳作，在先秦史研究中占有重要的位置"。[5]

[1] 林天人：《战后台湾的历史学研究 1945—2000》第二册《先秦史》，台北"行政院科学委员会"2004 年版，第 171 页。
[2] 杨宽：《西周史》上，上海人民出版社 2016 年版，前言第 7 页。
[3] 杜勇、周宝宏：《金文史话》，社会科学文献出版社 2011 年版，第 164—165 页。
[4] 贾鹏涛：《杨宽先生编年事辑》，中华书局 2019 年版，第 391 页。
[5] 杜勇、周宝宏：《金文史话》，社会科学文献出版社 2011 年版，第 165 页。

第九章　中国古史分期研究

　　古史分期问题是 20 世纪长期困扰中国马克思主义史学的理论难题。杨宽也曾积极参加新中国成立后古史分期讨论，一般来说，学界都认为他是"战国封建说"的主要代表。[①] 其实，他的古史分期观经过两次改变。1952 年，积极参与古史分期的讨论，信奉西周领主封建说。1957 年后，随着研究的深入，渐渐尊奉战国封建说。1980 年后，思想的解放和学术视野的拓展，晚年完全抛弃古史分期观。可见，杨宽的古史分期观并不是一蹴而就，也不是一成不变，学界仅将他当作"战国封建说"的代表，这就忽略了其丰富的内涵及演变过程。本章拟就演变过程加以细致梳理和考察，以期学界的进一步思考。

第一节　信奉西周领主封建说阶段（1949—1956）

　　新中国成立后，学术界基本接受了马克思的社会形态和

---

① 　张广志、李学功认为战国封建说的代表为郭沫若、杨宽、田昌五。张广志、李学功：《中国古史分期三家说平议》，《青海师范大学学报（哲学社会科学版）》1998 年第 1 期。

社会发展说，并将此视为普遍真理，理应应用于史学研究。中国古史分期是学者们首先关注的问题。1951 年 5 月，山东大学创办了具有新风气的杂志《文史哲》。7 月，童书业在《文史哲》第 2 期发表《中国封建制的开端及其特征》，提出了中国封建社会开始于西周的观点，此后，在学术界拉开了旷日持久、影响深远的中国古史分期讨论的大幕。①

　　1952 年，杨宽即在《文史哲》第 1 期上发表《战国时代社会性质的讨论》参与讨论。为什么他能如此迅速地撰文参与古史分期的讨论呢？这有赖于他之前的学术积累，因为此次讨论正好属于杨宽已有充足材料积累和知识储备的春秋战国史，对战国史料的熟悉程度使得他能够很快游刃有余地参与讨论。此文通过排比材料得出：第一，虽然战国时代的官奴和奴隶制时期的奴隶一样来自俘虏和罪犯，但他们被强制的工作只是土木工事和舂米、造酒、管车、养马等，并不从事主要生产；第二，虽然官僚和商人有奴隶，奴隶也可以买卖，但用来从事主要农业生产的很少。因此，在杨宽看来，战国绝不是奴隶社会。那么，战国是什么性质的社会呢？杨宽认为战国和秦汉时代相同，都是地主制封建社会。它有两个特点：其一，战国时代有耕种国家土地的"自耕农"，有耕种新兴地主的佃农，也有没有田耕而为人帮佣的雇农，这时对抗的阶级是地主与农

---

① 郭震旦：《〈文史哲〉与中国人文学术编年（1951—2011）》，商务印书馆 2011 年版，第 12 页。

民。其二，由于政府大地主的横征暴敛，"自耕农"无法维持
生活，更由于工商业的发达，货币经济的发展，高利贷的出
现，土地可以买卖，于是土地逐渐集中到新兴的官僚、地主和
商人手中，许多农民或者流亡，或者下降为佃农雇农，或者把
自己卖为奴隶。① 既然战国是地主制封建社会，那么它是如何
形成的呢？ 1954 年，杨宽发表在《文史哲》第 8 期上《论春
秋战国间阶级斗争对于历史的推动作用》一文作了解答。春秋
战国间，由于生产力、商品经济的发展，使得封建的剥削形态
由劳役地租向实物地租转变，使得封建领主经济转向封建地主
经济。随着社会经济制度的转变，上层政治建筑也在慢慢发生
变革，封建统治的政权也由封建割据国家向专制主义政权转
变。这些所有的转向全部由阶级斗争贯穿着，阶级斗争是这个
时期历史转变的主要推动力。② 如此，杨宽古史分期的观点基
本出来，虽未言明，但也可看出他已选择了范文澜的西周领主
封建说。

　　为了继续完善这一古史分期观，杨宽同时对冶铁术进行
了研究。生产力决定生产关系的性质和方向，生产工具和技
术决定着生产力的水平，这是马克思主义理论的核心观点之
一。因此，对生产工具的研究就是解决古史分期的一个关键性
问题。1954 年，《战国时代的冶铁手工业》认为战国时代冶铁

① 杨宽:《战国时代社会性质的讨论》,《文史哲》1952 年第 1 期。
② 杨宽:《论春秋战国间阶级斗争对于历史的推动作用》,《文史哲》1954 年
　　第 8 期。

手工业能得以开展，一方面是因为劳动人民群众创造了冶铁鼓风炉，一方面是因为劳动人民对于矿山的开发。由于冶铁工业的发展，到战国时代，各种农业和手工业的工具已普遍用铁制造，农民普遍使用"铁耕"。不仅如此，兵器也大多用铁制造。[1]1955 年，《试论中国古代冶铁技术的发明和发展》凭借对冶铁技术的发明和发展情况的研究，认为西周时代已发明了冶铁技术，并曾长期用铁制造农具。斯大林在《辩证唯物主义和历史唯物主义》中，曾经指出："熔铁和制铁工作更进一步的改善"是封建制度生产力状况的特征之一。杨宽认为生产工具的改善体现在"由原始的冶铁法向现代的熔铁炉过渡"。而中国的"铸铁"冶炼的发明和铸铁手工业的发展要早欧洲一千年，水利发动装置的鼓风炉的发明和普遍应用，也要比欧洲早一千年。从生产力来看，中国在当时世界上是先进的。因为中国古代生产力发达，所以中国比欧洲早一千多年进入封建社会。[2]既然西周时代用铁且长期使用铁制工具，那么西周无疑为封建社会。

　　总之，经过对春秋战国时奴隶在社会中的地位，西周、战国时代生产力和生产工具的考察，杨宽选择了西周领主封建说。1955 年版《战国史》就采用这一古史分期观，观点表述得更为完整、细致。书中认为春秋以前社会经济是由封建的领

---

[1]　杨宽：《战国时代的冶铁手工业》，《新建设》1954 年第 6 期。

[2]　杨宽：《试论我国古代冶铁技术的发明和发展》，《文史哲》1955 年第 2 期。

主支配，土地的占有者是世袭的，同时领主隶属的农民、手工业者也是世业，农民的全部劳动产物，除去大部分被领主剥削外，剩下的仅够生活。领主的剥削所得及其"私属"消费，只有很少一部分用来交换。到春秋战国之际，商品经济的比重大为增加，独立的手工业者、商人增多，也出现了富商大贾和高利贷；又由于商业的发展、土地和奴隶买卖的普遍化，人口不断向城市集中，职业可以变化，人民可以杂居，领主下的农村公社组织逐渐解体，于是领主经济下的"封疆阡陌裂开了"。这时土地的占有形式由领主分封世袭制转变为土地可以买卖的地主占有制，生产关系就由领主对农民剥削变为地主对佃农的剥削，即由封建的领主经济转变为封建的地主经济。①

这里产生一个问题，1952 年，郭沫若在《奴隶制时代》一文中，首次较为明确地将奴隶制的下限划在春秋战国之际。②1954 年 9 月，毛泽东在中央人民政府委员会临时会议上的讲话中也肯定了战国封建说，"我个人是比较相信郭沫若副总理在春秋战国时代产生封建制的主张的。"③既然如此，初版《战国史》为什么不采用战国封建说而要选择西周领主封建说呢？原因只有一个，选择西周领主封建说确实是杨宽研究后的

① 杨宽：《战国史》，上海人民出版社 1955 年版，第 68—69 页。
② 郭沫若：《郭沫若全集·历史编》第三卷《奴隶制时代》，人民出版社 1984 年版，第 38 页。
③ 《毛泽东文集》第六卷，人民出版社 1999 年版，第 34 页。

选择，只不过这个选择是在初学马克思主义且研究还未深入的阶段。当时学界关于古史分期的观点众说纷纭，杨宽在写作《战国史》时必须选择采取何种古史分期观，这对于初学马克思主义理论观点的杨宽来说着实不易，正如他说："作者是一个刚开始学习马克思列宁主义的小学生，理论水平很低，业务水平也不高，因此编写出来的这部书，理论上和史料上的错误定所难免。"① 可见，选择西周领主封建说是杨宽对马列主义理解不够、研究不深入所致，既然如此，随着对马列主义的不断深入学习，随着研究的不断深入，改变古史分期观似乎亦在情理中。

第二节　尊奉战国封建说（1957—1980）

1955 年 9 月，初版《战国史》出版后，杨宽继续关注中国古史分期的讨论。随着讨论的逐渐深入，他认为研究中国古史分期应该先研究具体问题，待具体问题解决了，就能做出关于这个时期的社会性质的正确结论，于是他首先把着眼点放在了西周的生产工具和生产技术上。

马克思主义唯物史观的基本原理是生产力决定生产关系，但学界关于西周生产力的水平看法相差很大，如尚钺认为西周"农业上的主要生产工具，还是石器、蚌器和一米达长的木

---

① 杨宽:《战国史》，上海人民出版社 1955 年版，序第 1 页。

棒"①，徐中舒认为"西周生产力就是以爰田制的三田制和年年耕种的井田制，作为最高指标"②，前者认为西周农业生产工具相当于原始公社时期，后者认为西周生产力已和欧洲封建社会中期的生产力相当，两位学者之间的判断相差如此之大。因此，为了搞清楚西周的生产力到底何种水平。1957 年，杨宽首先撰写《论西周时代的农业生产》一文考察西周的生产工具和生产技术，他总结出四点：第一，西周带有金属锋刃的农具已较殷商时代流行。第二，由于带有金属锋刃耕具的使用，由于黄土疏松，由于"耦耕"方法的采用，荒地已有一定程度的开垦。第三，西周农业生产已有一定程度的发展。第四，由于工具、技术的进步和生产经验的积累，使得农业生产有了提高，粮食作物的品种有了增加。③ 至于西周为何种性质的社会，杨宽未给出结论。此文实际是对徐中舒《试论周代田制及其社会性质》一文"周代生产力"部分商榷，徐中舒在《论西周是封建社会——兼论殷代社会性质》作了回应。④ 于是，为了弄清楚西周生产力水平，杨宽撰写《关于西周农业生产工具和生产技术的讨论》予以回应并再次重申前文观点，此文亦未论定西周为何种性质的社会，但明显可以看到对于西周是否

① 尚钺：《先秦生产形态之探讨》，《历史研究》1956 年第 7 期。
② 徐中舒：《试论周代田制及其社会性质——并批判胡适井田辨观点和方法的错误》，《四川大学学报（哲学社会科学版）》1955 年第 2 期。
③ 杨宽：《论西周时代的农业生产》，《学术月刊》1957 年第 2 期。
④ 徐中舒：《论西周时封建社会——兼论殷代社会性质》，《历史研究》1957 年第 5 期。

为封建社会提出怀疑，如他说："西周人只使用着铲一样的耜，完全靠人力来进行耕作，在施肥技术上只是靠耘耨中积一些'绿肥'，无论如何是赶不上欧洲十世纪和十一世纪的技术水平的。"[①] 可以看出，才时过两年，杨宽已对西周为封建社会的观点产生了怀疑。

在对西周的生产力和生产技术做了细致的考察和评估后，1959 年，杨宽撰写《试论中国古代的井田制度和村社组织》，文中认为春秋时代以前存在着整齐划分田地而有一定亩积的井田制度，并且存在平均分配"百亩"份地的制度。而对于井田制度上的村社，杨宽认为中国村社和古代东方各国的村社组织一样，有长老作为他们的领导，负责组织和监督劳动生产及其他公务，在成员之间有着相互协作的关系。等进入阶级社会（奴隶），村社隶属于国君和贵族，长老成为国君和贵族的隶属，虽长老表面上仍具村社代表的身份，但实际上已代表贵族来统治和剥削成员，成为贵族派在乡里中直接监督者和统治者。也就是说，变质的村社组织依旧保留在进入阶级社会后且持续很长时间。进而明确指出"在商和西周奴隶制国家的统治下，这些村社成为奴隶制国家的基层组织，村社的长老已成为国王和贵族的属吏，村社成员和奴隶同样受到压迫和剥削。到春秋战国间，由于社会经济的发展，村社的份地开始买卖，井

---

① 　杨宽:《关于西周农业生产工具和生产技术的讨论》,《历史研究》1957 年第 10 期。

田制度瓦解，村社组织就进一步分化。"① 在这里，我们可以看
到，杨宽已认为殷周为奴隶社会，而到春秋战国，随着井田制
度的瓦解，村社组织进一步发生分化。如果说杨宽在此文中对
于西周社会性质的态度还属于半遮半掩，那么 1960 年的《论
中国古史分期问题讨论中的三种不同主张》明确指出西周的社
会性质，此文除了运用马克思主义理论方法研究外，还借用了
人类学、民族学的理论方法和成果，即杨宽自言"若干兄弟民
族在解放前和改革前所保存的原始公社制、奴隶制和农奴制，
给予我们研究社会发展史很多具体的启示，将大有助于我们历
史科学研究的发展，也将大有助于中国古史分期问题的讨论和
解决"。② 当时关于西周社会性质的问题，大体有三种不同的
主张：第一，西周封建领主论；第二，西周"古代东方型"奴
隶制论；第三，西周典型奴隶制论。

第一种观点着眼于西周的土地制度和"村社"组织，认
为西周贵族把土地连同人民层层分享，就出现了采邑制和领
地制，构成了等级土地所有制和等级从属的武装家臣制。"村
社"原有的"公田"收入被转化为劳役地租，于是"村社"
农民向农奴转化，"村社"向封建庄园转化。这种古史分期观
点也是《战国史》初版中所采用的。现在看来，杨宽认为西
周封建领主理论上正确，中国古代可能出现这种情形，但还

---

① 杨宽：《古史新探》，上海人民出版社 2016 年版，第 137 页。

② 杨宽：《论中国古史分期问题讨论中的三种不同主张——兼论中国奴隶制
社会的特点》，《文汇报》1960 年 8 月 9 日。

可商榷，因为奴隶制也可以把土地和人民分赏给臣下，在奴隶制生产关系下也可以有被奴役变质的"村社"残余形态，此观点恰是 1959 年《试论中国古代的井田制度和村社组织》一文所阐发的。

第二种观点认为由于灌溉的需要，自然经济占绝对优势，原始"村社"被保存而没有瓦解。土地是高于一切"村社"之上国家所有。当时只有家内奴隶，其主要来源是债务奴隶，且数量不多，不从事主要生产。对于这种观点，杨宽认为也可商榷。因为明代初年，云南哀牢山沙村彝族实行奴隶制，奴隶是完全用于生产。改革前的四川凉山彝族奴隶社会中的奴隶主要也是生产奴隶。

第三种观点重点说明当时奴隶制生产关系，不仅认为"人鬲"是单身奴隶，"臣"是婚配成家的奴隶，"民"是被征服的种族奴隶。"井田"有一定的面积，是作为榨取奴隶劳动和酬报臣下的计算单位。所谓"邑""里""书社"是当时奴隶集中地和行政单位。对于这种观点，杨宽也认为理论正确，但否认"井田"是村社制度，把"民"和"庶人"解释为最低级的下等奴隶是可商榷的。因为从《尚书》《春秋》中没有一处文献证明"民""庶民""庶人"是低于家内奴隶的下等奴隶，"井田"制度显然是变了质的"村社"土地制度。

在简要分析三种不同主张后，杨宽得出，"西周时代的社会性质该肯定为奴隶制"。奴隶主贵族及其国家奴役着大批生产奴隶，奴隶的来源主要是对夷戎部落的掠夺战争。由于社会发展的极端不平衡，有较多地区原始"村社"残余形式被保存下来，被奴隶主及其国家利用、改变为奴役和剥削单位，使"村社"农民实质上奴隶化，和生产奴隶受到相同的奴役和压迫。后来此文收入《古史新探》，杨宽并补充说："中华民族的发展，和世界上许多民族的发展具有同样的基本规律。古代中国和东方各国如埃及、巴比伦、印度等，同样是世界上文明发达最早的国家，确有比较多的共同特点。与处于同一发展阶段的古代希腊和罗马国家，也还有些相同的特点。同时中国由于具体历史条件的不同，在发展过程中又有自身的特点。"①1960年另一篇论文，《论西周时代的奴隶制生产关系》则根据史料进一步提出论据，阐释前文的观点。② 至此，杨宽的西周是奴隶制社会性质的看法已全然裸露出来。为了确定西周春秋奴隶社会的性质，1962 年至 1965 年，杨宽又对维护西周春秋时代制度的籍礼、大蒐礼、乡饮酒礼、飨礼、射礼、贽见礼等礼制作了深入探索。1972 年，郭沫若发表《中国古代史的分期问题》，再次提出古史分期的一些理论问题，重申战国封建说。③ 这次讨论并未引起学者们太多的关注，杨宽积极回应，他在这里旗帜鲜明地说："自从郭沫若同志在一九五二年发表《奴隶制时代》一文以后，学术界对中国古

① 杨宽：《古史新探》，上海人民出版社 2016 年版，第 67 页。
② 杨宽：《论西周时代的奴隶制生产关系——中国古史分期问题探讨之一》，《学术月刊》1960 年第 9 期。
③ 郭沫若：《中国古代史的分期问题》，《红旗》1972 年第 7 期。

代史的分期问题展开了热烈讨论，争论的焦点，就是奴隶制
与封建制的交替应该划分在什么时期。经过长期的讨论，现
在已经可以得出结论，就是郭沫若同志把这个交替时期定在
春秋与战国之交，是十分正确的。"①1980 年版《战国史》就
采用了"战国封建说"。

　　这个阶段，以马克思主义理论为指导，以古史分期问题
为核心，杨宽对西周生产力和生产技术重新进行了评估，对
井田制度的变迁以及对维护封建制度的礼制进行了深入研
究，慎重地选择了郭沫若的战国封建说。众所周知，20 世纪
50 年代，郭沫若放弃秦代奴隶社会说，确立战国封建说。确
立后，郭沫若并没对西周春秋社会制度进行全面研究，此说
待进一步完善充实。杨宽《试论西周春秋间的宗法制度和贵
族组织》《试论西周春秋间的乡遂制度和社会结构》两文对西
周的封建宗法、国鄙等制度进行了研究，这些成果后来为郭
沫若主编《中国史稿》第一册所使用。② 可见，虽杨宽尊奉
郭沫若的战国封建说，但确实是经过自己深入研究后得出的
结论，也对战国封建说的完善作出一定的贡献。总之，如果
说信奉西周领主封建说是理解马克思主义理论不到位、研究
尚浅之选，那么尊奉战国封建说则是深入领悟马克思主义理

---

① 杨宽：《"自上而下变革"说的商榷——关于中国古代史分期问题的讨论》，
　《文汇报》1972 年 8 月 9 日。
② 李家骥：《名与实——与杨宽教授再商榷》，《上海师范大学学报（哲学社
　会科学版）》1984 年第 1 期。

论、研究深入后的慎重选择。但从纯学术角度来讲，在当时的社会及学术环境下，还是要在马克思主义理论的语境下采用古史分期观来解释历史，这又是杨宽及其同时期的学者必须遵奉的原则。

第三节　放弃古史分期（1980 年后）

20 世纪 80 年代后，古史分期问题进入一个新阶段，史学界主流开始对过去的古史问题的理论和方法进行反思。如人类是否只能按照一种单线发展模式行进？马克思、恩格斯概括的社会发展规律，能否作为一种通用的模式解释所有地区的历史发展轨迹？具体到中国历史，就是中国是否存在奴隶社会等问题。杨宽显然也提出质疑。遗憾的是，他并无专文反思古史分期的理论和方法。从"拳不离手，曲不离口"到只字不提，似也可看出他对古史分期的态度。杨宽如何慢慢放弃古史分期观的过程，我们无从而知，但可从文章中探知他何时开始已反思古史分期。

1982 年 2 月 17 日下午，杨宽在东京大学东洋文化研究所作了题为《中国古代陵寝制度的起源及其演变》的讲演，后此演讲稿刊于《复旦学报》1981 年第 5 期。仔细阅读这篇文章发现，此文已无古史分期的影子，认为坟丘墓葬的普遍推行是在战国时代，可以追溯到春秋晚期，可能与春秋战国之际的社会变革有关。这个判断是依照史料实事求是作出的结论。且已看不到与古史分期相关的语词，如"阶级结构""地主政权""奴隶制""封建制"等，显然这是杨宽有意识地避免纠缠于古史分期，可见，他的反思进行得很早。[①] 但由于学术环境的不允许，1980 年 7 月第二版《战国史》出版时，迫不得已还得采用古史分期解释历史。正如杨宽晚年自传中所言："我的新版《战国史》就是在上述认识的基础上改写的。但是这时'文化大革命'刚结束，心有余悸，对于中国社会历史特殊的发展规律不敢畅所欲言，仍然采用从奴隶制转变为封建制的一般公式来解说。"[②] 当然，反思进行得很早，并不意味能马上放弃 30 余年的教条理论的束缚，如 1982 年的《中国古代冶铁技术发展史》中依然有与古史分期相关的词语。

1984 年以后杨宽改变了自己对古史分期的看法，1998 年版《战国史》完全放弃古史分期说，认为中国历史有其独特的历史发展规律。

由上可知，杨宽对古史分期观点的变化经历一个从致用

[①] 李远涛老师指出，杨宽不提五种社会形态且不再使用诸如"奴隶制""封建制"之类的社会形态术语早在赴美后的第一本学术著作《中国古代都城制度史研究》（1985 年）就有反映。李远涛：《战国史》，仓修良主编：《中国史学名著评介》第五册，山东教育出版社 2006 年版，第 36 页。笔者认为此判断不准确，其实早在 1982 年《中国古代陵寝制度的起源及其演变》的演讲稿中已有反映。

[②] 杨宽：《历史激流：杨宽自传》，大块文化出版股份有限公司 2005 年版，第 393 页。

到求真的过程。^① 新中国成立后，马克思主义史学成为中国史学的主流，中国马克思主义史学的主导地位得以确立，全国范围内大规模学习和宣传马克思主义。古史分期问题的讨论就是在这样背景下出现的，因此，从一开始，这个讨论就带有很浓厚的实用性。而杨宽从采用西周领主封建说到改奉战国封建说，他的古史研究自始至终都是戴着镣铐跳舞。20 世纪 80 年代，学界对古史分期进行质疑反思后，思想解放和学术视野的拓展，杨宽迫不及待彻底抛弃了教条的古史分期观，并在1998 年《战国史》（增订本）中提出了中国历史有自己特殊的发展规律。这种观点的变化，反映了杨宽已摆脱古史分期教条理论的束缚，试图以更客观的态度看待中国历史的特殊进程，这是他对中国历史发展的一个总体的认识。遗憾的是，他并无专文详细论述这个重要的史学理论问题。其实，杨宽所抛弃的只是教条的古史分期观，他并不否定西周春秋乃至战国奴隶阶层的存在，只不过奴隶制不占据整个社会支配地位，^② 依旧用马克思主义唯物论解释历史，某种意义上说，杨宽摆脱教条主义，发展了马克思主义史学。

① 邢占国认为周谷城的古史分期观经历了从求真到致用的过程，笔者认为杨宽的古史分期观正好相反。邢占国：《从求真到致用：周谷城古史分期观的演变》，《兰州学刊》2008 年第 3 期。
② 高智群：《一代史学大家，百年学术经典——杨宽先生学术生涯兼论〈古史新探〉成就》，高智群编，杨宽著：《古史新探》，复旦大学出版社 2016 年版，第 513 页。

第十章　与马克思主义史学的学术关联

1949 年前，杨宽已接触到唯物史观，但并未服膺。之后，在新形势要求下，在领导上海博物馆的工作中，经过二年多理论学习，杨宽尝试根据自己的理解，运用马克思主义理论指导和从事古史研究与讨论。自此，杨宽的重要著作《战国史》《中国古代冶铁技术发展史》《古史新探》《秦始皇》《商鞅变法》，包括 1949 年后的大部分文章都深深地打下了马克思主义史学的烙印。

第一节　对社会史观派的态度（1949 年前）

众所周知，20 世纪 20 年代至 30 年代，学术界发生了三次大辩论，分别是：井田制度的有无、古史传说的真伪、中国古代的社会性质，相对应的是"王国维为首的释古派""以顾颉刚为首的疑古派""以马克思主义为指导思想的社会史派"。杨宽出生也晚，并没有直接参与这些讨论，但却通过阅读这些辩论文章获得启示:"兼采并纳,撷长去短,从而充实和提高自己的研究能力。"①

正因置身于讨论之外,杨宽能更为理性看待三个学派论战的利弊。社会史派以马克思主义为指导,目的是为了社会主义革命的需要。对于社会史论战的文章,杨宽读后"感到收获不大"。"由于他们依据的社会历史发展的公式不同,得出的结论也各不相同,而且采用的史料既不充分,还有不少错误,论证的方法也很多牵强附会,经不起科学的考验,也没有什么学术价值可言。"又说:"社会史派学者最大的弊病,就是教条主义,死死地把社会史发展公式往古代资料上套,甚至不免曲解资料。"②社会史派在图腾制度上也犯了公式主义的毛病,杨宽指出:"近年来我国那些公式主义的'史学家'(?),为了要把我国的社会史套上他们预定的公式起见,就不惜歪曲史实,作种种穿凿附会的说法。又为了证实我国古代有原始社会起见,更随便把我国的神话传说解释为图腾(其实他们对图腾制根本没有弄明白)。因此我国神话传说中只要有些和动植物名称相关的,就一律把他们拉进图腾制里去。甚至有些神话传说中的人物,和动植物名称绝无关系的,也要强派他为图腾制。'尧'这个人物,(或神物)本来和动植物名称丝毫无关的,可是那

---

① 杨宽:《历史激流:杨宽自传》,大块文化出版股份有限公司 2005 年版,第 100 页。

② 杨宽:《历史激流:杨宽自传》,大块文化出版股份有限公司 2005 年版,第 99、107 页。

些公式主义者，因为'尧'又号'陶唐氏'，就断定这是崇拜陶器的图腾部族了，全世界的图腾部族本来只崇拜某一种动植物（尤其动物居多），而我国古代的图腾部族，竟然崇拜起陶器来，这是我国公式主义者的大发现吧！"①

　　虽然杨宽认为社会史派最大的弊病是教条主义，用材料套社会发展的公式，但依然认为有它的积极意义，这场论战"主要的影响是带动了之后中国社会经济史方面的研究工作，造成了历史学界重视社会经济史研究的风气，纠正了过去史学工作者偏重政治史和文化史的倾向，开始把社会经济史看作政治文化史的基础而加以重视"。② 如日本学界加藤繁发表的《中国古代田制研究》《中国经济史概说》等经济史方面的成果，中国学界则出现了专门发表经济史研究成果的《食货半月刊》。

　　在杨宽一生的学术研究中，1949 年前学术转向明显有两次，1926 年起步于墨子研究，1933 年慢慢转向于上古史研究，1939 年又转向战国史研究，后所作《战国史》也成为其代表作，③ 可见，这次转向对于杨宽来说是非常重要的。那么引起他转向战国史研究的原因是什么呢？杨宽晚年回忆时说："通过对这场论战的全面考察，使我认识到钻研社会经济发展史的

① 杨宽:《中国图腾文化的探讨》,《正言报·史地》1941 年 6 月 12 日。
② 杨宽:《历史激流:杨宽自传》,大块文化出版股份有限公司 2005 年版,第99 页。
③ 贾鹏涛:《扬名〈导论〉著誉〈战国〉——评杨宽著作集》,《光明日报》2016 年 12 月 15 日。

重要性，确是解决历史演变过程的关键所在，但是想以个人的力量来解决几千年中国社会经济发展史的关键问题，是不可能的，只有各自挑选其中的关键问题，分别进行踏实的探索，彼此分工合作，齐头并进，才有可能逐步解决一系列的问题。也是通过这场论战，使我感到吕思勉《白话本国史》上所说，春秋战国之际社会有大变迁，是三代以前和秦汉以后的一大界线，是不错的，确是必须首先解决的关键问题，我今后应该挑选这一个问题进行深入的探索。"①社会史论战使得杨宽认识到社会经济发展史的重要，但要想以一己之力研究几千年中国社会经济发展史是不可能的，只有学者各自选择一个重要的领域深入探索，才可能逐一解决中国社会经济发展史的一系列关键问题。吕思勉的《白话本国史》言春秋战国之际是三代和秦汉一大界线，基于此，杨宽就选择战国史这一领域进行研究。可见，社会史论战对于杨宽的这次转向影响之大。

总之，1949 年前，杨宽对于社会史观派的态度总体否定，尚未认识到唯物史观在古史建设中的作用。在与郑师许合著的《中国古史建设初论》一文中曾明言："以社会学来解释古史传说，我们认为尚非其时。现在古史传说的演变和分化，尚未明辨，孰为初起，孰为后起润色推演之说，还没有确切的整理研究，当然还谈不到什么定论。在这样神话怪说和许多润色

---

① 杨宽:《历史激流:杨宽自传》，大块文化出版股份有限公司 2005 年版，第 99 页。

的话错综的古史传说，要用社会学把原始时代的社会来解释它弥缝它，非但徒劳无功，还妨碍了传说的整理工作。舜娶尧之二女是多妻制呢还是群婚制？尧舜禅让，是选举制还是群酋推长制呢？拿了唯物史观，去一件一件假设它，虽然许多说话，新颖可喜，它的成功不会大，在新古史的建设上，不是十分中用的。"[1] 但平实来讲，杨宽的古史研究中吸收了社会史观派的许多观点，能转向战国史研究也受到了社会史论战的影响。

第二节　学习马克思主义理论阶段（1949—1951）

新中国成立后，全国范围内大规模学习和宣传马克思主义。在新形势的要求下，杨宽亦需积极广泛地学习马克思主义。时任上海博物馆馆长的杨宽，将学习与工作结合起来。

上海解放前，杨宽任上海市立博物馆馆长。上海解放后，博物馆被接管，当时的接管领导胡就明宣布，全体员工照常上班，并强调今后的工作应有新作风，如发动和引导劳动大众前来参观，编辑中国人民文化史小丛书等。[2] 所谓新作风，也就是宣传和学习马克思主义，这在杨宽8月25日致上海市军事

[1]　郑师许、杨宽：《中国古史建设初论》，上海《大美晚报·历史周刊》1936年9月14日。
[2]　《文汇报》1949年6月24日。

管制委员会的信中说得很明确，"本馆研究部计划编著通俗读物，定名为'中国人民文化史小丛书'，其目的在求普及正确的历史知识，增加民族自信心，提高大众文化水准，使大众认识历史的辩证法的发展，破除迷信，指斥封建统治阶级的一切腐朽的东西，表扬古代优秀的人民文化，并号召大众积极推展人民政府的明确政策"。① 后根据指示，博物馆陈列品按照社会发展规律重新排列，各室总说明书需重写。② 撰写完毕，杨宽还将（1）奴隶制时代——西周和春秋（2）战国秦汉——奴隶制？封建制？（3）封建社会——两晋南北朝送请上海市人民政府教育局鉴核，审查。③ 同时，博物馆应上海科技工作者协会的邀请，合作编绘"从猿到人"幻灯片一套作为陈列室挂图。④

　　1950 年，杨宽撰写的《劳动怎样创造了人》发表在《科学大众》（中学版）第 7 期，学习味道十足。开篇写道，"大家学习社会发展史，很重视'从猿到人'的一段。北京曾举办过一个展览会，收获很大，现在听说正根据这个展览会的内容在

---

① 　上海市档案馆藏：关于上海市立博物馆、体育馆、图书馆、民教馆等工作业务范围及组织系统、员工编制的训令，档案号：B105—1—64—1。
② 　上海市档案馆藏：上海市立历史博物馆关于送奴隶制的开始时代总说明书的报告及上海市教育局的指令，档案号：B105—1—214—17。
③ 　上海市档案馆藏：市立历史博物馆工作总结报告和组织概况，档案号：B105—1—214。
④ 　上海市档案馆藏：上海市立历史博物馆关于人猿等模型的报告及上海市教育局指令，档案号：B105—1—214—3。

摄成一种幻灯片。最近上海市历史博物馆和上海科技幻灯工作
会也已绘制了一套'从猿到人'的图片，拍摄了幻灯片，华东
文化部更在大规模地筹备举办'从猿到人'展览会。此外出
版界方面，有的在编绘从猿到人挂图，有的已编印为连环图
画。这都说明了群众对于这个问题的学习要求的热烈，和各
方面对于这具有重大教育意义的课题的重视"。开场白后，杨
宽认为人和动物的区别有四点：（1）人能制造工具，不断地利
用工具，征服自然，改造自然；而动物只能以自身适应自然。
（2）人类有着手和脚，脚能直立行走，手能制造工具，利用
工具做各式各样的工作，从事劳动生产，成为"工具的工具"；
而动物只能利用特殊器官，做一种特殊的工作。（3）人类能够
说话，把经验和思想充分地传达给同伴，同时，还可以完好地
教育后一代，而动物是不能够的。（4）人类能思想，有意识、
抽象力和推断力，创造出种种社会文化，而动物是不能够的。
在这四点人类特性中，人和动物最根本的区别就在于制造工
具。人类区别于动物的种种特性是如何来的呢？人类是从猿猴
进化而来，猿猴怎样会变成人，怎样具有人类的特性呢？"我
们可以肯定地说，完全是由于集体劳动。"集体的劳动产生了
手势，创造了语言。复杂的劳动，需要用脑去指挥，复杂的手
势和语言，需要脑子去指挥接受，因此，脑子越来越发达。于
是，猿猴慢慢具备了人类的特性。因此，"恩格斯所说的'劳
动创造了人'，是千真万确的。""人和猿虽然有种种区别，基
本上的区别只有一点，就是猿还是动物，人已超脱了动物界的

限制，而引起这个区别的，还是劳动。"①总之，这篇文章，杨宽在回答一个问题，劳动怎样创造了人。

1950 年 11 月 19 日下午 2 点到 5 点，杨宽参加中国新史学研究会上海分筹会举办的抗美援朝问题座谈会。②据《顾颉刚日记》可知，参加会议的还有周谷城、周予同、吕诚之、金子敦、王蘧常、杨宽正、黄颖先、陈乃乾、潘硌基、陈旭麓、蒋天枢、胡厚宣、谭季龙、朱澂、姚绍华、伍蠡甫等人。③这些都是上海有名望的史学工作者，显然，这是一次宣传学习会议。会后，杨宽撰写的《美帝向来是个狡猾阴险毒辣的侵略者》发表在 12 月 13 日《文汇报》上，文章首言"美帝国主义的侵略我们，不是今天才开始的，它向来是个狡猾阴险毒辣的侵略者，一直是我们中国人民的死敌"。然后细数历史上美帝如何侵略中国的，"它有时利用其他帝国主义做它侵略的先锋，让它可以援例并进一步掠夺得许多权利；有时趁火打劫，用着威胁恐吓的手段来取得成果；有时侧重于经济侵略和文化侵略，想使我们一部分人民得到歪曲的印象，以便达到它进一步的侵略企图；有时和其他帝国主义合作，穷凶极恶，做尽了残酷的能事；有时采取'孤立政策'，表现出'与众不同'的样子，用欺骗的方式来进行侵略；有时伪装中国的'朋友'，以便登

---

① 杨宽：《劳动怎样创造了人?》，《科学大众》（中学版）1950 年第 7 期。

② 《新史学研究会沪分会昨座谈抗美宣传问题》，《文汇报》1950 年 11 月 20 日。

③ 顾颉刚：《顾颉刚日记》第六卷（1947—1950），联经出版事业股份有限公司 2007 年版，第 694 页。

堂入室，盗取中国人民的命脉；有时又勾结了军阀买办走狗，阴谋实现它宰割中国和奴役中国人民的勾当"。最后得出，"我们对美帝有着说不尽的血海深仇。到今天，我们人民得到解放了，美帝侵略的面目也更狰狞了，杜鲁门、麦克阿瑟、艾奇逊、杜勒斯等战争贩子也更嚣张了，发动了侵略朝鲜的战争，侵占了我国台湾，还不断用飞机轰炸我东北，更在武装日本侵略势力，走的完全是当年日本强盗侵略我们的老路，我们能置之不理么？"[①]阅读这些文字，就能感觉到浓厚的时代性和时论性，这种语言风格在 1949 年前杨宽的文章中是不曾出现的。

1951 年 1 月 20 日至 4 月 8 日，华东军政委员会文化部文物处、上海市历史博物馆和南京市各文教机关在上海跑马总会举办太平天国起义一百周年展览。内容包括把太平天国重要领袖图像放大，复制了各种太平军的旗子和服装，复印了重要文献，还把历次重要事件画成大幅图片，其中重要的事件则制作蜡像呈现出来，使得太平天国十四年历史，从开创一直到失败，具象地罗列在观众面前。其中，关于太平天国的部分文献是向顾廷龙借阅的，1950 年 11 月 7 日，顾廷龙日记记："杨宽、方诗铭来借太平天国文献。"[②]这次展览影响甚大，据杨宽回忆："（展览）轰动了整个上海，每天观众人山人海，拥挤不堪，原定展出一个月，后来再延长了一个多月，观众还是十分

---

① 杨宽:《美帝向来是个狡猾阴险毒辣的侵略者》,《文汇报》1950 年 12 月 13 日。
② 沈津:《顾廷龙年谱》,上海古籍出版社 2004 年版,第 465 页。

踊跃。后来这个展览会转移到南京、苏州等地继续展出，仍然受到民众热烈欢迎。"①顾颉刚曾两次去看展览，其中一次还是冒雨前去。《顾颉刚日记》一月廿六号星期五（二月十九）："到跑马厅，看太平天国起义百年纪念展览。"三月廿七号星期二（二月二十）："与静秋冒大雨，到跑马厅看太平天国百年纪念展览会。"②

1959 年，杨宽填写了一份《教职员概况表》，在工作表现一栏中写道："使博物馆业务逐步面向群众，逐渐掌握群众观点和劳动观点，阶级观点和历史观点，具体展开群众工作，编制'从猿到人'、'百年血债'、'太平天国'等幻灯片，主持太平天国起义百年纪念展览会，并逐步改造陈列室。"在学习态度一栏中写道："学习方面，理论学习比较深入，学习社会发展史，曾把学习所得写成《劳动怎样创造了人?》一文，发表于《科学大众》杂志。展开了抗美援朝学习时，曾写《美帝向来是个狡猾阴险毒辣的侵略者》发表于《文汇报》，收入教育工作者工会所编《从各方面看美帝》一书。"③因此，我们可以说，1949 年至 1951 年，结合博物馆的工作，杨宽认真学习了马克思主义，并自认"理论学习比较深入"。

---

① 杨宽:《历史激流:杨宽自传》，大块文化出版股份有限公司 2005 年版，第 192 页。

② 顾颉刚:《顾颉刚日记》第七卷（1951—1955），联经出版事业股份有限公司 2007 年版，第 11、36 页。

③ 贾鹏涛:《杨宽先生编年事辑》，中华书局 2019 年版，第 202 页。

第三节　运用马克思主义理论阶段（1952—1980）

　　进入新社会，经过两年多的学习，杨宽已度过了学习马克思主义理论阶段，也接受了马克思主义。众所周知，学习只是第一步，应用、实践并指导工作才是新社会对这些从旧社会过来工作者的最终目的。因此，作为一名史学工作者，杨宽得运用马克思主义理论指导研究。1950 年 3 月 4 日，杨宽在致陈梦家信中言："弟近来工作极忙，除了博物馆业务外，仍兼光华教课，又搞工会工作，极少写作时间。"①工作忙固然是当时的实情，但笔者妄自揣测，进入新社会，又处于学习阶段，不敢随便下笔恐怕也是原因之一。而到了 1951 年下半年，情况则完全不同，杨宽运用马克思主义理论指导历史研究的文章慢慢多了起来。这些文章的主要特点是以马克思主义理论为指导，把唯物史观与史学研究结合起来，用阶级斗争解释历史，信守人民群众是历史的创造者，从而更新和促进研究，现将杨宽对马克思主义史学的接受与运用情况总结如下：

（一）采用阶级观点分析历史

　　阶级斗争理论是整个马克思主义理论体系的核心，因此，用阶级理论解释中国历史就是史学工作者的应有之义。

---

① 　贾鹏涛整理：《杨宽书信集》，上海人民出版社 2019 年版，第 35 页。

1954 年，《论春秋战国间阶级斗争对于历史的推动作用》是杨宽采用阶级观点分析战国史的第一篇文章。春秋以前，封建制的剥削形态是劳役地租。到春秋后期，由于生产力的发展，商品经济的发展，封建领主加重对农民的剥削，农民对积蓄和扩大自己经营的要求就与领主对农民的剩余劳动最高限度剥削发生矛盾，因此，广大农民与领主阶级的矛盾日益激烈。在封建领主的残酷剥削下，农民冲入领主贵族的禁地，聚集于山林，一方面从事山林的开发，一方面占据险要和封建领主对抗。因此，正是由于农民阶级的不断斗争，封建剥削形态由劳役地租转变为实物地租。同时，由于生产力的发展，商品经济的发展，土地可以自由买卖，社会上出现了一批新兴地主。春秋战国间，封建领主阶级内部兼并斗争日益激烈，除了国与国之间的兼并战争，中原各国内部卿大夫的兼并战争也很厉害。因此，这个阶段"有旧领主和新兴地主之间的矛盾，有领主、地主和新兴的大工商者之间的矛盾，有广大农民和领主、地主、大工商者之间的矛盾。由于封建领主阶级的腐朽堕落，残酷凶暴，在这时期最基本的矛盾是广大农民和领主阶级的矛盾，因而广大农民对于领主阶级的斗争是非常激化的"。当新兴地主阶级在经济上占据优势后，就自然而然会要求解除封建领主经济制度上的束缚。战国时代的法家是新兴地主中的突出代表，他们的思想反映的就是新兴地主的要求，他们通过政治改革来解除制度上的束缚。这些政治改革导致了战国由封建割据向集权国家过渡，"兼并战争是由于封建集团的阶级自私的利益而产生的"。因此，可以说，从劳役地租转变为实物地租，从封建领主经济转变为地主经济，从封建割据的国家转变为集权封建的国家，"全部转变的历史是由阶级斗争贯串着的。阶级斗争便是这时期历史转变的主要动力。"[1]1955年版《战国史》第五章《战国时代各国集权的地主政权的形成》中第二节《阶级斗争是战国时代各国集权的地主政权形成过程中的动力》用的就是此文的观点。

　　1972年，郭沫若《中国古代史的分期问题》一文认为由奴隶制转变为封建制，有两种方式：一种是革命形势，以齐、晋为代表，"私门"把"公室"吞并了，使奴隶制转变为封建制；一种是变革形势，以秦为代表，由于商鞅自上而下的变法，"才扬弃了奴隶制而转入封建制"。[2]对郭沫若的秦国由奴隶制变为封建制是通过自上而下变革实现的观点，杨宽撰写《"自上而下变革"说的商榷——关于中国古代史分期问题的讨论》提出商榷。杨宽认为秦国由奴隶制转变为封建制并不是自上而下的变革来实现的，而是通过自下而上的革命来实现的。[3]此文虽具有明显的时代气息，但用阶级斗争来解释历史则没有改变。

---

[1]　杨宽：《论春秋战国间阶级斗争对于历史的推动作用》，《文史哲》1954年第8期。

[2]　郭沫若：《中国古代史的分期问题》，《红旗》1972年第7期。

[3]　杨宽：《"自上而下变革"说的商榷——关于中国古代史分期问题的讨论》，《文汇报》1972年8月9日。

1980 年版《战国史》，杨宽的古史分期选择战国封建说，书中依旧用阶级观点解释历史，第四章《春秋战国间社会制度的变革》第二节的标题是《广大奴隶和平民的反抗斗争》。整个春秋时代，处于奴隶制向封建制转变过程中，阶级斗争很激烈。奴隶主的剥削非常残酷，广大奴隶和平民反抗奴隶主贵族的斗争有四种形式，第一，逃亡，第二，暴动，第三，"民溃"，第四，"为寇盗"。春秋后期，广大奴隶和平民反抗奴隶主的主要形式，就是聚集起来，开展武装斗争。而随着封建制生产关系在奴隶社会母胎内逐渐成长并成熟，新兴地主阶级力量日益壮大，广大奴隶和平民反抗奴隶主贵族的斗争日益高涨，奴隶制经济基础日益瓦解，新兴地主阶级的代表就从奴隶主阶级中分化出来。在这个转变过程中，依旧是阶级斗争推动的。[1]

（二）坚信人民群众是历史的创造者

马列主义一贯认为，人民群众是历史的主人，是社会历史发展的决定力量。毛泽东将其概括为："人民，只有人民，才是创造世界历史的动力。"[2] 新中国成立后，史学界普遍接受了这一命题。杨宽不仅用此观点来解释历史，而且另辟蹊径，考证和宣传了我国古代人民在冶铁技术上取得了重大成就。

1951 年，经过初步学习后，杨宽撰写的第一篇用马克思

---

[1]　杨宽：《战国史》，上海人民出版社 1980 年版，第 134—140 页。

[2]　《毛泽东选集》第 3 卷，人民出版社 1991 年版，第 1031 页。

主义理论指导的论文是《一六四五年嘉定人民的抗清斗争》，此文通过揭示清朝篡改嘉定人民抗清斗争的史实，最后得出"过去中国的史籍多出于封建统治阶级之手，是为了帮助封建统治阶级统治农民而写的，因此把劳动人民创造的历史事实歪曲为王侯将相创造历史"。[①] 这里已经包含了历史唯物主义观点"人民群众是历史的创造者"。《战国史》是杨宽的代表作，前后共出版过三版。第三版杨宽已完全抛弃了教条的古史分期观，但依然用"人民群众是历史的创造者"解释历史。

　　除了使用"人民群众是人类历史的创造者"解释历史外，杨宽还把这个观点和中国历史结合起来，通过对冶铁技术的研究，展示中国人民取得的伟大成就。如在1956年10月，《中国古代冶铁技术的发明和发展》[②] 出版，杨宽在序中指出编写此书的目的是："在于阐明两千多年来中国人民在冶铁技术上的辉煌成就。用具体的历史事实，证明中国人民两千多年来在冶铁技术发明经常走在世界文化的前列，使我们可以从这里具体地看到中国人民向来具有优秀智慧、勤劳品质和伟大创造能

---

① 杨宽：《一六四五年嘉定人民的抗清斗争》，《历史教学》1951年第8期。

② 杨宽研究冶铁史的第一篇文章是发表在《新建设》1954年第6期上的《战国时代的冶铁手工业》，据杨宽回忆之所以研究冶铁史，是为了答复参观博物馆群众所提"炼铁炼钢需要较高的温度和一定的技术，我国古代劳动人民是怎样杰出地创造这种技术的？是掌握了怎样出色的技术来炼成宝刀宝剑的？"的疑问。杨宽：《历史激流：杨宽自传》，大块文化出版股份有限公司2005年版，第250页。

力。"① 书中总结出 8 点：（1）中国是世界上最早发明冶铸生铁技术的国家，远在春秋时代，中国人民已经创造了规模较大的冶铁鼓风炉，发明了冶铸生铁技术，这项发明比欧洲早 1700年。（2）战国时代，已能炼制非常坚韧而锋利的钢铁，用来制造宝刀、宝剑。（3）西汉时代，由于生铁炒炼熟铁技术有了提高，许多手工业工具和兵器已多用熟铁锻制。同时还创造了熟铁"百炼成钢"的冶炼法，使炼钢技术有了进一步发展。（4）东汉初期，南阳地区已创造出水力鼓风机械，发明了水力鼓风炉，这比欧洲早 1200 年。（5）南北朝时代，水力鼓风炉结构和设备有了进一步提高，冶铁燃料开始用石炭，这比欧洲早1000 年。（6）南北朝时代，"灌钢"冶炼法得以发明，在近代坩埚制炼法发明以前，是世界炼钢技术史上一种突出的创造性成就。（7）北宋时代，鼓风器由皮囊改为简单的木风箱，这比欧洲早五六百年。（8）明代，鼓风器已由简单的木风箱改作用活塞和活门装置的木风箱，这比欧洲早一百多年。② 通过展示我国古代劳动人民取得的伟大成就，以此说明劳动人民创造了历史，是历史的主人。

总之，无论是 1949 年之前，还是之后，对于社会史观派的教条主义，杨宽始终是了然于胸的。即使对材料已极其熟悉

---

① 杨宽：《中国古代冶铁技术的发明和发展》，上海人民出版社 1956 年版，序第 1 页。

② 杨宽：《中国古代冶铁技术的发明和发展》，上海人民出版社 1956 年版，第 106—107 页。

的杨宽来说，如何尽可能圆融马克思主义理论和史料之间的缝隙也成了要面对的难题。如束世澂曾在批评杨宽的古史分期理论时说："杨同志一方面承认村社所有制的存在，一方面又否定属于古代东方型，不免自相矛盾。"①虽说杨宽的研究受到了教条理论的种种束缚，但是仍然从马克思主义史学中获得很多益处，如转向战国史研究、学术上的兼容并包、冶铁技术上取得的巨大成绩等。

---

① 束世澂：《有关古史分期的一些理论问题——与杨宽同志商榷》，《学术月刊》1960 年第 9 期。

结　语　杨宽的治史风格探析

作为一名杰出的史学家，杨宽的学术人生，可以说是20世纪中国近现代史学发展的一个缩影。其著述量大，成果丰硕，在同时代学者中较为少见。作为一代史学大家，杨宽的史学研究给人留下深刻印象，而对杨宽的治史风格的研究，进而界定其在史学界的地位，对认识20世纪中国史学有着重要价值。

一名真正的史学工作者

1932年2月，杨宽在《枕戈》第1卷第15期发表第一篇学术意义上的文章《墨子更非回教辨》，2005年9月，在美国迈阿密去世，是年，《历史激流：杨宽自传》再版。终其一生，杨宽大部分时间都在进行学术研究，从无间断。1982年，杨宽在给吕翼仁的信中说："作为学术工作者，学术是他的第二生命。"[1] 为了建立名山事业，杨宽制订了长远的计划，充分吸

---

① 贾鹏涛：《杨宽先生编年事辑》，中华书局2019年版，第342页。

取学界已有的成果，进行了持之以恒的学术研究。而作为一个真正的史学工作者，对自己国家充满着深深的关怀亦是其学术研究的一部分。

第一，杨宽是一个治学有理想、有计划的学者。严耕望在评价吕思勉时说，吕思勉"是一位人生修养极深，冷静、客观、勤力、谨慎、有责任感的科学工作者。其治史，有理想、有计划，又有高度的耐性，锲而不舍地依照计划，不怕辛苦，不嫌刻板地坚持工作，才能有这些成就"。① 杨宽与乃师有相似之处。杨宽一生写了10余本著作，发表文章360余篇，成果非常丰硕。在这些成果中，最耀眼的无疑属于战国史的研究。在杨宽学术生涯中，1949年前学术转向明显有两次，1926年起步于墨子研究，1933年慢慢转向于上古史研究，1941年又转向战国史研究，后所作《战国史》成为其代表作。这一选择，从1941年隐居家乡编撰《战国史料编年辑证》，到1946年发表第一篇战国史论文《吴起伐魏考》，再到《战国史》的三个版本的不断修订，最后到2001年《战国史料编年辑证》的出版，前后计有60年。如果没有长久的计划、恒心、耐性，无论如何不会在战国史领域取得如此丰硕的成果，并取得一席之地。

第二，杨宽是一个海纳百川，敢于走不同的学术道路，勇于提出自己观点的史学家。《中国上古史导论》是杨宽的成

---

① 严耕望：《治史三书》，上海人民出版社2007年版，第180页。

名作，后此书全文收入吕思勉、童书业所编《古史辨》第七册，借此，杨宽早早地在学术界取得一席之地。童书业言："顾颉刚先生以后，集'疑古'的古史学大成的人，我以为当推《中国上古史导论》的著者杨宽正先生。……他的见解，虽然有些地方我们还嫌简单，或不能完全同意，但他确代表了'疑古'的古史观的最高峰。"① 杨宽之所以代表了"疑古"的古史观的最高峰，一个鲜明的特点即是在学术方法、学术观点上能够海纳百川，吸取不同学人、学派的长处。比如，神话说始于顾颉刚，神话东西民族说，徐中舒的《从古书中推测殷周民族》主张殷周为不同系的民族，傅斯年的《东北史纲》及《夷夏东西说》详考东、西系民族说。至于在具体的观点上，如帝俊、帝喾为殷之上帝，禹为后土，丹朱即驩兜，太康即启之说，共工即鲧等，杨宽皆补正他人的学术观点，诚如杨宽自言："乃结集余之旧作与乎晚近诸家可取之新说，加以补证参订，欲于古史传说作一系统之考辨也。其中若帝俊、帝喾为殷之上帝之说，此乃郭沫若之创论；又若禹为后土之说，此则顾颉刚之卓见，余皆尝补证之。至于丹朱即驩兜，马国翰、毛宗澄已有此说，近童书业更为明证之。太康即启之说，毕沅已见此，近顾颉刚、童书业又为阐明之。"② 吕思勉是杨宽的老师，对于吕思

---

① 　吕思勉、童书业：《古史辨》第七册上，开明书店 1941 年版，自序二第 2 页。

② 　杨宽：《中国历代史研究·上古史纲目》，贾鹏涛整理：《杨宽学术随笔》，上海人民出版社 2020 年版，第 122 页。

勉的一些观点，杨宽也有吸收，如吕思勉、杨宽两人都认为不应疑古太过，疑古、考古、释古为古史研究的一般步骤，三者不可偏废，对古史人为造伪说持批评态度等。而在古史辨派的文章中，他们很少引用唯物史观派的见解。杨宽则不拘派别之见，在文中大量引用郭沫若的见解，且给予很高的评价，认为郭沫若对汤之盘铭的解读是"巨眼卓识"！

　　由上可见，杨宽神话学的显著特色即聚各家之长而运用之，正如杨宽在《中国上古史导论》中言："余之治古史学，本无家派之成见存于心，仅依据一般史学方法之步骤以从事而已。"① 所谓的史学方法即："凡历史之著作，必先之以史料之搜罗咨访，继之以史料之辨伪校正，再继之以事实之考证排比，然后终之以史文之组合著作，其间之经历，实至艰巨，非可率尔成也！搜采史料务求其博，辨正史料务求其精，考证事实务求其严，编比事实务求其当，然后笔之于书，出以问世，史家之能事乃尽。"② 当然，如果杨宽的工作仅仅止于此，那么他的神话学还不足以在学术界取得一定的地位。之所以有学术影响力，是因为在吸取学界已有成果的基础上，杨宽走出与别人不同的治史路径，并勇于提出自己的学术观点。比如，与吕思勉研究古史的方法、目的上的不同，使杨宽走出自己的研究路径。在研究古史的方法上，吕思勉认为地下出土的实物未必有

① 　吕思勉、童书业：《古史辨》第七册上，开明书店 1941 年版，第 68 页。
② 　杨宽：《史学研究法》，贾鹏涛整理：《杨宽史学讲义六种》，上海人民出版社 2020 年版，第 404 页。

书籍可靠。杨宽则非常看重地下史料，其著作中不仅大量引据甲骨，且引用了许多研究甲骨的著作；在研究古史的目的上，吕思勉研究古史侧重于微观方面的考证，他认为研究古史除了注意"层累地造成"说外，还得注意历史真相"逐渐剥落"，应将两者结合起来。进而认为应在"极简略之辞"和"单辞片语"中寻找历史真相。① 杨宽研究古史侧重于宏观方面的贯通，他认为研究古史要把古史传说中的所有神话全部还原过来，要用神话学的方法对古史作出全面的、系统的分析。一言以蔽之，杨宽所做的工作即考察神话传说的流变过程，在考证基础上，尝试得出某一"规律"。② 此外，杨宽也勇于提出一些自己的观点，并受到学术界的认可，如共工即鲧，尧即颛顼为周上帝，有夏即下国，夏后即下后，盘古由于犬戎传说演变等，杨宽曾言："至于共工即鲧，余与闻一多、童书业、陈梦家同时有此说。他若尧即颛顼为周上帝之说，则由余发之，顾颉刚、童书业皆尝为之补证。又如有夏即下国，夏后即下后，盘古由于犬戎传说演变等说，亦由余发，诸家亦皆以为不谬者。"③

　　第三，杨宽是一个持之以恒，始终专注于史学研究的学者。1936 年，杨宽未毕业就参与上海市博物馆的筹建。1937

---

① 李波：《吕思勉与〈古史辨〉》，《史学史研究》2011 年第 2 期。
② 贾鹏涛：《论吕思勉、杨宽师生古史研究的异同》，《常州大学学报（社会科学版）》2020 年第 5 期。
③ 杨宽：《中国历代史研究·上古史纲目》，贾鹏涛整理：《杨宽学术随笔》，上海人民出版社 2020 年版，第 122—123 页。

年上海抗战爆发后，又和时任馆长胡肇椿将上海博物馆的文物转移他处。1945 年抗战胜利后，马上返回上海，领导上海博物馆的复馆工作。上海博物馆成功复馆后，长期担任上海博物馆的馆长。1959 年，从上海博物馆调至上海社会科学院历史研究所任副所长，1970 年调回复旦大学历史系工作。历任上海市文物保管委员会主任秘书、古物整理处处长、上海博物馆副馆长，中国先秦史学会第一至第三届副理事长。总之，虽然杨宽做了如此多的行政工作，但他的史学研究从没有因此而搁置过。在最忙碌的 1946 年至 1949 年，他除了举办展览会、保护文物、考古调查、创办杂志等卓有成效的工作外，[①] 还发表了大大小小 110 余篇文章，内容包括战国史事和人物、尺度考、时政文、小品文等。在 1950 年至 1959 年，他除了领导上海博物馆的正常工作外，出版了代表作《战国史》《中国古代冶铁技术的发明和发展》《商鞅变法》《秦始皇》等著作，再版了《中国历代尺度考》，还发表了 30 余篇文章。

第四，杨宽是一个关切社会现实，有强烈责任感的学者。1945 年，抗日战争胜利后，杨宽虽然非常高兴，但只是短暂的，对国家的前途忧心忡忡。感于当时上海出现的各种社会和政治问题，撰写了许多杂文，针砭时弊，计有：《恐新病和恐旧病》《闲话爆竹》《飞来与钻出》《从"共荣看烟"说到"民

---

① 　贾鹏涛：《杨宽在上海市立博物馆的往事》，《文汇报·文汇学人》2018 年 3 月 16 日。

主馒头"》《论名士派》《面子论》《神秘和秘密》《气节论》《老夫子和老妈子》《发财论》《人和狗》《狗祖宗和狗国家》《养廉与贪污——清代吏治杂论之一》《土豪劣绅论——清代吏治杂论之一》《官官相护论——清代吏治杂论之一》。针对社会流行的"重庆人"、"上海人","天上飞来的人"和"地下钻出的人"等新名词,重庆是抗战的圣地,沦陷区的恶化腐化等言论,撰写了《飞来与钻出》,希望大家冷静精细地分析和辨别,未可一概而论。① 对于所谓名士官僚派的形式拖沓,杨宽在《论名士派》中提出"要根绝官僚派的作风,同时也要根绝名士派的作风,这样一切政治建设、文化建设、经济建设才能有效地开展。官僚政治的病根,有人说因为有'官僚菌'在作祟,其病象就是对仪表形式无可遏止的渴求,不能切实办事。而名士派的病根,就在任情无可遏止的放浪。我们唯有提倡工作效率,才能根绝这些弊病"。② 对于社会上一切工作唯面子论,在《面子论》中写道:"挽救中国当前的社会和政治,必须要根绝这些'面子病',一切事惟人才是用,一切事惟实际问题,要不顾情面,要不采纳虚誉,人们无所用其'面子',那一切事业能大大的改进,建国的工作才能迅速地完成。"③ 对于汉奸,《气节论》一文提出应该严惩,他认为"我们为了国家的前途,为了政治的革新,必须把所有汉奸一网打尽。那许多落水的文

---

① 杨宽:《飞来与钻出》,上海《民国日报・觉悟》1946 年 1 月 10 日。

② 杨宽:《论名士派》,上海《民国日报・觉悟》1946 年 1 月 18 日。

③ 杨宽:《"面子"论》,上海《民国日报・觉悟》1946 年 1 月 20 日。

化汉奸，更应该捉个精光。……大的、恶的汉奸固需明正典刑，小的、盲从的汉奸也该有个合理的处置。这次抗战，不少人还受了明末志士气节的感召，为国家民族保持正气，如果这次惩治汉奸不能彻底，如果下次还有外患，那就可怕了。惩治汉奸，不仅在维持国法的尊严，最要的是在奖励守节志士的气节，也就是保持国家的气节"。① 对于发国难财，《发财论》结尾犀利地写道："商人投机，百物高涨，苦了穷人，活不下去。英雄投机，涂炭生灵，死了穷人，无命可活。政客投机，贪污风行，害了国家，苦了人民。"② 此外，杨宽不顾生命危险，带领上海市立博物馆同事阻止了卢芹斋计划偷运出国 342 件文物，有 23 件是从山西浑源县李峪村搞到的青铜器，其中就有著名的青铜器牛尊。新中国成立后，这批文物入藏上海博物馆，成为上海博物馆的镇馆之宝。③

治史风格

　　杨宽的学术研究，主要集中于中国上古史和先秦史两个领域。杨宽早早就走上了学术研究之路，他对先秦史的研究有

---

① 杨宽：《气节论》，上海《民国日报·觉悟》1946 年 1 月 30 日。
② 杨宽：《发财论》，上海《民国日报·觉悟》1946 年 2 月 8 日。
③ 贾鹏涛：《1948 年，杨宽如何保护了 343 件重要文物?》，《文汇报·文汇学人》2017 年 6 月 9 日。

着长期的学术计划，而对于中国上古史、冶铁史、制度史的研究，则随着时代及学术环境的变化而不断有转变。他的史学研究极富特色，博采众家之长，开辟了许多极具学术价值的研究课题，并通过自己的史学实践，探索出一条科学实用的治史道路。杨宽治学，素以严谨扎实而著名，杨宽的治史风格，可以归纳为以下几点：

第一，研究历史应注意"直通"与"横通"。所谓"直通"，就是要注意时代前后连贯的发展变化。比如农业生产工具，春秋中期以前使用石器和少量青铜器，春秋晚期开始出现铁器，战国中期就比较普遍地推行韧性铸铁农具。又如土地制度，应该注意到井田制是什么时候开始瓦解的？到什么时候完全瓦解？名田制是什么时候开始出现的？什么时候得到发展？只有把经济、政治、文化等各个方面重要的发展变化，弄清楚线索，才能构成历史的系统的基本知识。所谓"横通"就是要注意左右联系的相互影响。社会在一定历史阶段，历史发展有一个总的趋势，上层建筑随着经济基础而发生变化，同时又对经济基础起反作用，因此经济、政治、文化是相互联系和制约的。"横通"就是要从经济、政治、文化各个方面之间，了解其相互联系和制约的关系。[1] 杨宽一生研究的领域从墨子研究到上古史，从上古史到战国史，从度量衡研究到中国古代冶铁

---

[1]　杨宽：《怎样学习春秋战国史》，贾鹏涛整理：《杨宽学术随笔》，上海人民出版社 2020 年版，第 181—182 页。

技术发展史，从文物考古到陵寝、都城制度史，涉及领域看似驳杂，但却有"直通"和"横通"的精神贯彻其中，诚如王家范评价：看杨宽的书，有一条内在的、清晰的治学思路，始终不离史学的本体精神和史家的职业精神。所谓史学家的精神就是尊重客观事实，有一分证据说一分话。而体现在杨宽身上，就是他对历史链条上每一个关节的细致锤锻。但他并没有陷于细节、耽于过程，他的视野里始终有着整根链条，"虽然他没有写通史，但体现出一种通史的精神"。①

　　第二，摸清学术界已有的成果，寻觅探索的重点及其途径。老一辈学者认为搜集、解释、考证史料需要掌握"四把钥匙"，分别是：目录学、年代学、历史地理学、官制史。因为史料浩如烟海，要详细占有材料，须通晓目录学。历史记载离不开时间、地点和人的活动，政治历史事件的记载又离不开大小官吏的活动，因此就需要掌握年代学、历史地理学和官制史。比如，目录学的著作可查《四库全书总目提要》《中国丛书综录》《书目答问补正》等书。历史年代学的著作可查《中国历史纪年表》《二十史朔闰表》等书。历史地理学的著作可查《中国历史地图集》、《辞海》历史地理分册、《读史方舆纪要》等书。官制史的著作可查《中国政治制度史》等书。在杨宽看来，仅仅掌握"四把钥匙"是不够的，还得"必须明白过去学者对这方面研究的过程及其已经取得的成绩，看清进一步探索

---

① 《杨宽著作集》（第一辑）出版座谈会记录，2016 年 9 月 28 日。

的重点及其途径"。比如，为了探讨经济政治历史上的复杂问题，还必须学会考查历代典章制度的方法，掌握需要的基本知识。要查考历代制度，可以翻阅《十通》，即《通典》《通志》《文献通考》和清代所编的续编。要查考一代制度，可以翻阅西汉、东汉、唐、五代、宋、明等朝代的《会要》。而为了探索各个时期生产发展情况，更必须具备这方面的科学技术常识，包括生产工具、生产技术发展的知识。因此有必要学习一下中国科学技术史，包括冶金技术发展史，如《中国冶金简史》《中国古代冶金》等书。为了了解各个时期经济发展情况，还需要掌握当时户口（户籍所记载）、田地、田赋的统计数字，梁方仲《中国历代户口、田地、田赋统计》可供参考。为了计算各个时期田亩的面积和实际的生产量，还有必要具备度量衡变迁的历史知识，可参考上述著述所附的《中国历代度量衡变迁表》和新出版的《中国历代度量衡图录》。[①]

　　第三，全面占有材料，将文献资料、考古资料、实地考察三者结合起来。对杨宽古史研究方法产生最直接的影响，即王国维开创的"二重证据法"，晚年在自传中认为在当代著名学者的研究成果中，"感到王国维是最踏实而最有成就的，他所用的二重论证法，以考古挖掘的史料参证历代文献史料，而没有经学家的家派之见，最是值得学习。我曾经选读了他的名

---

① 　杨宽：《怎样学好祖国的历史》，贾鹏涛整理：《杨宽学术随笔》，上海人民出版社 2020 年版，第 175—177 页。

著《观堂集林》（乌程蒋氏本，一九二三）中许多论及先秦历史和文物的文章，受到深刻的教益。"①可以说，杨宽的史学研究中始终娴熟地使用着二重证据法，即将文物考古与文献资料结合起来。不仅如此，为了使得研究成果更为可信，在二重证据法的基础上，杨宽还加上实地考察。20世纪80年代，为了研究中国古代陵寝制度和都城制度，1982年4月，杨宽带着两个日本学生高木智见、太田侑子及助教刘根良到西安、洛阳、巩县，有计划、有系统地考察了历代帝王的陵墓，以战国时代秦王陵和秦始皇陵为起点，逐一考察了西汉、东汉、西晋、北魏、唐代和北宋的陵墓。1983年4、5月，杨宽又带领研究生高智群、姚平等去山东、河北、河南、陕西、湖北，行程两个月考察古代都城遗址。经过两次考察，杨宽撰写了《中国古代陵寝制度史研究》和《中国古代都城制度史研究》两本制度史研究专著。而在前书序言中说："由于有系统地结合遗迹和文献来探讨，得到了不少收获。"尾形勇在日译本后记里面也说："作者从透彻的文献资料入手，加上左右逢源地运用遗迹的调查报告和新出土的考古材料，再现了令人瞠目的崭新的历史画卷，从中可以看到作者运笔的美妙。据说附着汉高祖刘邦灵魂的生前衣冠，每月要从陵寝搬出来到宗庙去游历一番。像这样一望而知是荒诞无稽的故事，在作者的妙笔之下，

---

① 杨宽:《历史激流：杨宽自传》，大块文化出版股份有限公司2005年版，第65页。

也被注入生气而作出了新的解释。"① 将文献资料、考古资料、实地考察历史遗迹三者结合起来研究制度史，这不得不说是杨宽对王国维二重证据法的发展。

　　杨宽取得了上述如此巨大的史学成就，那么他在中国近现代史上居于何种地位呢？杨宽生于普通的家庭，并非书香世家，因为聪慧、努力，在大多数人还处于朦胧状态时，初中生的杨宽就对学术研究有兴趣，高中时就开始正式进行学术研究，入门极早，再加上杨宽比较长寿，其学术生涯长达 70 余年。随着时代和学术环境的变化，他的学术兴趣也不断转向，从墨子研究到上古史研究，从上古史研究到战国史研究，从战国史研究到冶铁史研究，从冶铁史研究到制度史研究。在各个领域中，杨宽都取得了巨大的成绩。② 杨宽的治学具有计划性，其最有成绩的领域莫过于先秦史，这是杨宽耕耘时间最长的领域，他精耕细作，出版了《战国史》《战国史料编年辑证》《西周史》，三书成为中国先秦史领域的典范性著作，至今似没有超出者；杨宽的治学具有海纳百川的包容性，其扬名学界的领域在于上古史，《中国上古史导论》是其成名作，他被称为古史辨后期的生力军，在谈到 20 世纪中国的疑古史学时，都不可避免地要谈到他以及他的"神话分化说"，这是杨宽最有创造性的领域。此外，长期作为上海博物馆领导的杨宽，有着繁

---

① 　杨宽：《中国古代陵寝制度史研究》，上海人民出版社 2016 年版，序言第 3、92 页。
② 　谢宝耿：《杨宽学案》，《上海文化》2018 年第 10 期。

忙的行政工作，但仍然专注于史学研究，没有些许松懈。而作为一名史学工作者，他没有固守故纸堆，在各种小品文中对自己的国家表露着深切的关怀。在治学方法上，杨宽认为学术研究既要注意时代前后连贯的发展变化，又要关注历史左右联系的相互影响；而在具体史学研究中，杨宽认为学者要充分尊重学界已有的成果，寻找探索的重点及其途径，并尽可能地全面占有材料，将文献资料、考古资料、实地考察三者结合起来以求学术的创新。正是因为在治学方法和治学风格上有着自己的特点，杨宽才得以立身于 20 世纪中国著名史学家的行列，他既是一位以史学研究为终身职责的史学工作者，又是一位对祖国有着深切关怀的史学家。杨宽之所以能够取得如此巨大的史学成就，离不开 20 世纪那个特定的历史环境，也离不开他自身的生活际遇以及他勤奋、努力、有计划的工作。

附　录　杨宽著述编年

1931 年

《埃及古算考略》,《苏中校刊》第 2 卷第 53、54 期合刊。

1932 年

《墨经考》,《江苏教育》第 1 卷第 9 期;收入贾鹏涛整理:《杨宽史学拾遗》,上海人民出版社 2021 年版,第 444—454 页。

《墨学非本于印度辨》,《大陆杂志》第 1 卷第 6 期;收入杨宽:《杨宽古史论文选集》,上海人民出版社 2003 年版,第 687—701 页。

《墨子更非回教辨》,《枕戈》第 1 卷第 15 期;收入贾鹏涛整理:《杨宽史学拾遗》,上海人民出版社 2021 年版,第 455—465 页。

1933 年

《淞沪抗战纪实》，上海小说林书店 1933 年版。

《墨经宇宙论考释》，《大陆杂志》第 1 卷第 7 期。

《先秦的论战——中国学术史上最有价值的一页》，《大陆杂志》第 1 卷第 8 期；收入杨宽：《杨宽古史论文选集》，上海人民出版社 2003 年版，第 702—714 页。

《墨学分期研究》，《学衡》第 79 期；收入杨宽：《杨宽古史论文选集》，上海人民出版社 2003 年版，第 653—686 页。

《论墨学决非本于印度再质胡怀琛先生》，《历史科学》第 1 卷第 3—4 期；收入贾鹏涛整理：《杨宽史学拾遗》，上海人民出版社 2021 年版，第 466—473 页。

《盘古传说试探》，《光华大学半月刊》第 2 卷第 2 期；收入汤涛编：《光华文萃》，华东师范大学出版社 2015 年版，第 61—65 页。

《〈墨子〉引书考辨》，《光华大学半月刊》第 2 卷第 3 期。

《禹治水传说之推测》，《民俗周刊》第 116、117、118 期合刊；收入宋文坤等选编：《民俗选粹》，辽宁大学出版社 2001 年版，第 38—42 页；收入贾鹏涛整理：《杨宽史学拾遗》，上海人民出版社 2021 年版，第 20—25 页。

《〈墨子〉各篇作期考》，《学艺》第 12 卷第 10 期；收入贾鹏涛整理：《杨宽史学拾遗》，上海人民出版社 2021 年版，第

474—482 页。

《坚白异同》，上海《时事新报》1933 年 5 月 14 日；又改名《关于"坚白异同"》上中下，刊于《盛京时报》1933 年 5 月 23 日、5 月 24 日、5 月 25 日。

1934 年

《名家言释义》，《光华大学半月刊》第 2 卷第 8、9 期；收入杨宽：《杨宽古史论文选集》，上海人民出版社 2003 年版，第 733—751 页。

《〈墨子〉引书考驳议》，《大学》第 1 卷第 6 期；收入贾鹏涛整理：《杨宽史学拾遗》，上海人民出版社 2021 年版，第 483—490 页。

《山海经》，上海《时事新报》1934 年 5 月 6 日；又改名《关于山海经》上下，刊于《盛京时报》1934 年 6 月 11 日、6 月 13 日。

1935 年

《〈墨经〉写式变迁考》，《学艺》第 14 卷第 1 期；收入贾鹏涛整理：《杨宽史学拾遗》，上海人民出版社 2021 年版，第 491—503 页。

《〈吕氏春秋〉汇校叙例》，《制言半月刊》第 1 期（与蒋维乔、
沈延国和赵善诒合撰）；收入蒋维乔、杨宽、沈延国、赵善诒：
《〈吕氏春秋〉汇校》，中华书局 1937 年版，第 1—5 页。

《〈吕氏春秋〉佚文辑校》，《制言半月刊》第 3 期（与蒋维乔、
沈延国和赵善诒合撰）；收入蒋维乔、杨宽、沈延国、赵善诒：
《〈吕氏春秋〉汇校》，中华书局 1937 年版，第 661—672 页。

《今月令考》，《制言半月刊》第 5 期（与蒋维乔、沈延国
和赵善诒合撰）；收入杨宽：《杨宽古史论文选集》，上海人民
出版社 2003 年，第 1—13 页；收入耿素丽、胡月平选编：《三
礼研究》第 1 册，国家图书馆出版社 2009 年版，第 1292—
1304 页。

《墨经义疏通说》，《制言半月刊》第 7 期。

《〈吕氏春秋〉板本书录》，《人文月刊》第 6 卷第 4 期（与
蒋维乔、沈延国和赵善诒合撰）；收入蒋维乔、杨宽、沈延
国、赵善诒：《〈吕氏春秋〉汇校》，中华书局 1937 年版，第 1—
22 页。

《诸子正名论》，《学术世界》第 1 卷第 5 期；收入杨
宽：《杨宽古史论文选集》，上海人民出版社 2003 年版，第
752—763 页。

《墨经科学辨妄》，光华大学中国语文学会：《中国语文学
研究》，中华书局 1935 年版，第 29—70 页；《中国语文学研究》
收入《民国丛书·第四编 50》，上海书店出版社 1992 年版；收
入贾鹏涛整理：《杨宽史学拾遗》，上海人民出版社 2021 年版，

第 504—531 页。

《略论古史传说》,上海《大美晚报·历史周刊》1935 年
11 月 11 日。

《略论汤祷传说》,上海《大美晚报·历史周刊》1935 年
12 月 2 日;收入贾鹏涛整理:《杨宽史学拾遗》,上海人民出版
社 2021 年版,第 38—42 页。

《再论汤祷传说》,上海《大美晚报·历史周刊》1935 年
12 月 17 日;收入贾鹏涛整理:《杨宽史学拾遗》,上海人民出
版社 2021 年版,第 43—45 页。

《略论鲧禹之神话传说》,上海《大美晚报·历史周刊》
1935 年 12 月 31 日。

1936 年

《略论盘古传说》,上海《大美晚报·历史周刊》1936 年 1
月 21 日、1 月 29 日。

《略论五帝传说》,上海《大美晚报·历史周刊》1936 年 2
月 18 日。

《略论共工与鲧之传说》,上海《大美晚报·历史周刊》
1936 年 2 月 25 日。

《器物创造传说表》,上海《大美晚报·历史周刊》1936
年 3 月 3 日。

《关于〈月令〉之一种考察》，上海《大美晚报·历史周刊》1936 年 3 月 10 日。

书评:《墨辨疏证》，天津《大公报·图书副刊》1936 年 3 月 12 日；收入贾鹏涛整理:《杨宽史学拾遗》，上海人民出版社 2021 年版，第 132—136 页。

《再论共工与鲧之传说》，上海《大美晚报·历史周刊》1936 年 3 月 17 日。

《略论古帝王之瑞应传说》，上海《大美晚报·历史周刊》1936 年 3 月 23 日；收入贾鹏涛整理:《杨宽史学拾遗》，上海人民出版社 2021 年版，第 15—19 页。

《尺度之起源》，上海《大美晚报·历史周刊》1936 年 4 月 27 日；又刊《新新新报》1936 年 5 月 12 日、5 月 13 日、5 月 14 日。

《略论黄帝传说》，上海《大美晚报·历史周刊》1936 年 5 月 11 日；又刊《西北文化日报》1937 年 4 月 4 日、4 月 5 日、4 月 6 日。

《〈逸周书〉与〈汲冢周书〉辨证——〈逸周书集释考证〉初稿之一》，上海《大美晚报·历史周刊》1936 年 5 月 25 日（与沈延国合撰）；收入贾鹏涛整理:《杨宽史学拾遗》，上海人民出版社 2021 年版，第 402—413 页。

《从康有为说到顾颉刚——史学方法的错误》，上海《大美晚报·历史周刊》1936 年 6 月 1 日；收入贾鹏涛整理:《杨宽史学拾遗》，上海人民出版社 2021 年版，第 62—66 页。

《悼章太炎先生——并评其〈左氏春秋读叙录〉》，上海《大美晚报·历史周刊》1936 年 6 月 22 日；收入贾鹏涛整理：《杨宽书信集》，上海人民出版社 2019 年版，第 198—206 页。

《关于古史辨》，上海《大美晚报·历史周刊》1936 年 7 月 13 日；收入贾鹏涛整理：《杨宽史学拾遗》，上海人民出版社 2021 年版，第 67—69 页。

《颛顼与尧本一人说》，上海《大美晚报·历史周刊》1936 年 7 月 20 日。

《伊尹考》，上海《大美晚报·历史周刊》1936 年 7 月 27 日；收入贾鹏涛整理：《杨宽史学拾遗》，上海人民出版社 2021 年版，第 46—53 页。

《二女传说之演变与分化》，上海《大美晚报·历史周刊》1936 年 8 月 3 日、8 月 14 日；收入贾鹏涛整理：《杨宽史学拾遗》，上海人民出版社 2021 年版，第 46—53 页。

《陆终考》，上海《大美晚报·历史周刊》1936 年 8 月 14 日、8 月 28 日。

《巫咸考》，上海《大美晚报·历史周刊》1936 年 8 月 28 日；收入贾鹏涛整理：《杨宽史学拾遗》，上海人民出版社 2021 年版，第 34—37 页。

《〈颛顼与尧本一人〉补证》，上海《大美晚报·历史周刊》1936 年 9 月 4 日。

《中国古史建设初论》，上海《大美晚报·历史周刊》1936 年 9 月 14 日（与郑师许合撰）；收入贾鹏涛整理：《杨宽史学拾遗》，上海人民出版社 2021 年版，第 1—10 页。

《鉴镜之起源》，上海《大美晚报·历史周刊》1936 年 9 月 28 日；收入贾鹏涛整理：《杨宽史学拾遗》，上海人民出版社 2021 年版，第 625—631 页。

《〈逸周书〉著作年代考证——〈逸周书集释考证〉初稿之五》，上海《大美晚报·历史周刊》1936 年 10 月 9 日（与沈延国合撰）；收入贾鹏涛整理：《杨宽史学拾遗》，上海人民出版社 2021 年版，第 414—420 页。

《龙门造像之史的考查》，上海《大美晚报·历史周刊》1936 年 10 月 16 日、10 月 23 日、11 月 11 日；收入贾鹏涛整理：《杨宽史学拾遗》，上海人民出版社 2021 年版，第 601—618 页。

《评〈墨辩新注〉》，天津《大公报·图书副刊》1936 年 10 月 22 日；收入贾鹏涛整理：《杨宽学术随笔》，上海人民出版社 2020 年版，第 137—143 页。

《金村古墓之古物及其古文化上之价值》，上海《大美晚报·历史周刊》1936 年 11 月 11 日；收入贾鹏涛整理：《杨宽史学拾遗》，上海人民出版社 2021 年版，第 542—549 页。

《中国群婚制的有无问题》，上海《大美晚报·历史周刊》1936 年 11 月 16 日；收入贾鹏涛整理：《杨宽史学拾遗》，上海人民出版社 2021 年版，第 54—56 页。

《中国历代尺度考叙目》，上海《大美晚报·历史周刊》1936 年 11 月 23 日。

《唐代之银元》，上海《大美晚报·历史周刊》1936 年 11

月 30 日；收入贾鹏涛整理：《杨宽学术随笔》，上海人民出版社
2020 年版，第 10—11 页。

《明代的倭寇》，上海《大美晚报·历史周刊》1936 年 12
月 28 日（署名宽）；收入贾鹏涛整理：《杨宽学术随笔》，上海
人民出版社 2020 年版，第 241—250 页。

《〈逸周书〉篇目考——〈逸周书集释〉附考之一》，《光华
大学半月刊》第 4 卷第 6 期（与沈延国合撰）；收入贾鹏涛整理：
《杨宽史学拾遗》，上海人民出版社 2021 年版，第 434—443 页。

《论晚近诸家治墨经之谬》，《制言半月刊》第 29 期；收
入贾鹏涛整理：《杨宽史学拾遗》，上海人民出版社 2021 年版，
第 532—542 页。

1937 年

《〈吕氏春秋〉汇校》，中华书局 1937 年版（与蒋维乔、沈
延国、赵善诒合著）。

《宋三司布帛尺考》，上海《民报·上海市博物馆周刊》
1937 年 1 月 16 日。

《中国固有艺术之特色——上海市博物馆考古艺术演讲》，
上海《大美晚报·历史周刊》1937 年 1 月 18 日；收入贾鹏涛
整理：《杨宽学术随笔》，上海人民出版社 2020 年版，第 56—
61 页。

《〈山海经〉中所见"玉"之祭仪》，上海《民报·上海市博物馆周刊》1937 年 1 月 23 日、1 月 30 日、2 月 6 日；收入贾鹏涛整理：《杨宽学术随笔》，上海人民出版社 2020 年版，第 1—9 页。

《〈逸周书〉与〈尚书〉关系考论——〈逸周书集释考证〉之一》，上海《大美晚报·历史周刊》1937 年 1 月 25 日（与沈延国合撰）；收入贾鹏涛整理：《杨宽史学拾遗》，上海人民出版社 2021 年版，第 421—433 页。

《校〈铜鼓考略〉〈漆器考〉后》，上海《大美晚报·历史周刊》1937 年 1 月 25 日；收入贾鹏涛整理：《杨宽学术随笔》，上海人民出版社 2020 年版，第 80—81 页。

《中国工艺之演化》，上海《大美晚报·历史周刊》1937 年 2 月 8 日；收入贾鹏涛整理：《杨宽学术随笔》，上海人民出版社 2020 年版，第 14—18 页。

《评〈中国陶瓷史〉》，上海《民报·上海市博物馆周刊》1937 年 2 月 20 日、2 月 27 日。

《郎窑考》，上海《大美晚报·历史周刊》1937 年 3 月 1 日；收入贾鹏涛整理：《杨宽史学拾遗》，上海人民出版社 2021 年版，第 619—624 页。

《释𡺸》，上海《民报·上海市博物馆周刊》1937 年 3 月 13 日。

《本馆所陈列铜鼓花纹之考察》，上海《民报·上海市博物馆周刊》1937 年 3 月 27 日、4 月 3 日、4 月 10 日、4 月 17 日、

4 月 24 日、5 月 1 日、5 月 8 日。

《埃及之古文化》，上海《大美晚报・历史周刊》1937 年 4 月 5 日、4 月 12 日、4 月 19 日；收入贾鹏涛整理：《杨宽学术随笔》，上海人民出版社 2020 年版，第 441—448 页。

《古镜铭文杂谈》，上海《民报・上海市博物馆周刊》1937 年 6 月 12 日。

《上海文献展览会小刀会史料之一》，上海《民报・上海市博物馆周刊》1937 年 6 月 19 日（署名宽正）。

《文献会所见善本书之一二》，上海《大公报》1937 年 7 月 16 日。

《镜鉴考源》，上海《民报・上海市博物馆周刊》1937 年 7 月 17 日、7 月 24 日。

《跋抄稿本〈东塘日札〉——〈嘉定屠城记〉》，上海《民报・上海市博物馆周刊》1937 年 8 月 7 日；收入贾鹏涛整理：《杨宽学术随笔》，上海人民出版社 2020 年版，第 160—163 页。

《〈吕氏春秋汇校〉补遗》，《制言半月刊》第 33 期。

书评：吴仁敬、辛安潮《中国陶瓷史》，《制言半月刊》第 39 期；收入贾鹏涛整理：《杨宽学术随笔》，上海人民出版社 2020 年版，第 144—148 页。

《〈逸周书〉与〈汲冢周书〉辩证——〈逸周书集释考证〉初稿之一》，《制言半月刊》第 40 期（与沈延国合撰）；收入贾鹏涛整理：《杨宽史学拾遗》，上海人民出版社 2021 年版，第 402—413 页。

书评：江思清《景德镇瓷业史》，《制言半月刊》第 43 期；收入贾鹏涛整理：《杨宽学术随笔》，上海人民出版社 2020 年版，第 149—151 页。

《说虞》，《禹贡》7 卷 6、7 期合刊。

《说夏》，《禹贡》7 卷 6、7 期合刊；收入《中国上古史导论》，吕思勉、童书业：《古史辨》第七册上，开明书店 1941 年版，第 277—292 页。

1938 年

《中国历代尺度考》，上海商务印书馆 1938 年版。

1939 年

《关于〈嘉定屠城记〉》，《申报》1939 年 1 月 5 日；收入贾鹏涛整理：《杨宽学术随笔》，上海人民出版社 2020 年版，第 156—159 页。

《说倭——"大和"即"大倭"的音转》，《文汇报·史地周刊》1939 年 2 月 22 日；收入贾鹏涛整理：《杨宽学术随笔》，上海人民出版社 2020 年版，第 251—253 页。

《海南岛开辟的历史》，《文汇报·史地周刊》1939 年 3

月 1 日；收入贾鹏涛整理：《杨宽学术随笔》，上海人民出版社 2020 年版，第 286—288 页。

《禹贡学会会友公鉴》，《文汇报·史地周刊》1939 年 3 月 8 日（与童书业、胡道静合撰）。

《元代的"红军"》，《文汇报·史地周刊》1939 年 3 月 15 日；又刊《读书与出版》1942 年第 1 卷第 2 期；收入贾鹏涛整理：《杨宽学术随笔》，上海人民出版社 2020 年版，第 215—216 页。

《纪念黄花岗》，《文汇报·史地周刊》1939 年 3 月 29 日（署名杨宽正）；收入贾鹏涛整理：《杨宽学术随笔》，上海人民出版社 2020 年版，第 436—437 页。

《斧头党》，《国风日报》1939 年 3 月 29 日（署名宽政）。

《明代的战舰蜈蚣船》，《文汇报·史地周刊》1939 年 4 月 5 日；收入贾鹏涛整理：《杨宽学术随笔》，上海人民出版社 2020 年版，第 254—255 页。

《元初的文化压迫政策》，《文汇报·史地周刊》1939 年 5 月 10 日；收入贾鹏涛整理：《杨宽学术随笔》，上海人民出版社 2020 年版，第 212—213 页。

《明太祖的建国》，《兼明》1939 年 5 月 15 日；收入贾鹏涛整理：《杨宽学术随笔》，上海人民出版社 2020 年版，第 222—224 页。

《黄帝与皇帝——〈中国上古史导论〉之一节》，《大美报·文史》1939 年 5 月 15 日。

《关于黄帝的讨论》，《文汇报·史地周刊》1939 年 5 月 17

日；收入贾鹏涛整理：《杨宽书信集》，上海人民出版社2019年版，第26—27页。

《丹朱、驩兜与朱明、祝融：〈中国上古史导论〉之一章》，《说文月刊》第1卷第1期；收入吕思勉、童书业：《古史辨》第七册上，开明书店1941年版，第302—329页；收入杨宽：《杨宽古史论文选集》，上海人民出版社2003年版，第307—320页。

《鲧、共工与玄冥、冯夷：〈中国上古史导论〉之一章》，《说文月刊》第1卷第4期；收入吕思勉、童书业：《古史辨》第七册上，开明书店1941年版，第329—345页；收入杨宽：《杨宽古史论文选集》，上海人民出版社2003年版，第321—332页。

《纸的服装》，《知识与趣味》第1卷第1期；收入贾鹏涛整理：《杨宽学术随笔》，上海人民出版社2020年版，第289—291页。

《摩登论》，《知识与趣味》第1卷第2期；收入贾鹏涛整理：《杨宽学术随笔》，上海人民出版社2020年版，第292—295页。

《狗和狗国》，《知识与趣味》第1卷第4期；收入徐蔚南编：《家的召唤》，日新出版社1946年版，第7—9页；收入贾鹏涛整理：《杨宽学术随笔》，上海人民出版社2020年版，第377—381页。

《吸纸烟》，《知识与趣味》第1卷第5期（署名朱新华）；收入贾鹏涛整理：《杨宽学术随笔》，上海人民出版社2020年版，第 296—298 页。

《宋代科学家沈括》，《知识与趣味》第 1 卷第 5 期；收入贾鹏涛整理：《杨宽学术随笔》，上海人民出版社 2020 年版，第 207—211 页。

《山珍海味》，《知识与趣味》第 1 卷第 6 期（署名朱新华）；收入贾鹏涛整理：《杨宽学术随笔》，上海人民出版社 2020 年版，第 299—301 页。

《谈吃肉》，《知识与趣味》年第 1 卷第 7 期；收入贾鹏涛整理：《杨宽学术随笔》，上海人民出版社 2020 年版，第 302—304 页。

《孔夫子上银幕》，《知识与趣味》第 1 卷第 8 期；收入贾鹏涛整理：《杨宽学术随笔》，上海人民出版社 2020 年版，第 305—309 页。

1940 年

《刊行"南洋文献丛书缘起"》，《责善半月刊》第 1 卷第 2 期（与黄素封合撰）。

《三宝太监七次下西洋》，《知识与趣味》第 2 卷第 1 期；收入贾鹏涛整理：《杨宽学术随笔》，上海人民出版社 2020 年版，第 225—240 页。

《游艺场在宋代》，《知识与趣味》第 2 卷第 2 期；收入贾鹏涛整理:《杨宽学术随笔》,上海人民出版社 2020 年版,第 310—312 页。

《城隍老爷》,《知识与趣味》第 2 卷第 3 期;收入贾鹏涛整理:《杨宽学术随笔》,上海人民出版社 2020 年版,第 313—317 页。

《狗的祖先——狼》,《知识与趣味》第 2 卷第 4 期;收入贾鹏涛整理:《杨宽学术随笔》,上海人民出版社 2020 年版,第 374—376 页。

《论人格教育》,《知识与趣味》第 2 卷年第 6 期;收入贾鹏涛整理:《杨宽学术随笔》,上海人民出版社 2020 年版,第 318—321 页。

《詹天佑工程师小传》,《知识与趣味》第 2 卷第 7 期(署名朱新华);又刊《前线日报》1940 年 3 月 31 日;收入贾鹏涛整理:《杨宽学术随笔》,上海人民出版社 2020 年版,第 322—325 页。

《带病延年》,《知识与趣味》第 2 卷第 8 期;收入贾鹏涛整理:《杨宽学术随笔》,上海人民出版社 2020 年版,第 326—329 页。

《青年与性教育》,《知识与趣味》第 3 卷第 1、2 期;收入贾鹏涛整理:《杨宽学术随笔》,上海人民出版社 2020 年版,第 330—333 页。

《蚕的故事》,《知识与趣味》第 3 卷第 3 期(署名朱新华);收入贾鹏涛整理:《杨宽学术随笔》,上海人民出版社 2020 年版，第 334—336 页。

《三皇传说之起源及其演变》，《学术月刊》第 3 期；收入吕思勉、童书业：《古史辨》第七册上，开明书店 1941 年版，第 175—189 页。

《序〈古史辨〉第七册因论古史中之鸟兽神话》，《学术月刊》第 4 期；收入吕思勉、童书业：《古史辨 第七册上》，开明书店 1941 年版，第 343—353 页；收入杨宽：《杨宽古史论文选集》，上海人民出版社 2003 年版，第 343—353 页。

1941 年

《中国上古史导论》，收入吕思勉、童书业：《古史辨》第七册上，开明书店 1941 年版，第 65—404 页；其《中国上古史导论序》及第一篇《古史传说探源论》以及收入杜正胜编：《中国上古史论文选集》上册，华世出版社 1979 年版，第 3—54 页；其《综论》篇收入马昌仪主编《中国神话学文论选粹》上，中国广播电视出版社 1994 年版，第 418—431 页。

《伯夷考》，《齐鲁学报》第 1 期；改题为《伯夷、句芒与九凤、玄鸟》，收入杨宽：《杨宽古史论文选集》，上海人民出版社 2003 年版，第 297—306 页。

《月令考》，《齐鲁学报》第 2 期；收入杨宽：《杨宽古史论文选集》，上海人民出版社 2003 年版，第 463—510 页。

《名家考原》，《群雅》第 2 卷第 2 期；收入杨宽：《杨宽古史论文选集》，上海人民出版社 2003 年版，第 729—732 页。

《中国图腾文化的探讨》，《正言报·史地》1941 年 6 月 12 日；又刊《政治月刊》1941 年第 2 卷 2 期；收入贾鹏涛整理：《杨宽史学拾遗》，上海人民出版社 2021 年版，第 57—61 页。

《略论研究古史的方法》，《正言报·史地》1941 年 10 月 22 日；收入贾鹏涛整理：《杨宽史学拾遗》，上海人民出版社 2021 年版，第 11—14 页。

《刘为尧后探源》，收入吕思勉、童书业：《古史辨》第七册上，开明书店 1941 年版，第 319—326 页。

《读"禅让说起于墨家考"》，收入吕思勉、童书业：《古史辨》第七册下，开明书店 1941 年版，第 110—117 页；收入吴岩、李晓涛：《民国思想文丛 古史辨派》，长春出版社 2013 年版，第 300—305 页。

《上吕师诚之书》，收入吕思勉、童书业：《古史辨》第七册下，开明书店 1941 年版，第 376—381 页。

1942 年

《墨经哲学》，正中书局 1942 年版。

1945 年

《根绝暹罗的排华政策及其妄动》,《青光半月刊》复刊第 1 卷第 2 期;收入贾鹏涛整理:《杨宽学术随笔》,上海人民出版社 2020 年版,第 449—458 页。

《整军与军队国家化:论整军与建军》,《青光半月刊》复刊第 1 卷第 2 期;收入贾鹏涛整理:《杨宽学术随笔》,上海人民出版社 2020 年版,第 399—402 页。

《收复区的地方财政问题》,《青光半月刊》复刊第 1 卷第 3 期;收入贾鹏涛整理:《杨宽学术随笔》,上海人民出版社 2020 年版,第 403—412 页。

《整理收复区的秘密结社》,《知识周刊》第 6 期;收入贾鹏涛整理:《杨宽学术随笔》,上海人民出版社 2020 年版,第 413—415 页。

《韩国今后经济再建设问题》,《中韩文化月刊》第 1 卷第 1 期;收入贾鹏涛整理:《杨宽学术随笔》,上海人民出版社 2020 年版,第 474—482 页。

《论中国工业建设的前途》,《中韩文化月刊》第 1 卷第 1 期(署名宽政);收入贾鹏涛整理:《杨宽学术随笔》,上海人民出版社 2020 年版,第 421—423 页。

《樊於期即桓齮考——战国兴亡丛考之一》,《正言报·学林》1945 年 11 月 15 日;收入贾鹏涛整理:《杨宽史学拾遗》,

上海人民出版社 2021 年版，第 117—118 页。

《答李君嘉龄：〈关于樊於期即桓齮考〉》，《正言报·学林》1945 年 12 月 8 日；收入贾鹏涛整理：《杨宽史学拾遗》，上海人民出版社 2021 年版，第 119—120 页。

1946 年

《墨经哲学》，正中书局 1946 年版。

吕思勉、杨宽、黄素封等编著：《新中国地图》（中等学校适用），李明阳校订，震旦地图出版公司 1946 年版。

《新年瞻望》，《正言报》1946 年 1 月 1 日。

《实行严厉的法治精神》，《经纬》第 1 卷第 7 期；刊《中央日报》（贵阳版）1946 年 6 月 23 日；又刊《民国日报》（甘肃版）1946 年 7 月 21 日；收入贾鹏涛整理：《杨宽学术随笔》，上海人民出版社 2020 年版，第 416—420 页。

《恐新病和恐旧病》，上海《民国日报·觉悟》1946 年 1 月 5 日；收入徐蔚南编：《前程》，日新出版社 1947 年版，第 1—2 页；收入贾鹏涛整理：《杨宽学术随笔》，上海人民出版社 2020 年版，第 339—341 页。

《闲话爆竹》，上海《民国日报·觉悟》1946 年 1 月 7 日；收入徐蔚南编：《等待的心》，日新出版社 1947 年版，第 11—13 页；收入贾鹏涛整理：《杨宽学术随笔》，上海人民出版社

2020 年版，第 342—345 页。

《飞来与钻出》，上海《民国日报·觉悟》1946 年 1 月 10 日；收入贾鹏涛整理：《杨宽学术随笔》，上海人民出版社 2020 年版，第 346—349 页。

《从"共荣香烟"说到"民主馒头"》，上海《民国日报·觉悟》1946 年 1 月 14 日；收入贾鹏涛整理：《杨宽学术随笔》，上海人民出版社 2020 年版，第 350—352 页。

《论名士派》，上海《民国日报·觉悟》1946 年 1 月 18 日；收入贾鹏涛整理：《杨宽学术随笔》，上海人民出版社 2020 年版，第 353—355 页。

《"面子"论》，上海《民国日报·觉悟》1946 年 1 月 20 日；收入汪冰编：《时风世象》，天津人民出版社 2011 年版，第 310—312 页；收入贾鹏涛整理：《杨宽学术随笔》，上海人民出版社 2020 年版，第 356—358 页。

《神秘和秘密》，上海《民国日报·觉悟》1946 年 1 月 28 日；收入徐蔚南编：《家的召唤》，日新出版社 1946 年版，第 5—7 页；收入贾鹏涛整理：《杨宽学术随笔》，上海人民出版社 2020 年版，第 359—362 页。

《气节论》，上海《民国日报·觉悟》1946 年 1 月 30 日；收入贾鹏涛整理：《杨宽学术随笔》，上海人民出版社 2020 年版，第 363—365 页。

《老夫子和老妈子》，上海《民国日报·觉悟》1946 年 2 月 5 日；收入徐蔚南编：《血与泪》，日新出版社 1947 年版，第

1—2 页；收入贾鹏涛整理：《杨宽学术随笔》，上海人民出版社2020 年版，第 366—369 页。

《发财论》，上海《民国日报·觉悟》1946 年 2 月 8 日；收入贾鹏涛整理：《杨宽学术随笔》，上海人民出版社 2020 年版，第 370—373 页。

《人和狗》，上海《民国日报·觉悟》1946 年 2 月 11 日；收入贾鹏涛整理：《杨宽学术随笔》，上海人民出版社 2020 年版，第 382—384 页。

《狗祖宗和狗国家》，上海《民国日报·觉悟》1946 年 2 月 12 日；收入贾鹏涛整理：《杨宽学术随笔》，上海人民出版社 2020 年版，第 385—388 页。

《养廉与贪污——清代吏治杂论之一》，上海《民国日报·觉悟》1946 年 2 月 25 日、2 月 26 日；收入贾鹏涛整理：《杨宽学术随笔》，上海人民出版社 2020 年版，第 256—258 页。

《土豪劣绅论——清代吏治杂论之一》，上海《民国日报·觉悟》1946 年 2 月 28 日；收入贾鹏涛整理：《杨宽学术随笔》，上海人民出版社 2020 年版，第 259—260 页。

《官官相护论——清代吏治杂论之一》，上海《民国日报·觉悟》1946 年 3 月 14 日；收入贾鹏涛整理：《杨宽学术随笔》，上海人民出版社 2020 年版，第 261—263 页。

《博物馆的三大工作——征集·陈列·研究》，上海《大晚报·上海市立博物馆庆祝还都开放展览特刊》1946 年 5 月 3 日。

《中国器物的演进》，上海《前线日报》1946 年 5 月 4 日；

收入贾鹏涛整理：《杨宽学术随笔》，上海人民出版社 2020 年版，第 19—20 页。

《从迁都到还都》，《正言报》1946 年 5 月 5 日。

《玺印的变迁》，上海《新夜报·夜明珠》1946 年 5 月 13 日；收入贾鹏涛整理：《杨宽学术随笔》，上海人民出版社 2020 年版，第 12—13 页。

《宝贝》，上海《新夜报·夜明珠》1946 年 5 月 27 日；收入贾鹏涛整理：《杨宽学术随笔》，上海人民出版社 2020 年版，第 395—396 页。

《侠——江湖丛谈之一》，上海《东南日报·长春》1946 年 6 月 18 日；收入贾鹏涛整理：《杨宽学术随笔》，上海人民出版社 2020 年版，第 269—272 页。

《盗——江湖丛谈之一》，上海《东南日报·长春》1946 年 6 月 20 日。

《墨——江湖丛谈之一》，上海《东南日报·长春》1946 年 6 月 25 日；收入贾鹏涛整理：《杨宽学术随笔》，上海人民出版社 2020 年版，第 273—275 页。

《替天行道——江湖丛谈之一》，上海《东南日报·长春》1946 年 6 月 28 日；收入贾鹏涛整理：《杨宽学术随笔》，上海人民出版社 2020 年版，第 276—279 页。

《四海一家——江湖丛谈之二》，上海《东南日报·长春》1946 年 6 月 29 日；又刊《中华时报》1949 年 8 月 30 日；收入贾鹏涛整理：《杨宽学术随笔》，上海人民出版社 2020 年版，第 280—282 页。

《所谓邪教——江湖丛谈之三》，上海《东南日报·长春》1946 年 6 月 30 日；收入贾鹏涛整理：《杨宽学术随笔》，上海人民出版社 2020 年版，第 283—285 页。

《〈古史辨的解毒剂〉的解毒剂》，上海《东南日报·文史周刊》1946 年 7 月 4 日（署名刘平）；收入贾鹏涛整理：《杨宽史学拾遗》，上海人民出版社 2021 年版，第 70—79 页。

《吴起伐魏考》，上海《东南日报·文史周刊》1946 年 7 月 4 日；收入贾鹏涛整理：《杨宽史学拾遗》，上海人民出版社 2021 年版，第 96—99 页。

《战国时代的农村》，上海《东南日报·文史周刊》1946 年 7 月 18 日（署名刘平）；收入贾鹏涛整理：《杨宽史学拾遗》，上海人民出版社 2021 年版，第 249—252 页。

《元末的红军——江湖丛谈之一》，上海《民国日报·觉悟》1946 年 8 月 3 日；收入徐蔚南编：《血与泪》，日新出版社 1947 年版，第 3—6 页；收入贾鹏涛整理：《杨宽学术随笔》，上海人民出版社 2020 年版，第 217—221 页。

《梁惠王的年世》，上海《东南日报·文史周刊》1946 年 8 月 8 日；收入杨宽：《杨宽古史论文选集》，上海人民出版社 2003 年版，第 265—271 页。

《乐毅仕进考——乐毅〈报燕惠王书〉辨伪上篇》，上海《东南日报·文史周刊》1946 年 8 月 29 日；收入贾鹏涛整理：《杨宽史学拾遗》，上海人民出版社 2021 年版，第 100—105 页。

《周代封建制的崩溃》，上海《益世报·史苑》1946 年 9
月 6 日（署名刘平）；收入贾鹏涛整理：《杨宽史学拾遗》，上海
人民出版社 2021 年版，第 234—239 页。

《戴氏篡宋考——战国兴亡丛考之一》，上海《益世报·史
苑》1946 年 9 月 13 日；收入贾鹏涛整理：《杨宽史学拾遗》，
上海人民出版社 2021 年版，第 122—127 页。

《向〈为古史辨的解毒剂的解毒剂进一解〉展开攻毒的歼
灭战》，上海《东南日报·文史周刊》1946 年 9 月 19 日（署
名刘平）；收入贾鹏涛整理：《杨宽史学拾遗》，上海人民出版社
2021 年版，第 80—90 页。

《楚怀王灭越设郡江东考——战国兴亡丛考之一》，上海
《益世报·史苑》1946 年 9 月 27 日；收入杨宽：《杨宽古史论
文选集》，上海人民出版社 2003 年版，第 278—284 页。

《再论梁惠王的年世》，上海《东南日报·文史周刊》1946
年 10 月 3 日；收入杨宽：《杨宽古史论文选集》，上海人民出版
社 2003 年版，第 272—277 页。

《魏安釐王灭卫考——战国兴亡丛考之一》，上海《益世
报·史苑》1946 年 10 月 11 日；收入贾鹏涛整理：《杨宽史学
拾遗》，上海人民出版社 2021 年版，第 128—130 页。

《酌酒的羽觞》，上海《中央日报·文物周刊》1946 年 10
月 13 日。

《龙江船厂志》，上海《中央日报·文物周刊》1946 年 10
月 13 日（署名宽正）。

《山字纹镜》，上海《中央日报·文物周刊》1946 年 10 月 16 日（署名宽正）。

《博物馆里也该有教师》，上海《中央日报·文物周刊》1946 年 10 月 20 日；收入贾鹏涛整理：《杨宽学术随笔》，上海人民出版社 2020 年版，第 38—39 页。

《鴌羌钟的制作年代》，上海《中央日报·文物周刊》1946 年 10 月 23 日；收入贾鹏涛整理：《杨宽史学拾遗》，上海人民出版社 2021 年版，第 550—553 页。

《士民阶层的兴起》，上海《益世报·史苑》1946 年 10 月 25 日（署名刘平）；收入贾鹏涛整理：《杨宽史学拾遗》，上海人民出版社 2021 年版，第 240—248 页。

《博物馆该怎样"博"》，上海《中央日报·文物周刊》1946 年 10 月 27 日；收入贾鹏涛整理：《杨宽学术随笔》，上海人民出版社 2020 年版，第 34—35 页。

《〈洛阳金村古墓为东周墓非韩墓考〉的商榷》，上海《中央日报·文物周刊》1946 年 10 月 30 日；收入贾鹏涛整理：《杨宽史学拾遗》，上海人民出版社 2021 年版，第 558—564 页。

《孟尝君合从楚考——战国兴亡丛考之一》，上海《益世报·史苑》1946 年 11 月 1 日；收入贾鹏涛整理：《杨宽史学拾遗》，上海人民出版社 2021 年版，第 131—136 页。

《钱坫篆书轴——书画之一》，上海《中央日报·文物周刊》1946 年 11 月 3 日（署名宽正）。

《战国时代的郡制——战国制度丛考之一》，上海《益世报·史苑》1946 年 11 月 8 日；收入贾鹏涛整理：《杨宽史学拾遗》，上海人民出版社 2021 年版，第 253—256 页。

《展览会的举办》，上海《中央日报·文物周刊》1946 年 11 月 17 日；收入贾鹏涛整理：《杨宽学术随笔》，上海人民出版社 2020 年版，第 36—37 页。

《上海城隍秦景容公像》，上海《中央日报·文物周刊》1946 年 11 月 24 日（署名宽正）。

《上海知县袁祖惪血衣——史迹之一》，上海《中央日报·文物周刊》1946 年 12 月 1 日（署名宽正）。

《一篇多余的辩论》，上海《东南日报·文史周刊》1946 年 12 月 5 日（署名刘平）；收入贾鹏涛整理：《杨宽史学拾遗》，上海人民出版社 2021 年版，第 91—95 页。

《齐湣王、秦昭王称东、西帝考——战国兴亡丛考之一》，上海《益世报·史苑》1946 年 12 月 6 日；收入贾鹏涛整理：《杨宽史学拾遗》，上海人民出版社 2021 年版，第 137—141 页。

《博物馆与市政建设》，上海《中央日报·文物周刊》1946 年 12 月 8 日；收入贾鹏涛整理：《杨宽学术随笔》，上海人民出版社 2020 年版，第 40—42 页。

《齐湣王灭宋考——战国兴亡丛考之一》，上海《益世报·史苑》1946 年 12 月 13 日；收入贾鹏涛整理：《杨宽史学拾遗》，上海人民出版社 2021 年版，第 142—150 页。

《论长沙出土的木雕怪神像》，上海《中央日报·文物周刊》1946 年 12 月 15 日；收入杨宽：《杨宽古史论文选集》，上海人民出版社 2003 年版，第 410—413 页。

　　《乐毅破齐考——乐毅〈报燕惠王书〉辨伪下篇》，上海《东南日报·文史周刊》1946 年 12 月 26 日；收入贾鹏涛整理：《杨宽史学拾遗》，上海人民出版社 2021 年版，第 106—116 页。

　　《梁惠王逢泽之会考——战国兴亡丛考之一》，上海《益世报·史苑》1946 年 12 月 27 日；收入贾鹏涛整理：《杨宽史学拾遗》，上海人民出版社 2021 年版，第 151—157 页。

　　《明器群中的动物像》，上海《中央日报·文物周刊》1946 年 12 月 29 日（署名宽正）。

　　《我们的中国》，《大国民》第 1 期；收入贾鹏涛整理：《杨宽学术随笔》，上海人民出版社 2020 年版，第 433—435 页。

　　《东北九省——我们的命脉》，《大国民》第 2 期；收入贾鹏涛整理：《杨宽学术随笔》，上海人民出版社 2020 年版，第 438—440 页。

　　《保存文物的仓库》，《广博周报》第 5 期；收入贾鹏涛整理：《杨宽学术随笔》，上海人民出版社 2020 年版，第 29—33 页。

　　《论远东弱小民族的独立运动：韩国·越南·印度尼西亚》，《导报月刊》第 1 卷第 1 期；收入贾鹏涛整理：《杨宽学术随笔》，上海人民出版社 2020 年版，第 459—467 页。

　　《远东的国际关系与韩国前途》，《导报月刊》第 1 卷第 13—14 期；收入贾鹏涛整理：《杨宽学术随笔》，上海人民出版社 2020 年版，第 468—471 页。

　　《为处理韩侨问题向当局进一言》，《中韩文化月刊》第 1

卷第 2 期（署名刘平）；收入贾鹏涛整理：《杨宽学术随笔》，上海人民出版社 2020 年版，第 472—473 页。

《韩国农村经济的回顾与前瞻——专论米谷农业地带》，《中韩文化月刊》第 1 卷第 2 期；收入贾鹏涛整理：《杨宽学术随笔》，上海人民出版社 2020 年版，第 483—497 页。

《韩国农村合作团体——"契"的回顾与前瞻》，《中韩文化月刊》第 1 卷第 2 期（署名新华）；收入贾鹏涛整理：《杨宽学术随笔》，上海人民出版社 2020 年版，第 498—506 页。

《论中国政治建设的前途》，《中韩文化月刊》第 1 卷第 2 期（署名宽政）；收入贾鹏涛整理：《杨宽学术随笔》，上海人民出版社 2020 年版，第 424—428 页。

《上海市立博物馆的重建》，《世界文化》1946 年第 4 卷第 2 期；收入贾鹏涛整理：《杨宽学术随笔》，上海人民出版社 2020 年版，第 21—26 页。

1947 年

《明抄本隆庆清丈上海二十四保副八图鱼鳞册——史料之一》，上海《中央日报·文物周刊》1947 年 1 月 5 日（署名宽正）。

《博物馆与特种展览会》，上海《中央日报·文物周刊》1947 年 1 月 12 日；收入贾鹏涛整理：《杨宽学术随笔》，上海人民出版社 2020 年版，第 43—45 页。

《怎样充实博物馆的内容》，上海《中央日报·文物周刊》1947年1月19日；收入贾鹏涛整理：《杨宽学术随笔》，上海人民出版社2020年版，第46—47页。

《明乔一琦草书轴》，上海《中央日报·文物周刊》1947年2月2日（署名宽正）。

《公孙衍张仪从横考——战国兴亡丛考一》，上海《益世报·史苑》1947年2月14日、2月21日、2月28日；收入贾鹏涛整理：《杨宽史学拾遗》，上海人民出版社2021年版，第158—169页。

《中山武公初立考——战国兴亡丛考之一》，上海《益世报·史苑》1947年2月28日；收入贾鹏涛整理：《杨宽史学拾遗》，上海人民出版社2021年版，第170—173页。

《齐魏相王考——战国兴亡丛考之一》，天津《民国日报·史与地》1947年3月17日；收入贾鹏涛整理：《杨宽史学拾遗》，上海人民出版社2021年版，第215—218页。

《新城大令戈铭考辨》，上海《中央日报·文物周刊》1947年3月19日；收入贾鹏涛整理：《杨宽史学拾遗》，上海人民出版社2021年版，第554—557页。

《论洛阳金村古墓答唐兰先生》，上海《中央日报·文物周刊》1947年4月16日；收入贾鹏涛整理：《杨宽史学拾遗》，上海人民出版社2021年版，第565—568页。

《从速严禁文物出口》，上海《中央日报·文物周刊》1947年4月23日；收入贾鹏涛整理：《杨宽学术随笔》，上海人民出版社 2020 年版，第 62—64 页。

《上郡守疾戈考释》，上海《中央日报·文物周刊》1947
年 5 月 7 日；收入杨宽：《杨宽古史论文选集》，上海人民出版
社 2003 年版，第 405—409 页。

《陈驿壶考释》，上海《中央日报·文物周刊》1947 年
5 月 14 日；收入刘庆柱、段志洪、冯时编：《中国古文字大
系·金文文献集成》第 29 册，香港明石文华国际出版社有限
责任公司 2006 年版，第 510 页；收入贾鹏涛整理：《杨宽史学
拾遗》，上海人民出版社 2021 年版，第 569—575 页。

《李兑合五国伐秦考——战国兴亡丛考之一》，天津《民国
日报·史与地》1947 年 6 月 9 日；收入贾鹏涛整理：《杨宽史
学拾遗》，上海人民出版社 2021 年版，第 174—180 页。

《纸冥器的起源》，上海《中央日报·文物周刊》1947 年
6 月 18 日；收入杨宽：《杨宽古史论文选集》，上海人民出版社
2003 年版，第 435—440 页。

《汉代木明器考》，上海《中央日报·文物周刊》1947 年
6 月 25 日；收入杨宽：《杨宽古史论文选集》，上海人民出版社
2003 年版，第 419—423 页。

《周分东西考——战国兴亡丛考之一》，天津《民国日
报·史与地》1947 年 6 月 30 日；又刊重庆《时事新报·学灯》
1947 年 7 月 21 日、7 月 28 日；收入贾鹏涛整理：《杨宽史学拾
遗》，上海人民出版社 2021 年版，第 219—222 页。

《汉代的多层建筑》，上海《中央日报·文物周刊》1947

年 7 月 16 日；收入杨宽：《杨宽古史论文选集》，上海人民出版
社 2003 年版，第 424—428 页。

《考明器中的"四神"》，上海《中央日报·文物周刊》
1947 年 8 月 20 日；收入杨宽：《杨宽古史论文选集》，上海人
民出版社 2003 年版，第 429—434 页。

《论长沙楚墓的年代》，上海《中央日报·文物周刊》1947
年 9 月 3 日；收入贾鹏涛整理：《杨宽史学拾遗》，上海人民出
版社 2021 年版，第 576—581 页。

《综论汉代尺度》，上海《中央日报·文物周刊》1947 年 9
月 17 日。

《论推展我国社会教育必须扩展博物馆事业》，上海《中央
日报·文物周刊》1947 年 10 月 8 日；收入贾鹏涛整理：《杨宽
学术随笔》，上海人民出版社 2020 年版，第 50—55 页。

《充实内容与建设馆舍》，上海《中央日报·文物周刊》
1947 年 10 月 29 日；收入贾鹏涛整理：《杨宽学术随笔》，上海
人民出版社 2020 年版，第 48—49 页。

《读秦〈诅楚文〉后》，上海《中央日报·文物周刊》1947
年 11 月 5 日；收入贾鹏涛整理：《杨宽史学拾遗》，上海人民出
版社 2021 年版，第 582—585 页。

《战国时代的征兵制度——战国制度丛考之一》，上海《东
南日报·文史周刊》1947 年 11 月 12 日；收入贾鹏涛整理：《杨
宽史学拾遗》，上海人民出版社 2021 年版，第 259—266 页。

《汉代门前的"罘罳"》，上海《中央日报·文物周刊》

1947 年 11 月 21 日；收入杨宽：《杨宽古史论文选集》，上海人民出版社 2003 年版，第 414—418 页。

《明曾鲸绘侯峒曾画像》，上海《中央日报·文物周刊》1947 年 12 月 31 日（署名宽正）。

《漫谈钱纸》，《远风》创刊号；收入贾鹏涛整理：《杨宽学术随笔》，上海人民出版社 2020 年版，第 389—390 页。

《生孩子和杀孩子的风气》，《学风》第 1 期；收入贾鹏涛整理：《杨宽学术随笔》，上海人民出版社 2020 年版，第 391—394 页。

1948 年

《韩灭郑考——战国兴亡丛考之一》，上海《东南日报·文史周刊》1948 年 1 月 21 日；收入贾鹏涛整理：《杨宽史学拾遗》，上海人民出版社 2021 年版，第 181—184 页。

《六博考》，上海《中央日报·文物周刊》1948 年 1 月 21 日；收入杨宽：《杨宽古史论文选集》，上海人民出版社 2003 年版，第 441—446 页。

《补论合用职屋二韵铭文的铜镜》，上海《中央日报·文物周刊》1948 年 2 月 4 日（署名宽正）。

《考古散记》，上海《中央日报·文物周刊》1948 年 4 月 14 日；收入贾鹏涛整理：《杨宽学术随笔》，上海人民出版社

2020 年版，第 65—66 页。

《汉代的青瓷》，上海《中央日报·文物周刊》1948 年 4 月 21 日；收入贾鹏涛整理：《杨宽史学拾遗》，上海人民出版社 2021 年版，第 596—600 页。

《魏惠王迁都大梁考——战国兴亡丛考之一》，上海《东南日报·文史周刊》1948 年 5 月 19 日；收入贾鹏涛整理：《杨宽史学拾遗》，上海人民出版社 2021 年版，第 185—188 页。

《秦失河西考——战国兴亡丛考之一》，上海《东南日报·文史周刊》1948 年 7 月 14 日；收入贾鹏涛整理：《杨宽史学拾遗》，上海人民出版社 2021 年版，第 189—193 页。

《"郢爰"金币考》，上海《中央日报·文物周刊》1948 年 8 月 4 日；收入贾鹏涛整理：《杨宽史学拾遗》，上海人民出版社 2021 年版，第 586—592 页。

《释"爰"》，上海《中央日报·文物周刊》1948 年 8 月 11 日；收入贾鹏涛整理：《杨宽史学拾遗》，上海人民出版社 2021 年版，第 593—595 页。

《〈上海市立博物馆藏印〉序》，上海《中央日报·文物周刊》1948 年 8 月 25 日；收入贾鹏涛整理：《杨宽学术随笔》，上海人民出版社 2020 年版，第 76 页。

《唐大小尺考》，上海《中央日报·文物周刊》1948 年 9 月 15 日。

《宋三司布帛尺考》，上海《中央日报·文物周刊》1948 年 9 月 29 日。

《宋布帛与唐大尺》，上海《中央日报·文物周刊》1948年 11 月 13 日。

《韩文侯伐宋到彭城执宋君考》，上海《东南日报·文史周刊》1948 年 12 月 19 日；收入贾鹏涛整理：《杨宽史学拾遗》，上海人民出版社 2021 年版，第 194—196 页。

1949 年

《"幌子"小记》，上海《中央日报·文物周刊》1949 年 1 月 6 日；收入杨宽：《杨宽古史论文选集》，上海人民出版社 2003 年版，第 449—455 页。

《司马穰苴破燕考》，上海《东南日报·文史周刊》1949 年 1 月 9 日；收入贾鹏涛整理：《杨宽史学拾遗》，上海人民出版社 2021 年版，第 197—200 页。

《魏文侯灭中山考》，上海《东南日报·文史周刊》1949 年 1 月 23 日；收入贾鹏涛整理：《杨宽史学拾遗》，上海人民出版社 2021 年版，第 201—203 页。

《三晋伐齐入长城考——战国兴亡丛考之一》，上海《东南日报·文史周刊》1949 年 2 月 13 日；收入贾鹏涛整理：《杨宽史学拾遗》，上海人民出版社 2021 年版，第 204—209 页。

《赵灭中山考》，上海《东南日报·文史周刊》1949 年 4 月 8 日；收入贾鹏涛整理：《杨宽史学拾遗》，上海人民出版社

2021 年版，第 210—214 页。

1950 年

《美帝向来是个狡猾阴险毒辣的侵略者》，《文汇报》1950 年 12 月 13 日；收入中国教育工会上海市委员会编：《从各方面看美帝》，上海棠棣出版社 1951 年版，第 24—29 页。

《劳动怎样创造了人?》，《科学大众》（中学版）1950 年第 7 期。

1951 年

《一六四五年嘉定人民的抗清斗争》，《历史教学》1951 年第 8 期；收入李光璧编：《明清史论丛》，湖北人民出版社 1957 年版，第 215—225 页。

《太平天国通俗画史·序》，方诗铭、承名世：《太平天国通俗画史》，人世间出版社 1951 年版；收入贾鹏涛整理：《杨宽学术随笔》，上海人民出版社 2020 年版，第 129—131 页。

1952 年

承名世、方诗铭编，杨宽校订：《社会发展史第一组，从猿到人》，大中国图书局 1952 年版。

《从猿到人》，国营上海电影幻灯片制造厂。①

上海博物馆编：《上海博物馆陈列品说明书》1952 年版。

《评〈从猿到人挂图〉》山东自然科学教育研究所编绘，九月新亚书店出版，定价六万元。②

《战国时代社会性质的讨论》，《文史哲》1952 年第 1 期；收入《历史研究》编辑部编：《中国的奴隶制与封建制分期问题论文选集》，生活·读书·新知三联书店 1956 年版，第 290—310 页；收入贾鹏涛整理：《杨宽史学拾遗》，上海人民出版社 2021 年版，第 267—285 页。

1953 年

王漱石编辑，杨宪益、杨宽校订：《中国历史地图》，新亚书店 1953 年版。

---

① 无出版年月，暂放于此。
② 未找到发表地，暂放于此。

《战国时代中央集权制封建国家的形成》，《历史教学》
1953 年第 10 期；收入复旦大学历史系中国古代史教研室编：
《中国古代史参考论文集一》，1980 年版，第 264—284 页；收
入贾鹏涛整理：《杨宽史学拾遗》，上海人民出版社 2021 年版，
第 286—305 页。

1954 年

《论春秋战国间社会的变革》，《文史哲》1954 年第 3 期；
收入河南师范学院历史系编：《中国古代及中世纪史参考资
料》，第 206—221 页。

《春秋战国间封建的军事组织和战争的变化》，《历史教学》
1954 年第 4 期。

《战国时代的冶铁手工业》，《新建设》1954 年第 6 期。

《论春秋战国间阶级斗争对于历史的推动作用》，《文史哲》
1954 年第 8 期；收入贾鹏涛整理：《杨宽史学拾遗》，上海人民
出版社 2021 年版，第 306—328 页。

《历史教学中有关处理战国年代的问题》，《历史教学》
1954 年第 8、9 期。

《问题解答：耕田开始用牛究竟在春秋时期，还是战国时
期呢？战国时期赵武灵王的"胡服骑射"一事，在当时的历史
现实上，是否有积极意义？对社会发挥上是否有推动作用？》，

《历史教学》1954 年第 9 期（署名"宽"）；收入贾鹏涛整理：《杨宽史学拾遗》，上海人民出版社 2021 年版，第 357—360 页。

《问题解答：周代是否有井田制？战国时期及秦朝汉朝的度量衡制度》，《历史教学》1954 年第 11 期（署名"宽"）；收入贾鹏涛整理：《杨宽史学拾遗》，上海人民出版社 2021 年版，第 361—364 页。

1955 年

《中国历代尺度考》，上海商务印书馆 1955 年版。

《战国史》，上海人民出版社 1955 年版。

《商鞅变法》，上海人民出版社 1955 年版。

《试论中国古代冶铁技术的发明和发展》，《文史哲》1955 年第 2 期。

《我国古代冶金炉的鼓风设备》，《科学大众》（中学版）1955 年第 2 期。

《古代四川的井盐生产》，《科学大众》（中学版）1955 年第 8 期；收入陈然、谢奇筹、邱明达编：《中国盐业史论丛》，中国社会科学出版社 1987 年版，第 17—21 页；收入杨宽：《杨宽古史论文选集》，上海人民出版社 2003 年版，第 456—459 页。

《论商鞅变法》，《历史教学》1955 年第 9 期。

《战国时代的水利工程技术》，收入李光璧、钱君晔编：《中国科学技术发明和科学技术人物论集》，生活·读书·新知三联书店 1955 年版，第 71—98 页。

《中国古代冶铁鼓风技术和水力冶铁鼓风炉的发明》，收入李光璧、钱君晔编：《中国科学技术发明和科学技术人物论集》，生活·读书·新知三联书店 1955 年版，第 99—119 页。

1956 年

《中国古代冶铁技术的发明和发展》，上海人民出版社 1956 年版。

《秦始皇》，上海人民出版社 1956 年版。

《论南北朝时期炼钢技术上的重要发明》，《历史研究》1956 年第 4 期。

1957 年

《编辑、印刷、发行的分工尚有缺点，学术著作的出版应有物质保证》，《文汇报》1957 年 3 月 11 日。

《几点说明》，《文汇报》1957 年 5 月 27 日。

《论西周时代的农业生产》，《学术月刊》1957 年第 2 期；

收入杨宽：《古史新探》，中华书局 1965 年版，第 1—22 页；收入杨宽：《西周史》，上海人民出版社 2003 年版，第 224—267页；收入复旦大学历史系中国古代史教研室编：《中国古代史参考论文集 1》，1980 年版，第 154—178 页。

《关于西周农业生产工具和生产技术的讨论》，《历史研究》1957 年第 10 期；收入杨宽：《古史新探》，中华书局 1965 年版，第 23—50 页；收入北京大学历史系中国古代史研究室编：《中国古代史教学参考论文选》第一册先秦部分，1979 年版，第239—268 页；收入复旦大学历史系中国古代史教研室编：《中国古代史参考论文集 1》，1980 年版，第 154—178 页；收入上海社会科学院历史研究所编：《史苑英华——上海社会科学院历史研究所精选》，上海社会科学出版社 2008 年版，第 26—43 页。

《论秦始皇》，收入李光璧、钱君晔编：《中国历史人物论集》，生活·读书·新知三联书店 1957 年版，第 3—27 页；收入中国人民大学中国历史教研室编：《中国通史参考资料》第 1集，中国人民大学出版社 1957 年版，第 174—195 页。

1958 年

《坚持"厚今薄古"发展历史科学》，《文汇报》1958 年 4月 14 日。

《关于〈左传〉"取人于萑苻之泽"的辩解》,《学术月刊》1958 年第 3 期;收入贾鹏涛整理:《杨宽史学拾遗》,上海人民出版社 2021 年版,第 365—367 页。

1959 年

《墨经哲学》,台湾正中书局 1959 年版。

《上海博物馆藏画》,上海人民美术出版社 1959 年版。

《吕思勉〈隋唐五代史〉出版说明》,中华书局 1959 年版;收入贾鹏涛整理:《杨宽学术随笔》,上海人民出版社 2020 年版,第 82—89 页。

《中国人民在炼钢技术上的成就》,《文物》1959 年第 1 期。

《试论中国古代的井田制度和村社组织》,《学术月刊》1959 年第 6 期;收入杨宽:《古史新探》,中华书局 1965 年版,第 111—134 页;收入杨宽:《西周史》,上海人民出版社 2003 年版,第 185—211 页;收入高智群编:《先秦史十讲》,复旦大学出版社 2006 年版,第 116—146 页;收入南开大学历史系中国古代史教研组编:《中国封建社会土地所有制形式问题讨论集》下编,生活·读书·新知三联书店 1962 年版,第 348—367 页。

《论〈太平经〉——我国第一部农民革命的理论著作》,《学术月刊》1959 年第 9 期;收入贾鹏涛整理:《杨宽史学拾遗》,上海人民出版社 2021 年版,第 658—676 页。

《关于水力冶铁鼓风机"水排"复原的讨论》,《文物》
1959 年第 7 期。

《在伟大的十年中》,《小高炉》1959 年第 8、9 期。

《秦始皇功大于罪》,《解放日报》1959 年 4 月 10 日。

《我高兴得跳起来》,《文汇报》1959 年 4 月 28 日。

《论黄巾起义与曹操起家》,《文汇报》1959 年 7 月 4 日;
收入《曹操论集》,生活·读书·新知三联书店 1960 年版,第
382—401 页;收入贾鹏涛整理:《杨宽史学拾遗》,上海人民出
版社 2021 年版,第 632—653 页。

《让我国古代科学技术成就灿烂地发光——评介〈中国古
代科技图录丛编初集四种〉》,《解放日报》1959 年 11 月 2 日;
收入贾鹏涛整理:《杨宽学术随笔》,上海人民出版社 2020 年
版,第 152—155 页。

1960 年

《中国土法冶铁炼钢技术发展简史》,上海人民出版社
1960 年版。

《再论王桢农书"水排"的复原问题》,《文物》1960 年第
5 期。

《论西周时代的奴隶制生产关系——中国古史分期问题探
讨之一》,《学术月刊》1960 年第 9 期。

《漫谈历史剧如何反映历史真实问题》，《上海戏剧》1960年第 12 期。

《论中国农民战争中革命思想的作用及其与宗教的关系》，《学术月刊》1960 年第 7 期；收入史绍宾编：《中国封建社会农民战争问题讨论集》，生活·读书·新知三联书店 1962 年版，第 321—339 页。

《马桥古遗址和上海历史研究》，《文汇报》1960 年 3 月 18 日；收入贾鹏涛整理：《杨宽学术随笔》，上海人民出版社 2020 年版，第 200—203 页。

《八字军（南宋初年一支由人民组成的抗金军队）》，1960 年 8 月 1 日，上海市档案馆藏，档案号：B181—1—285—13。

《窦建德》，1960 年 8 月 6 日，上海市档案馆藏，档案号：B181—1—285—67。

《论中国古史分期问题讨论中的三种不同主张》，《文汇报》1960 年 8 月 9 日。

《关于中国古代社会特点的理论问题——对粟世澂同志的东西古代社会走不同道路论的商榷》，《文汇报》1960 年 11 月 18 日。

1961 年

《令人斗志奋发的"甲午海战"》，《文汇报》1961 年 1 月 5

日；收入贾鹏涛整理：《杨宽学术随笔》，上海人民出版社 2020
年版，第 264—268 页。

《再论中国农民战争中革命思想的作用及其与宗教的关
系》，《文汇报》1961 年 1 月 15 日；收入史绍宾编：《中国封建
社会农民战争问题讨论集》，生活·读书·新知三联书店 1962
年版，第 353—368 页。

《冬小麦在我国历史上何时开始普遍种植》，《文汇报》
1961 年 2 月 21 日；收入贾鹏涛整理：《杨宽学术随笔》，上海
人民出版社 2020 年版，第 204—206 页。

《白莲教经卷》，《文汇报》1961 年 3 月 10 日。

《试论白莲教的特点》，《光明日报》1961 年 3 月 15 日。

《占有材料，具体分析》，《文汇报》1961 年 7 月 21 日；收
入贾鹏涛整理：《杨宽学术随笔》，上海人民出版社 2020 年版，
第 198—199 页。

《战国时代的"百家争鸣"》，《解放日报》1961 年 8 月 22
日；收入复旦大学历史系中古代史教研室编：《中国古代史参考
论文集一》，1980 年版，第 285—297 页；收入贾鹏涛整理：《杨
宽史学拾遗》，上海人民出版社 2021 年版，第 345—356 页。

《黄巢起义对瑶族人民的影响》，《文汇报》1961 年 9 月 10
日；收入胡起望、华祖根编：《瑶族研究论文集》，中南民族学
院民族研究所印 1985 年版，第 329—331 页；收入贾鹏涛整理：
《杨宽史学拾遗》，上海人民出版社 2021 年版，第 654—657 页。

《试论"康熙之治"》，《文汇报》1961 年 9 月 28 日；收入

《历史研究》编辑部编《明清人物论集》下，四川人民出版社
1983 年版，第 93—111 页；收入贾鹏涛整理：《杨宽史学拾遗》，
上海人民出版社 2021 年版，第 691—705 页。

1962 年

《悼念李亚农同志——学习李亚农同志坚持不懈、严肃认
真的治学精神》，《文汇报》1962 年 9 月 20 日；收入贾鹏涛整理：
《杨宽书信集》，上海人民出版社 2019 年版，第 215—220 页。

《我国古代大学的特点及其起源——兼论教师称"师"和"夫
子"的来历》，《学术月刊》1962 年第 8 期；收入杨宽：《古史新探》，
中华书局 1965 年版，第 197—217 页；收入杨宽：《西周史》，上
海人民出版社 2003 年版，第 664—684 页；收入高智群编：《先
秦史十讲》，复旦大学出版社 2006 年版，第 230—253 页。

《"冠礼"新探》，《中华文史论丛》1962 年第 1 辑；收入杨
宽：《古史新探》，中华书局 1965 年版，第 234—255 页；收入
杜正胜编：《中国上古史论文选集》下册，华世出版社 1979 年
版，第 1087—1109 页；收入杨宽：《西周史》，上海人民出版社
2003 年版，第 770—789 页。

《后期墨家的世界观及其与名家的争论》，《文史》1962 年
第 1 辑；收入杨宽：《杨宽古史论文选集》，上海人民出版社
2003 年版，第 715—728 页；收入高智群编：《先秦史十讲》，

复旦大学出版社 2006 年版，第 322—338 页。

1963 年

《太蒐礼新探》，《学术月刊》1963 年第 3 期；收入杨宽：《古史新探》，中华书局 1965 年版，第 256—279 页；收入杨宽：《西周史》，上海人民出版社 2003 年版，第 693—715 页；收入高智群编：《先秦史十讲》，复旦大学出版社 2006 年版，第 254—280 页。

《"乡饮酒礼"与"飨礼"新探》，《中华文史论丛》1963 年第 4 辑；收入杨宽：《古史新探》，中华书局 1965 年版，第 280—309 页；收入傅杰编：《二十世纪中国文史考据文录》下，云南人民出版社 2001 年版，第 1214—1227 页；收入杨宽：《西周史》，上海人民出版社 2003 年版，第 742—769 页。

《释"臣"和"鬲"》，《考古》1963 年第 12 期；收入刘庆柱、段志洪、冯时编：《中国古文字大系·金文文献集成》第 40 册，香港明石文华国际出版社有限责任公司 2006 年版，第 240 页。

1964 年

《上海博物馆藏青铜器》，上海人民美术出版社 1964 年版

（主编）。

《"赘见礼"新探》，《中华文史论丛》1964 年第 5 辑；收
入杨宽：《古史新探》，中华书局 1965 年版，第 338—370 页；收
入杨宽：《西周史》，上海人民出版社 2003 年版，第 780—819 页。

《论西周金文中"六𠂤""八𠂤"和乡遂制度的关系》，《考古》
1964 年第 8 期；收入杨宽：《杨宽古史论文选集》，上海人民出
版社 2003 年版，第 43—53 页；收入刘庆柱、段志洪、冯时编：
《中国古文字大系・金文文献集成》第 40 册，香港明石文华国
际出版社有限责任公司 2006 年版，第 372—373 页。

《回顾与前瞻》，《学术月刊》1964 年第 10 期。

《参加实际斗争与历史科学研究》，《文汇报》1964 年 1 月 30
日；收入杨宽等：《人民中国史学界关于中国近代史学说论集》，
第 33—35 页。

《必须正确总结农民战争的历史经验——关于李秀成问题
讨论中的一个根本问题》，《文汇报》1964 年 10 月 17 日。

《评周谷城先生的"生存竞争"历史观》，《文汇报》1964
年 11 月 22 日。

1965 年

《古史新探》，中华书局 1965 年版；其中《"射礼"新探》
收入陈其泰、郭伟川、周少川编：《二十世纪中国礼学研究论

集》，学苑出版社 1998 年版，第 434—461 页；《"籍礼"新探》，收入复旦大学历史系上海校友会编：《笃志集　复旦大学历史系七十五年论文选》，上海古籍出版社 2000 年版，第 138—153 页。

《再论西周金文中"六㠯"和"八㠯"的性质》，《考古》1965 年第 10 期；收入杨宽：《杨宽古史论文选集》，上海人民出版社 2003 年版，第 54—60 页；收入刘庆柱、段志洪、冯时编：《中国古文字大系·金文文献集成》第 40 册，香港明石文华国际出版社有限责任公司 2006 年版，第 374—375 页。

《论李岩：一个参加明末农民起义的地主阶级出身的知识分子》，《文汇报》1965 年 6 月 30 日；收入贾鹏涛整理：《杨宽史学拾遗》，上海人民出版社 2021 年版，第 677—690 页。

1966 年

《评吴晗同志所谓"自我批评"》，《文汇报》1966 年 3 月 4 日。

1968 年

《中国历代尺度考》，台湾商务印书馆 1968 年版。

1972 年

洪世涤:《秦始皇》,上海人民出版社 1972 年版(参与编写)。

《"自上而下变革说"的商榷——关于中国古史分期问题的讨论》,《文汇报》1972 年 8 月 9 日;收入华中师范学院历史系资料室编:《学点历史　第 3 辑》,1972 年版,第 80—84 页。

《我谈一下写对台宣传稿的一些体会》,上海市档案馆藏,档案号:A33—4—130—45。

1973 年

《商鞅变法》,上海人民出版社 1973 年版。

《孔子是造反派还是保守派?》,《文汇报》1973 年 9 月 26 日;收入山西师范学院中文系、政史系编《批孔资料汇集》,1973 年,第 68—80 页;收入《批判孔子反动思想的现实意义》,河北人民出版社 1973 年版,第 53—64 页;收入《批判孔子文辑 1》,浙江人民出版社 1973 年版,第 124—136 页;收入河南人民出版社编:《撕破孔子的画皮——批判孔子文集之四》,河南人民出版社 1973 年版,第 20—33 页。

1974 年

《墨经哲学》，台湾正中书局 1974 年版。

《韩非"法治"理论的进步作用》，《文汇报》1974 年 5 月 15 日；收入安徽人民出版社编：《韩非》，安徽人民出版社 1974 年版，第 1—9 页；收入《韩非——反对奴隶主贵族复辟的思想家》，山东人民出版社 1974 年版，第 37—48 页；收入湖北人民出版社编：《韩非：先秦法家思想的集大成者》，湖北人民出版社 1974 年版，第 37—45 页；收入辽宁人民出版社编：《论韩非》，辽宁出版社 1974 年版，第 22—34 页；收入安徽省革命委员会毛泽东思想学习班编：《春秋战国时期的儒法斗争　报刊文章选》，1974 年版，第 85—94 页；收入人民出版社编辑部编：《论法家和儒法斗争》，人民出版社 1974 年版，第 99—108 页；收入山西师范学院中文系资料室编：《儒法斗争资料汇编：春秋战国时期》，1974 年版，第 204—213 页；收入黑龙江人民出版社编：《法家代表人物及其著作介绍》，黑龙江人民出版社 1974 年版，第 60—69 页；收入四川人民出版社编：《儒法斗争文选 1》，四川人民出版社 1974 年版，第 64—72 页；收入《读一点法家著作 1》，河南人民出版社 1974 年版，第 54—66 页。

《秦始皇统一中国的历史功绩是不容抹杀的——对台宣传稿》，上海市档案馆藏，1974 年 6 月 1 日，档案号：C64—4—19—50。

1975 年

《墨经哲学》，收入严灵峰编：《无求备斋墨子集成》第 42 册，成文出版社有限公司 1975 年版。

《中国历史地图集》，中华地图学社 1975 年版（主编《中国历史地图集》第 1 册中原始社会、商、西周、春秋、战国时期等部分）。

《马王堆帛书〈战国策〉的史料价值》，《文物》1975 年第 2 期；改名为《马王堆帛书〈战国纵横家书〉的史料价值》，收入马王堆汉墓帛书整理小组编：《战国纵横家书》，文物出版社 1976 年版，第 154—172 页；收入湖南省博物馆编：《马王堆汉墓研究》，湖南人民出版社 1981 年版，第 133—143 页；收入杨宽：《杨宽古史论文选集》，上海人民出版社 2003 年版，第 247—267 页；收入高智群编：《先秦史十讲》，复旦大学出版社 2006 年版，第 395—414 页。

《论战国时代齐国复辟的历史教训》，《历史研究》1975 年第 2 期。

《战国中期的合纵连横战争和政治路线斗争——再谈马王堆帛书〈战国策〉》，《文物》1975 年第 3 期；收入贾鹏涛整理：《杨宽史学拾遗》，上海人民出版社 2021 年版，第 329—344 页。

《〈墨经〉选注》，《自然辩证法杂志》1975 年第 3 期。

《上海复旦大学杨宽同志来信》，《思想战线》1975 年第 5 期；

收入贾鹏涛整理：《杨宽书信集》，上海人民出版社 2019 年版，第 39—40 页。

《农民起义有这样的"规律"吗?》，《红旗》1975 年第 11 期；收入上海人民出版社编：《〈水浒〉评论集》，上海人民出版社 1976 年版，第 197—203 页；收入江苏人民出版社编：《〈水浒〉评论集》，江苏人民出版社 1976 年版，第 28—34 页。

《批林批孔与古代史学的改造》，《光明日报》1975 年 2 月 7 日。

《驳斥〈水浒〉研究中的阶级调和论——评宋江投降是"农民的局限性"的观点》，《文汇报》1975 年 11 月 4 日；收入上海人民出版社编：《〈水浒〉评论集》，上海人民出版社 1976 年版，第 197—203 页。

《黄老学派与战国时期的反复辟斗争》，《光明日报》1975 年 11 月 20 日。

1976 年

《儒家立场的大暴露》，《文汇报》1976 年 4 月 28 日。

《欢呼工人历史阶级队伍的茁壮成长》，《光明日报》1976 年 5 月 13 日。

1979 年

《先秦史讲义》（油印本）（署名复旦大学历史系中国古代史研究室）；收入贾鹏涛整理：《杨宽史学讲义六种》，上海人民出版社 2020 年版，第 3—276 页。

《吕不韦和〈吕氏春秋〉新评》，《复旦学报》1979 年第 5 期；收入杨宽：《杨宽古史论文选集》，上海人民出版社 2003 年版，第 777—793 页；收入高智群编：《先秦史十讲》，复旦大学出版社 2006 年版，第 350—369 页。

1980 年

《战国史》（增订本），上海人民出版社 1980 年版。

《论秦汉的分封制》，《中华文史论丛》1980 年第 1 期；收入杨宽：《杨宽古史论文选集》，上海人民出版社 2003 年版，第 130—145 页；转载于《复印报刊资料》（中国古代史）1980 年第 10 期。

《曾国之谜试探》，《复旦学报（社会科学版）》1980 年第 3 期（与钱林书合撰）；转载于《复印报刊资料》（中国地理）1980 年第 12 期。

《〈老子〉讲究斗争策略的哲理》，《复旦学报（社会科学版）》

1980 年第 4 期；收入杨宽：《杨宽古史论文选集》，上海人民出版社 2003 年版，第 764—776 页。

《我国历史上铁农具的改革及其作用》，《历史研究》1980 年第 5 期；转载于《复印报刊资料》（中国古代史）1980 年第 31 期；《复印报刊资料》（经济史）1980 年第 22 期。

1981 年

《中国皇帝陵の起源と変遷》，西嶋定生监译，尾形勇、太田侑子共译，日本学生社 1981 年版。

《春秋时代楚国县制的性质问题》，《中国史研究》1981 年第 4 期；收入杨宽：《杨宽古史论文选集》，上海人民出版社 2003 年版，第 61—83 页；收入《史学情报》1982 年第 3 期；转载于《复印报刊资料》（中国古代史）1982 年第 1 期。

《西周时代的楚国》，《江汉论坛》1981 年第 5 期；转载于《复印报刊资料》（中国古代史）1981 年第 19 期。

《中国古代陵寝制度的起源及其演变》，《复旦学报（社会科学版)》1981 年第 5 期；转载于《新华文摘》1981 年第 12 期。

《从"少府"职掌看秦汉封建统治者的经济特权》，《秦汉史论丛》1981 年第 1 辑；收入中国秦汉史研究会：《秦汉史论丛》，陕西人民出版社 1981 年版，第 208—226 页；收入杨宽：《杨宽古史论文选集》，上海人民出版社 2003 年版，第 113—129 页。

1982 年

《中国古代冶铁技术发展史》，上海人民出版社 1982 年版。

《中国上古史导论》，收入吕思勉、童书业：《古史辨》第 7 册，上海古籍出版社 1982 年版。

《顾颉刚先生和〈古史辨〉》，《光明日报》1982 年 7 月 19 日第 3 版；收入高智群编：《先秦史十讲》，复旦大学出版社 2006 年版，第 426—434 页；收入《〈史学〉论文选》，光明日报出版社 1984 年版，第 11—18 页；收入陈其泰、张京华编：《古史辨学说评价讨论集》，京华出版社 2001 年版，第 277—283 页；收入《中国图书评论选集》编辑委员会编：《中国图书评论选集 1979—1985》下卷，书海出版社 1987 年版，第 1178—1185 页；收入顾潮编：《顾颉刚学记》，生活·读书·新知三联书店 2002 年版，第 80—88 页；收入王煦华主编：《顾颉刚先生学行录》，中华书局 2006 年版，第 67—71 页；收入贾鹏涛整理：《杨宽书信集》，上海人民出版社 2019 年版，第 207—214 页。

《博物馆锁忆》，本社编：《上海掌故》，上海文化出版社 1982 年版，第 33—39 页；收入汤伟康、朱大路、杜黎编：《上海轶事》，上海文化出版社 1987 年版，第 105—109 页。

《先秦墓上建筑和陵寝制度》，《文物》1982 年第 1 期；收入杨宽：《中国古代陵寝制度史研究》，上海古籍出版社 1985 年版，第 171—183 页；收入高智群编：《先秦史十讲》，复旦大学出版社 2006 年版，第 305—319 页。

《战国秦汉的监察和视察地方制度》，《社会科学战线》1982 年第 2 期；收入杨宽：《杨宽古史论文选集》，上海人民出版社 2003 年版，第 94—112 页；收入《史学情报》1982 年第 4 期；转载于《新华文摘》1982 年第 7 期；转载于《复印报刊资料》（中国古代史）1982 年第 9 期；收入西南政法学院国家与法的理论教研室编：《行政法教学参考资料》第 2 辑，1984 年版，第 582—603 页。

《重评 1920 年关于井田制的辩论》，《江海学刊》1982 年第 3 期；转载于《复印报刊资料》（中国古代史）1982 年第 13 期；转载于《复印报刊资料》（经济史）1982 年第 6 期。

《吕思勉先生的史学研究》，《中国史研究》1982 年第 3 期；收入俞振基编：《蒿庐问学记：吕思勉生平与学术》，生活·读书·新知三联书店 1996 年版，第 4—33 页；转载于《复印报刊资料》（历史学）1982 年第 10 期；收入贾鹏涛整理：《杨宽书信集》，上海人民出版社 2019 年版，第 169—197 页。

《秦汉陵墓考察》，《复旦学报（社会科学版）》1982 年第 6 期（与刘根良、太田侑子、高木智见合撰）；收入杨宽：《中国古代陵寝制度史研究》，上海古籍出版社 1985 年版，第 197—221 页。

《释青川秦牍的田亩制度》，《文物》1982 年第 7 期；转载于《复印报刊资料》（中国古代史）1982 年第 15 期。

《秦始皇陵园布局结构的探讨》，《秦俑馆开馆三年文集》，

1982 年版，第 7—14 页；收入《文博》1982 年第 3 期；《中国古代陵寝制度史研究》，上海古籍出版社 1985 年版，第 183—196 页。

《西周时代对东方和北方的开发》，《中华文史论丛》1982 年第 4 期；收入杨宽：《西周史》，上海人民出版社 2003 年版，第 577—602 页；收入《史学情报》1982 年第 4 期；转载于《复印报刊资料》（中国古代史）1982 年第 6 期。

《怎样学好祖国的历史》，郭绍虞、周谷城等：《怎样学好大学文科》，复旦大学出版社 1982 年版，第 38—52 页；收入《名古屋大学东洋史研究报告》第 10 期，1985 年版，第 109—129 页（高木智见译）；收入贾鹏涛整理：《杨宽学术随笔》，上海人民出版社 2020 年版，第 164—178 页。

《吕思勉史学论著前言》，《先秦史》，上海古籍出版社 1982 年版；又刊《秦汉史》《两晋南北朝史》，上海古籍出版社 1983 年版；收入贾鹏涛整理：《杨宽学术随笔》，上海人民出版社 2020 年版，第 104—112 页。

1983 年

《吕思勉〈论学集林〉出版说明》，上海教育出版社 1987 年版；收入贾鹏涛整理：《杨宽学术随笔》，上海人民出版社 2020 年版，第 96—101 页。

《〈吕著中国通史〉前言》，华东师范大学出版社 1992 年版；收入贾鹏涛整理：《杨宽学术随笔》，上海人民出版社 2020 年版，第 113—116 页。

《对〈宗法今解〉一文的商讨》，《学术月刊》1983 年第 1 期（署名智贻）；收入贾鹏涛整理：《杨宽史学拾遗》，上海人民出版社 2021 年版，第 368—375 页。

《西周初期东都成周的建设及其政治作用》，《历史教学问题》1983 年第 4 期；收入杨宽：《西周史》，上海人民出版社 2003 年版，第 531—548 页；收入《史学情报》1984 年第 2 期。

《中国陵墓制度的变迁》，《殷都学刊》1983 年第 Z1 期（与苏启刚、聂玉海等合撰）。

《关于长平之战的时间》，《历史教学》1983 年第 3 期；收入贾鹏涛整理：《杨宽史学拾遗》，上海人民出版社 2021 年版，第 223—225 页。

《释何尊铭文兼论周开国年代》，《文物》1983 年 6 期；收入杨宽：《西周史》，上海人民出版社 2003 年版，第 521—530 页；收入《史学情报》1983 年第 4 期；收入刘庆柱、段志洪、冯时编：《中国古文字大系·金文文献集成》第 28 册，香港明石文华国际出版社有限责任公司 2006 年版，第 172—173 页。

《先秦墓上建筑问题的再探讨》，《文物》1983 年第 7 期；收入杨宽：《中国古代陵寝制度史研究》，上海古籍出版社 1985 年版，第 211—218 页；收入《史学情报》1984 年第 1 期。

《再谈长平之战的时间》，《历史教学》1983 年第 11 期；收

入贾鹏涛整理:《杨宽史学拾遗》,上海人民出版社 2021 年版,
第 226—233 页。

　　《云梦秦简所反映的土地制度和农业政策》,《上海博物馆
集刊》1983 年第 2 期;收入杨宽:《杨宽古史论文选集》,上海
人民出版社 2003 年版,第 17—34 页。

1984 年

　　《西周中央政权机构剖析》,《历史研究》1984 年第 1 期;
收入杨宽:《西周史》,上海人民出版社 2003 年版,第 315—
335 页;收入高智群编:《先秦史十讲》,复旦大学出版社 2006
年版,第 20—43 页;收入复旦大学历史系编:《切问集:复旦
大学历史系建系八十周年论文集》,复旦大学出版社 2005 年
版,第 157—172 页。

　　《西汉长安布局结构的探讨》,《文博》1984 年创刊号;收
入中国社会科学院考古研究所长安城工作队、西安市汉长安城
遗址保管所编:《汉长安城遗址研究》,科学出版社 2006 年版,
第 312—319 页。

　　《商代的别都制度》,《复旦学报(社会科学版)》1984 年
第 1 期;收入杨宽:《杨宽古史论文选集》,上海人民出版社
2003 年版,第 149—160 页;收入高智群编:《先秦史十讲》,
复旦大学出版社 2006 年版,第 76—101 页;收入《史学情报》

第 3 期；收入潘建荣编：《商都亳研究论集》上，国际炎黄文化
出版社 2009 年版，第 210—219 页。

《怀念吕思勉先生》，《常州文史资料》1984 年第 5 辑；收
入贾鹏涛整理：《杨宽书信集》，上海人民出版社 2020 年版，
第 163—168 页。

《西周王朝公卿的官爵制度》，人文杂志编辑部编：《人文
杂志丛刊》第二辑《西周史研究》，西安市委党校印刷 1984 年
版，第 93—119 页；收入杨宽：《西周史》，上海人民出版社
2003 年版，第 336—363 页；收入高智群编：《先秦史十讲》，
复旦大学出版社 2006 年版，第 44—74 页；收入刘庆柱、段
志洪、冯时编：《中国古文字大系·金文文献集成》第 40 册，
香港明石文华国际出版社有限责任公司 2006 年版，第 212—
220 页。

《怎样学习春秋战国史》，收入《学林》杂志编辑部编：《怎
样学习中国历史》，上海人民出版社 1984 年版，第 17—34 页；
收入徐颖云、韦少波编：《历史自学指南》，中国展望出版社
1985 年版，第 36—51 页；收入贾鹏涛整理：《杨宽学术随笔》，
上海人民出版社 2020 年版，第 179—193 页。

《如何加强中国文化史的研究》，《中国文化研究集刊》
1984 年第 1 辑，复旦大学出版社 1984 年版，第 44—47 页；收
入贾鹏涛整理：《杨宽学术随笔》，上海人民出版社 2020 年版，
第 194—197 页。

1985 年

《中国古代陵寝制度史研究》，上海古籍出版社 1985 年版。

《吕思勉》，收入陈清泉、苏双碧、李桂海、苏黎、葛增福编：《中国史学家评传》下，中州古籍出版社 1985 年版，第 1270—1298 页；收入晋阳学刊编辑部编：《中国现代社会科学家传略》，山西人民出版社 1987 年版，第 87—113 页。

1986 年

《战国史》（增订本），谷风出版社 1986 年版。

《辞海》，上海辞书出版社 1986 年版（主编《辞海》中国古代史部分）。

《吕思勉〈中国制度史〉出版前言》，上海教育出版 1986 年版；又刊于丹青图书有限责任公司 1986 年版；收入贾鹏涛整理：《杨宽学术随笔》，上海人民出版社 2020 年版，第 102—103 页。

《为何要如此诽谤》，《自学》1986 年第 2 期。

1987 年

《中国古代陵寝制度史研究》，台湾谷风出版社 1987 年版。

《中国上古史导论》，收入吕思勉、童书业：《古史辨》第 7
册，蓝灯文化事业股份有限责任公司 1987 年版。

《中国皇帝陵の的起源と发展》，西嶋定生监译，尾形勇、
高本智见共译，日本学生社 1987 年版。

1988 年

《论周武王克商》，收入王孝廉编：《神与神话》，联经出版
事业股份有限公司 1988 年版，第 405—462 页；收入杨宽：《西
周史》，上海人民出版社 2003 年版，第 483—520 页。

1989 年

《论〈逸周书〉》，《中华文史论丛》，1989 年第 1 期；收入
杨宽：《西周史》，上海人民出版社 2003 年版，第 857—870 页。

《西汉长安布局结构的再探讨》，《考古》1989 年第 4 期；
收入中国社会科学院考古研究所长安城工作队、西安市汉长安

城遗址保管所编:《汉长安城遗址研究》，科学出版社 2006 年版，第 359—370 页。

1990 年

《墨学十讲序》，水牛出版社 1990 年版。

《中国历代尺度考——重版后记》，收入河南计量局主编《中国古代度量衡论文集》，中州古籍出版社 1990 年版，第 64—76 页。

《论西周初期分封制》，收入尹达等主编:《纪念顾颉刚学术论文集》上册，巴蜀书社 1990 年版，第 253—270 页；收入杨宽:《西周史》，上海人民出版社 2003 年版，第 373—394 页；收入高智群编:《先秦史十讲》，复旦大学出版社 2006 年版，第 76—101 页。

1991 年

《关于越国灭亡年代的再商讨》，《江汉论坛》1991 年第 5 期；转载于《复印报刊资料》（先秦、秦汉史）1991 年第 6 期；收入杨宽:《杨宽古史论文选集》，上海人民出版社 2003 年版，第 285—294 页。

1992 年

《中国古代冶铁技术发展史》，卢泰天、金瑛洙共译，大韩教科书株式会社 1992 年版。

1993 年

《历史激流中的动荡和曲折：杨宽自传》，时报文化出版企业有限公司 1993 年版。

《中国古代都城制度史研究》，上海古籍出版社 1993 年版。

注释《石鼓文》，收入王守稼、吴乾兑、许道勋、董进泉、刘修明校点注释：《毛泽东晚年过眼诗文录》，华山文艺出版社 1993 年版，第 416—428 页。

1995 年

《歴史激流楊寛自伝：ある歴史学者の軌迹》，高木智见译，西嶋定生监译，东京大学出版会 1995 年版。

《秦〈诅楚文〉所表演的"诅"的巫术》，《文学遗产》1995 年第 5 期；收入杨宽：《杨宽古史论文选集》，上海人民出版社 2003 年版，第 373—394 页。

1996 年

《中国皇帝陵の起源と変遷》，西嶋定生监译，尾形勇、太田侑子共译，日本学生社 1996 年版。

《穆天子传真实来历的探讨》，《中华文史论丛》1996 年第 55 辑；收入杨宽：《西周史》，上海人民出版社 2003 年版，第 603—622 页；收入高智群编：《先秦史十讲》，复旦大学出版社 2006 年版，第 372—394 页。

1997 年

《战国史：1997 年增订版》，台湾商务印书馆 1997 年版。

《楚帛书的四季神像及其创世神话》，《文学遗产》1997 年第 4 期；收入杨宽：《杨宽古史论文选集》，上海人民出版社 2003 年版，第 354—372 页；转载于《中国古代、近代文学研究》（复印资料）1997 年第 10 期；收入马昌仪编：《中国神话学百年文论选 下》，陕西师范大学出版总社有限公司 2013 年版，第 995—1006 页。

1998 年

《战国史》，上海人民出版社 1998 年版。

1999 年

《西周史》，上海人民出版社 1999 年版。
《西周史》，台湾商务印书馆 1999 年版。

2001 年

《战国史料编年辑证》，上海人民出版社 2001 年版。

2002 年

《战国史料编年辑证》，台湾商务印书馆 2002 年版。

2003 年

《中国古代都城制度史研究》，上海人民出版社 2003 年版。

《中国古代陵寝制度史研究》，上海人民出版社 2003 年版。

《西周史》，上海人民出版社 2003 年版。

《战国史》，上海人民出版社 2003 年版。

《杨宽古史论文选集》，上海人民出版社 2003 年版。

《墨经哲学》，收入任继愈编：《墨子大全》第 2 编第 44 册，

北京图书馆出版社 2003 年版。

2004 年

《中国古代冶铁技术发展史》，上海人民出版社 2004 年版。

2005 年

《战国会要》，上海古籍出版社 2005 年版(与吴浩坤一起主编)。

《历史激流：杨宽自传》，台湾大块文化出版股份有限公司

2005 年版。

《中国历代陵寝制度》，张寅成、任大熙共译，韩国书景

文化社 2005 年版。

2006 年

《中国古代都城制度史》，上海人民出版社 2006 年版。

高智群编：《先秦史十讲》，复旦大学出版社 2006 年版。

2008 年

《中国古代陵寝制度史研究》，上海人民出版社 2008 年版。

《中国通史词典》，上海人民出版社 2008 年版（主编之一）。

2014 年

《中国古代冶铁技术发展史》，上海人民出版社 2014 年版。

2016 年

《战国史》，上海人民出版社 2016 年版。

《西周史》，上海人民出版社 2016 年版。

《战国史料编年辑证》，上海人民出版社 2016 年版。

《中国古代陵寝制度史研究》，上海人民出版社 2016 年版。

《中国古代都城制度史研究》，上海人民出版社 2016 年版。

《中国上古史导论》，上海人民出版社 2016 年版。

《古史新探》，上海人民出版社 2016 年版。

《古史探微》，上海人民出版社 2016 年版。

高智群编：《古史新探》，复旦大学出版社 2016 年版。

2019 年

《中国古代冶铁技术发展史（外三种)》，上海人民出版社
2019 年版。

贾鹏涛整理：《杨宽书信集》，上海人民出版社 2019 年版。

《中国古代都城制度史》上，崔宰荣译，韩国世昌出版社
2019 年版。

2020 年

贾鹏涛整理：《杨宽学术随笔》，上海人民出版社 2020 年版。

贾鹏涛整理：《杨宽史学讲义六种》，上海人民出版社 2020

年版。

2021 年

贾鹏涛整理:《杨宽史学拾遗》,上海人民出版社 2021 年版。

《中国古代都城制度史》下,崔宰荣译,韩国世昌出版社 2021 年版。

参考文献

一、著作

吕思勉、童书业:《古史辨》第七册,开明书店 1941 年版。

张耕华:《人类的祥瑞——吕思勉传》,华东师范大学出版社 1998 年版。

王学典:《20 世纪中国史学评论》,山东人民出版社 2002 年版。

吴少珉、赵金昭:《二十世纪疑古思潮》,学苑出版社 2003 年版。

张京华:《古史辨派与中国现代学术走向》,厦门大学出版社 2009 年版。

王学典、陈峰:《20 世纪中国历史学》,北京大学出版社 2009 年版。

蒋海升:《"西方话语"与"中国历史"之间的张力——以"五朵金花"为重心的探讨》,山东大学出版社 2009 年版。

汪高鑫:《中国史学思想史散论》,北京师范大学出版社 2010 年版。

王伯祥:《王伯祥日记》,国家图书馆出版社 2011 年版。

顾颉刚:《顾颉刚全集》,中华书局 2011 年版。

王学典:《顾颉刚和他的弟子们》(增订本),中华书局 2011 年版。

李永圻、张耕华：《吕思勉先生年谱长编》，上海古籍出版社 2012 年版。

李孝迁：《域外汉学与中国现代史学》，上海古籍出版社 2014 年版。

梁韦弦：《古史辨伪学者的古史观与史学方法——〈古史辨〉读书笔记》，黑龙江人民出版社 2014 年版。

吕思勉：《吕思勉全集》，上海古籍出版社 2015 年版。

童教英：《童书业传》，中国大百科全书出版社 2018 年版。

胡逢祥等：《中国近现代史学思潮与流派（1840—1949）》，商务印书馆 2018 年版。

杨俊光：《齐思和史学研究》，中国社会科学出版社 2018 年版。

周文玖：《史家、史著与史学：中国史学史探研》，社会科学文献出版社 2019 年版。

陈勇：《钱穆传》，上海人民出版社 2019 年版。

贾鹏涛：《杨宽先生编年事辑》，中华书局 2019 年版。

周书灿：《徐中舒史学研究》，科学出版社 2022 年版。

二、文章

童书业：《略论战国秦汉社会的性质》，《新建设》1957 年第 8 期。

郭沫若：《替曹操翻案》，《人民日报》1959 年 3 月 23 日。

金兆梓：《关于西周社会形态论中的几个问题——与杨宽、束世澂两同志商榷》，《学术月刊》1960 年第 2 期。

束世澂：《有关古史分期的一些理论问题——与杨宽同志商榷》，《学术月刊》1960 年第 9 期。

朱伯康:《西周非奴隶社会——和杨宽同志商榷》,《学术月刊》1961 年第 2 期。

于省吾:《略论西周金文中的"六𠂤"和"八𠂤"及其屯田制》,《考古》1964 年第 3 期。

于省吾:《关于〈论西周金文中"六𠂤""八𠂤"和乡遂制度的关系〉一文的意见》,《考古》1965 年第 3 期。

于省吾:《关于〈释臣和鬲〉一文的几点意见》,《考古》1965 年第 6 期。

郭沫若:《中国古代史的分期问题》,《考古》1972 年第 5 期。

杨鸿勋:《关于〈秦代以前墓上建筑的问题〉要点的重申——答杨宽先生》,《考古》1983 年第 8 期。

宋峤:《杨宽新版〈战国史〉评介》,《中国史研究》1982 年第 4 期。

李家骥:《宗法今解——兼与杨宽教授商榷》,《学术月刊》1982 年第 5 期。

李家骥:《名与实——再与杨宽教授商榷》,《上海师范大学学报（哲学与社会科学版)》1984 年第 1 期。

尹湘豪:《燕昭王到底是谁?——与杨宽先生商榷》,《晋阳月刊》1985 年第 5 期。

杨俊光:《〈墨经〉研究的一个卓越成果——杨宽先生〈墨经哲学〉读后》,《南京大学学报》1986 年增刊。

刘庆柱:《汉长安城布局结构辨析——与杨宽先生商榷》,《考古》1987 年第 10 期。

胡志祥:《杨宽与战国史研究》,《文汇报》1987 年 12 月 25 日。

刘庆柱:《再论汉长安城布局结构及其相关问题——答杨宽先生》,

《考古》1992 年第 7 期。

　　李绍崑：《历史激流中的动荡和曲折——评介〈杨宽自传〉》，《鹅湖月刊》1993 年第 19 卷第 12 期。

　　马曜：《楚国只有一个庄蹻——与杨宽先生商榷》，《思想战线》1993 年第 2 期。

　　瞿林东：《二十世纪的中国史学》，《历史教学》2000 年第 3、5 期。

　　胡逢祥：《唯物史观与中国现代史学传统》，《南开学报（哲学社会科学版）》2002 年第 2 期。

　　缪文远：《战国史料编年辑证》，《中国学术》第 12 辑，商务印书馆 2002 年版。

　　王学典：《近五十年的中国历史学》，《历史研究》2004 年第 1 期。

　　李远涛：《战国史》，仓修良主编：《中国史学名著评介》下册，山东教育出版社 2006 年版。

　　王孝廉：《附录二 杨宽》，《中国神话世界下编：中原民族的神话与信仰》，洪业文化事业有限公司 2006 年版。

　　钱林书：《杨宽先生与〈从传说中的夏图〉到〈夏时期全图〉》，《历史地理》2006 年第 21 辑。

　　赵惠瑜：《杨宽的中国神话研究》，东吴大学中国文学系硕博士班硕士论文，2009 年。

　　赵惠瑜：《古史的破坏与神话的还原——从胡适说到杨宽》，《东方人文学杂志》2009 年第 2 期。

　　汪高鑫：《时代思潮与传统史学》，《史学史研究》2011 年第 1 期。

　　魏承思：《我的史学启蒙老师》，《南方人物周刊》2011 年第 16 期。

　　于千乔：《王孝廉谈古史辨——以顾颉刚与杨宽为讨论中心》，《辅大中研所学刊》2011 年第 25 期。

张越:《新中国建立后十七年"中生代"史家群体与马克思主义史学》,《史学理论研究》2011 年第 2 期。

张耕华:《吕思勉与唯物史观》,《华东师范大学学报（哲学社会科学版)》2013 年第 6 期。

陈勇:《和而不同:民国学术史上的钱穆和顾颉刚》,《暨南学报（哲学社会科学版)》2013 年第 4 期。

周书灿:《徐中舒与古史辨的学术互动》,《人文杂志》2013 年 12 期。

胡逢祥:《唯物史观与民国时期的马克思主义史学》,《史学理论研究》2014 年第 1 期。

朱泽荣:《杨宽先秦史研究成就述论》,兰州大学硕士学位论文,2015 年。

李长银:《杨宽"神话演变分化说"述论》,《齐鲁学刊》2016 年第 6 期。

高智群:《杨宽先生的学术生涯和成就》,《文汇报》2016 年 9 月 9 日。

傅正:《疑古派与唯物史观之间——杨宽与"井田制之争"》,《东方早报·上海书评》2016 年 10 月 9 日。

陈光鑫:《"屯田"与"乡遂"——试述于省吾、杨宽的史学论辩》,《史学理论与史学史学刊》（上卷),社会科学文献出版社 2017 年版。

周文玖:《严耕望的治史风格及史学评论》,《史学史研究》2017 年第 1 期。

马昌仪:《杨宽关于神话研究的书简》,《中国社会科学报》2017 年 9 月 11 日。

谢宝耿:《杨宽学案》,《上海文化》2018 年第 10 期。

胡中行:《听杨宽先生讲"春秋"》,《文汇报》2018 年 3 月 5 日。

张耕华:《追寻三部未刊的"集释"》,《历史教学问题》2019 年第 3 期。

刘力源:《杨宽:为阐扬中国古代灿烂的文化而努力》,《文汇报》2020 年 1 月 13 日。

李孝迁:《〈十批判书〉的写作语境与意图》,《历史研究》2021 年第 4 期。

熊贤品:《杨宽三版〈战国史〉的"守故"与"革新"》,《理论与史学》第 7 辑,中国社会科学出版社 2021 年版。

后 记

　　2014 年，在博士二年级的一次闲聊中，张耕华老师提到杨宽先生的史学值得研究。在撰写博士学位论文《论叙事中的历史想象》过程中，我也慢慢开始搜集杨宽先生的相关资料了。读书期间，记得张耕华老师曾经对我说过："作研究功利性不要太强，什么研究得先做起来，做点资料的搜集，慢慢积累就有成果了，项目可能就会随之而来。其实，人文学科不要经费似乎也可以研究，当然有经费更好了。"那个时候，对张老师讲的这句话没有什么体悟和理解，只觉得抓到个课题，学界做得相对少一点，因此就先做起来。后来，随着材料搜集得越来越多，对杨宽先生的认识越来越深，兴趣就慢慢来了。2016 年发表了第一篇关于杨宽的论文：《杨宽与古史辨》。2019 年，《杨宽先生编辑事辑》由中华书局出版。2020 年、2021 年，《杨宽书信集》《杨宽学术随笔》《杨宽史学讲义六种》《杨宽史学拾遗》陆续由上海人民出版社出版。2020 年，以"杨宽与 20世纪中国史学研究"为题申请到国家社科基金。在这个过程中，越来越理解张老师话的意思。

　　本书是国家社科基金的最终结项成果，2022 年 6 月结项，鉴定结果为"良好"。五位匿名专家都提出了宝贵的建设性修改意见，结项之后，我充分地吸收了专家的意见，并进行了修改。需要说明的是，书中部分内容发表在《史学史研究》《史学理论与史学史学刊》《历史教学问题》《郭沫若学刊》《中国社会科学报》《文汇报》上，感谢编辑老师们提供宝贵的发表机会。为了行文的方便，发表的文章在收入本书时，都进行了一定程度的修改。

在本书即将出版之际，我冒昧地将稿子传给杨善群老师，想请杨老师赐序，蒙杨老师慷慨允许，很快将序写好传给我。杨老师的序，对于杨宽先生，对于我的史学研究，都有着某种特殊的意义。

在搜集杨宽的相关材料、出版杨宽的著作、发表及撰写杨宽的论文过程中，承蒙张耕华、胡逢祥、姜俊俊、刘影、许倬云、曹旅宁、黄显功、李远涛、汪高鑫、周文玖、邬国义、王东、陈勇、李孝迁、何刚、项江涛、任思蕴、钱林书、高智群、田兆元、俞国林、谢宝耿、李柏华、刘根良、周武、马军、张钰翰、方继孝、李天飞、李碧玉、高笑红、邵冲、周保明、王应宪、王传、张文杰、王建宏、王孝廉、吴继文、周惠民、古伟瀛、彭明辉、李素琼、鹿忆鹿、萧淑慧及日本高木智见诸位老师都曾在关键时刻提供了一定的帮助，谨在此致以诚挚的谢意。责编詹夺博士认真负责，提出了很多宝贵的修改意见。其中王孝廉先生已于 2022 年 8 月 17 日去世，犹记得 2014 年在上海和王先生相见时的场景，王先生允许我使用他与杨宽之间来往的 20 余封书信，并告诉我如何获取。当时我带了一本王先生的《中国的神话世界》（作家出版社，1991 年），请他签名，王先生大笔一挥，写道："鹏涛学弟有缘自是 王孝廉 二〇一四年九月二十五日于上海。"王先生问我是否有他的《中国神话世界 上编：东北、西南族群创世神话及其文化》和《中国神话世界 下编：中原民族的神话与信仰》，我告诉王先生，只是在台湾政治大学的图书馆见过，并复印了一份，王先生说等他返回日本后寄给我。隔了不太长时间，就收到了王先生从日本寄来的两本大作。总之，对于王先生的慷慨帮助，我将永记于心。我的家人也给我提供了很大的后勤保障，亦得特别感谢。

　　由于笔者学识有限，书中难免有不成熟或者错误的地方，敬请读者朋友们批评指正。

贾鹏涛

责任编辑：詹　夺

封面设计：姚　菲

图书在版编目（CIP）数据

杨宽与 20 世纪中国史学 / 贾鹏涛 著 . —北京：人民出版社，
　2024.7

ISBN 978－7－01－026506－3

I.①杨… 　II.①贾… 　III.①杨宽－人物研究 ②史学－研究－
　中国　IV.① K825.81 ② K092

中国国家版本馆 CIP 数据核字（2024）第 081407 号

杨宽与 20 世纪中国史学

YANGKUAN YU 20 SHIJI ZHONGGUO SHIXUE

贾鹏涛　著

人民出版社 出版发行

（100706　北京市东城区隆福寺街 99 号）

中煤（北京）印务有限公司印刷　新华书店经销

2024 年 7 月第 1 版　2024 年 7 月北京第 1 次印刷
开本：880 毫米 ×1230 毫米 1/32　印张：11.25
字数：220 千字

ISBN 978－7－01－026506－3　定价：78.00 元

邮购地址 100706　北京市东城区隆福寺街 99 号
人民东方图书销售中心　电话（010）65250042　65289539